DELIUS KLASING

Claus Reissig

Blaues Meer und dunkle Seelen

Roman

Delius Klasing Verlag

Bibliografische Information
Der Deutschen Bibliothek

Die Deutsche Bibliothek verzeichnet diese Publikation
in der Deutschen Nationalbibliografie;
detaillierte bibliografische Daten sind im Internet
über »http://dnb.ddb.de« abrufbar.

1. Auflage
ISBN 3-7688-1533-1

Schutzumschlaggestaltung:
Buchholz / Hinsch / Hensinger, Hamburg
Druck und Einband: Clausen & Bosse, Leck
Printed in Germany 2004

Delius Klasing Verlag
Siekerwall 21, D-33602 Bielefeld
Tel. (05 21) 559-0, Fax (05 21) 559-115
E-mail: info@delius-klasing.de
www.delius-klasing.de

Dem Meer
mit seinen ungezählten, immer neuen Wegen

1

Seit über zwei Stunden stand er bereits am Ruder, hart an der Kreuz auf Backbordbug. Sein linkes Bein und seine Schultern schmerzten von der einseitigen Anstrengung, das Schiff bei diesem Wetter auf Kurs zu halten. Die Nacht erschwerte die Geschichte zusätzlich, kein Stern, kein Mond und kein Leuchtfeuer wiesen ihm den Weg durch das Dunkel. Das Einzige, was er beim Einsetzen des Schiffes in die hohen Wellen sehen konnte, waren die weit auswehenden Gischtfahnen, beschleunigt von 30 Knoten Wind und gespenstisch angeleuchtet von den roten und grünen Buglaternen. Er sah den Bug meist gerade noch rechtzeitig eintauchen, sodass er den Kopf nach unten nehmen konnte und das überkommende Wasser hart und kalt auf seinen Rücken und seine Schultern prasselte.

Von der acht Leute umfassenden Mannschaft waren sie bei diesen Bedingungen lediglich zu zweit im Cockpit. Die Wettfahrt konnte noch lang werden, da war es nicht sinnvoll sich unnötig zu verschleißen. Thomas hatte sich trotz seiner beachtlichen Größe auf ein Minimalmaß auf dem Cockpitboden zusammengefaltet. Gerade versuchte er sich im Schutz des Brückendecks eine Zigarette anzuzünden. Das Feuerzeug blitzte drei-, viermal auf, dann roch Jan den Rauch und die glühende Spitze der Zigarette beleuchtete das Gesicht von Thomas leicht in zartem Orange.

Sie sprachen nur das Nötigste, viel zu sagen war auch nicht. Seit zwei Tagen war NOMAD, wie die alte Regattayacht hieß, mit ihnen auf dem Weg von Helgoland nach Edinburgh. Über das Wetter, das sie erwarten würde, hatten sie sich auch schon bei Beginn der Reise keine Illusionen gemacht. Die erste

Nacht war relativ friedlich gewesen, dann schlug das Tief mit voller Wucht zu, genau wie es der Wetterbericht vorhergesagt hatte. Die Segel waren fast auf Minimalmaß verkleinert, was auf NOMAD Genua III und dreifach gerefftes Großsegel bedeutete. Trotzdem genügte der Winddruck auf den Wellenkämmen, um die Yacht 30, 35 Grad und mehr überliegen zu lassen, ehe sie sich fast unwillig wieder aufrichtete.

Sie versuchten an Bord ein Leben zu führen, das dem normalen so nah wie möglich kam. Hätten sie eigentlich bei so einem Wind alle auf der Kante sitzen müssen, um zusätzlich ihr Gewicht gegen den Winddruck im Rigg wirksam werden zu lassen, mussten hier nur jeweils zwei Leute draußen bleiben. Einer wartete zusätzlich auf Stand-by am Kartentisch, da war es wenigstens trocken, die anderen fünf versuchten in ihren Schlafsäcken so gut wie möglich zur Ruhe zu kommen, um für ihre eigene Wache Kräfte zu sammeln.

Selbstverständlich gab es auch Schiffe auf der Regatta, die das anders handhabten, aber da war meist ein Sponsor im Spiel, der von seinem Schiff auch nachweisbare Erfolge erwartete. Deren Crews blieben die ganze Zeit draußen sitzen und versuchten ihre Yachten bis zum Ende unter voller Belastung voranzutreiben, koste es, was es wolle. Im Hafen waren sie dann leicht von den anderen zu unterscheiden: Häufig war die Stimmung miserabel, der Eigner oder der Sponsor waren angereist und kommentierten die Leistungen, während die Crew hundemüde war. Das alles zusammen war gerade für junge Segler die entscheidende Erfahrung, um zunächst nicht mehr weiter zu segeln.

Wenn NOMAD den Firth of Forth erreichte, würden sie zwar auch noch einmal versuchen alles zu geben, um auf die letzten Meilen noch Zeit gutzumachen, nicht selten brutzelten dann unter Deck aber für alle schon wieder die Spiegeleier mit Speck und es gab frischen Kaffee. Gezwungen wurde hier niemand zu etwas, aber jeder wusste, was er zu tun hatte, damit das Schiff sicher über die Nordsee kam. Eigentlich beneidenswert, wenn das Wetter nicht wäre, dachte Jan.

Denn ob man sich deswegen hier durch die Nacht kämpfen musste, war eine ganz andere Geschichte. Der niedrige Himmel machte auch diese Nacht einfach pechschwarz, und die Wellen hörte man, ehe man sie sah. Es war ein bedrohliches Rauschen, das so schnell näher kam wie der Bug eines Frachters. Oder war es wirklich ein Frachter? Jan drehte sich um: Seine Fantasie spielte ihm Streiche – kein Frachtschiff weit und breit. Er verdrängte die Gedanken, die konnten ihm noch den letzten Rest guter Laune verderben. Bei Nordnordwest mit sieben bis acht Beaufort war das Steuern schon so schwer genug und das Halten des Kurses nach der zitternden, schwach rötlich beleuchteten Kompassrose glich auch ohne Hirngespinste zeitweise einem Ratespiel.

Der Kompass befand sich, wenn man am Ruder stand, auf seinem Platz auf der Steuersäule nicht unbedingt in Blickrichtung. Jan hatte sich schon häufig in solchen Nächten gefragt, wer die Kompasse wohl auf die Steuersäulen platziert hatte. Eigentlich konnte das nur jemand gewesen sein, der hier noch nicht nachts gesessen und versucht hatte, Kurs zu halten. Richtig ideal war der Kompass dort nur, wenn man direkt hinter ihm stand, aber wer tat das schon? Vielleicht der Steuermann auf einem Ozeanriesen in schicken weißen Klamotten, rötlich angestrahlt von der Nachtbeleuchtung der Brücke. Aber niemand auf einer Yacht. Er versuchte sich den Steuermann in seiner weißen Uniform jetzt hier vorzustellen und musste grinsen: pudelnass, die Mütze fortgeweht und fluchend, dass er den Kompass nicht sehen konnte.

Jan bekam wieder Hunger und wünschte sich das Ende seiner Wache herbei, eigentlich auch das Ende der Wettfahrt, wenn sie einträchtig zusammen am Tresen säßen und Gin Tonic tränken. Für diesen Moment der Freundschaft und Gemeinsamkeit lohnt sich wieder alles. Jetzt aber hatten sie erst mal eine lange Gerade auf der Seekarte bis an die englische Ostküste gezogen und kreuzten Schlag um Schlag nach Schottland hinauf. Das Rumpeln, Scheppern und Krachen des Schiffes, wenn es unachtsam gesteuert zu hart auf die

Wellen schlug, ließ ihn manchmal zweifeln, ob alles halten würde, aber bisher war es immer gut gegangen.

»Kannst du mich gleich mal ablösen?«, schrie er gegen den Wind. Thomas nickte, ohne sich zu ihm umzudrehen, auch er war müde und offensichtlich gerade etwas eingenickt.

»Frag doch Gernot mal eben, wann wir da sind«, schrie er noch einmal. Schwerfällig hob Thomas seine zwei Meter Körperlänge vom Boden und schob seinen Kopf in den Niedergang. Ein kleines Verdeck schützte die Luke, sodass er die Kapuze seines Ölzeugs abnehmen konnte.

Es fing an zu regnen, trotz der Kapuze lief Jan das Wasser in den Kragen und beinahe sofort spürte er das kalte, nasse T-Shirt auf seiner Haut. Nicht dass er die See nicht mochte, ganz im Gegenteil, aber heute hätte er sie lieber türkis und 30 Grad warm gehabt. Er überließ seinem Körper die Anstrengung des Steuerns, die Bewegung des Schiffes sprach dabei seine Sensoren zum Ruderlegen fast automatisch an. Jans Gedanken schweiften in die Dunkelheit. Es gibt viele Leute, die hier jedes Jahr segeln, die Sommerurlaube im Ölzeug verbringen und auf die nordeuropäischen Reviere schwören.

Er fragte sich, ob er das auch könnte. Für ihn war Norddeutschland vor allem einzigartig zum Leben. Die von Horizont zu Horizont rasenden Wolken in Dunkelgrau vor hellgrauem Himmel vermittelten ihm warme, heimatliche Gefühle, wie sie nur jemand kannte, der hier aufgewachsen war. Zusammen mit dem grüngrauen Wasser am Strand ist das eine wahnsinnige Kombination. Daraus besteht schließlich Heimat, dachte er, dass man alles mag und kennt, einschließlich Regen und niedrigem Himmel.

Der Lärm war infernalisch, der Wind schrie förmlich, wenn er von den massiven Edelstahl-Wanten gebrochen wurde. Jedes Mal, wenn das Schiff zu hoch am Wind gesteuert wurde, kam das harte Knallen der brandneuen Fock auf dem Vorschiff hinzu, untermalt von dem Grollen und Rauschen der heranrollenden, brechenden und schließlich unter dem Schiff hindurchbrodelnden Nordseewellen. Danach war alles erst mal ganz ruhig. Jetzt könnte man die Geschichte genauso gut abhaken, dachte Jan. Segel runter, Leinen fest und ab nach Hause. Wenige Augenblicke später legte NOMAD sich wieder über und brachte ihn zurück in die Realität.

»Kommst du klar?«, fragte Thomas und sah sich zu ihm um. Jan hob die Hand zur Bestätigung, wahrscheinlich wollte er sich noch kurz etwas zu essen holen, ehe er ihn ablösen würde. Thomas verschwand im Niedergang und für kurze Zeit war Jan allein. Einzig seine Nase schaute aus seinem Ölzeugkragen, der wie bei fast jedem modernen Ölzeug weit über die Funktion des eigentlichen Kragens hinausging: Das hier war wasserdicht vernähtes und verklebtes Polyester; innen mit Fleece gefüttert, stabilisiert und mit Reißverschlüssen und Klettband versehen umschloss er nicht nur den Hals, sondern auch den Kopf bis über die Ohren und bis kurz unter die Nase. Hier war auch gleichzeitig der heikle Punkt, wenn der Reißverschluss wie bei billigen Imitationen des teuren Ölzeuges nicht sehr sorgfältig von innen geschützt war. Auf solchen Gewalttouren scheuerte man sich dann zwangsweise Kinn und Mund wund. Jan bewegte seinen Kopf, auch sein Kinn war bereits gereizt, aber es würde gehen bis zum Ende der Wettfahrt.

Bei solchen Strapazen wie hier hält auch das beste Ölzeug nicht länger als zwei Jahre. Das permanente Herumrutschen auf dem mit rutschfester Spezialfarbe gestrichenen Deck und im Sommer die Sonne machen das beste Material mürbe. Bis dahin war es eine zumeist äußerst zuverlässige Rüstung, aus der neben den Händen und den Füßen eigentlich nur die Nase und die Augen unter der tief in die Stirn gezogenen, gefütterten Kapuze hervorsahen.

Einziger Schwachpunkt waren immer wieder die Hände und auf NOMAD zusätzlich die Unterarme bis über die Ellenbogen. Mit dem riesigen Lenkrad aus poliertem Edelstahl, das mit Hirschleder bespannt war, zeigten die Unterarme immer leicht nach oben, wenn die Hände auf dem oberen Bogen des Steuerrades lagen. Der Schwerkraft folgend fand das

Wasser von den Händen kommend direkt seinen Weg durch die Manschetten an den Handgelenken in die drei Lagen der Schutzbekleidung. So bleibt dem kleinen Menschen auf der See doch noch ein wenig bewusst, wer auf dem Wasser der Herr ist und er vergisst nicht völlig, wie noch vor 30 Jahren Seeleute mit flatteriger, Gummi-beschichteter Kleidung in den kältesten Regionen dieser Erde umhersegelten. Ob nun zum Broterwerb oder freiwillig, aus sportlichen Gesichtspunkten.

Thomas' Gesicht hatte etwas Gespenstisches, als er von unten durch die Kartentischleuchte angestrahlt im Niedergangsluk auftauchte. Die Nase bildete einen gewaltigen Schatten bis auf die Stirn, die Augen in ihren Höhlen waren eigentlich nur schwarze Flächen, während der weiße Kragen um seinen Hals gleißend strahlte und den Kopf zu tragen schien. Er kaute und wartete zwischen den überkommenden Brechern eine Pause ab, um sich komplett aus dem Luk zu schälen, ohne dass zu viel Wasser seinen Weg ins Schiffsinnere fand. Er klinkte seinen Sicherheitsgurt ein und rollte sich mit Unterstützung der nächsten Welle über das Brückendeck ins Cockpit.

»Ankunft kurz nach sieben, GPS-Kurs 292 Grad«, nuschelte Thomas mit vollem Mund.

Mit der Schwerfälligkeit von zwei Stunden hinter dem Ruder rutschte Jan nach Lee hinter der Steuersäule hervor, damit Thomas von oben, aus Luv kommend, seinen Platz einnehmen konnte.

»Übernommen bei 280 Grad am Kompass – oder so!«, sagte Thomas.

Die Kompassrose torkelte in wilden Bewegungen. Viel war da im Moment nicht abzulesen. Gleich würde Thomas wieder hoch an den Wind gehen und die maximale Höhe laufen. Auch die Kompassrose würde sich dann wieder beruhigen und er würde den Kurs ablesen können, wie Jan es ab und zu getan hatte, um auf eventuelle Winddreher zu reagieren. Wurde die Zahl auf dem Kompass größer, war es gut, dann half der Wind mit, in die richtige Richtung zu fahren. Wurde sie jedoch erheblich kleiner, musste eventuell gewendet werden, um nicht zu weit vom Kurs abzukommen.

Über zehn Grad Abdrift hatte NOMAD bei diesem Wetter, das war die Differenz zwischen dem wahren Kurs, den der Satellitennavigator mit COG, also corse over ground, Kurs über Grund, angab, und dem, was der Kompass als magnetischen Kurs, also der Schiffsrichtung zeigte. Wind und Wellen drängten die Yacht von ihrem Idealkurs, trotzdem war die erwartete Ankunftszeit laut Berechnung des Computers im Morgengrauen. Danach ging es noch einige Meilen in den Firth of Forth, den Fjord, der Edinburgh mit der Nordsee verbindet. Ein leichter Anlieger, auf dem noch einmal mehr Segel gesetzt werden konnten und wo man vermutlich die Konkurrenz wieder treffen würde, die sich hier ebenfalls die letzten Nächte in unmittelbarer Nähe um die Ohren schlug, ohne dass man sie gesehen hatte.

»Toller Sport«, hob Jan an und schüttelte das Wasser aus seinem Ölzeug, das der letzte Brecher, der über das Schiff spülte, im Cockpit hinterlassen hatte. Kurzfristig hatte es ihn wie in einer großen Badewanne vom Boden gehoben, um danach gurgelnd durch die armdicken Lenzrohre zurück in die See zu fließen. Doch irgendetwas war jetzt anders: Der Kurs des Schiffes war nicht mehr derselbe nach der letzten Monsterwelle.

»Thomas! Kurs!«, rief er und blickte nach achtern. Hinter dem Ruder konnte er ihn nicht mehr stehen sehen. Vielleicht hatte er sich verletzt, als einige hundert Kilogramm Wasser ihren Weg übers Schiff fanden, schoss es Jan durch den Kopf, vielleicht liegt er dahinten bewusstlos im Dunkeln.

Ehe er einen klaren Gedanken fassen konnte oder den leer herunterbaumelnden Lifebelt hinter der Rudersäule richtig wahrnahm, drückte der nächste Brecher NOMAD auf einem Wellenkamm durch den Wind, das Schiff lag mit backstehender Fock bis weit über die Deckskante auf dem Wasser, weit mehr als üblich. Unter Deck brach das Chaos los – Geschirr,

Flaschen, Bücher und Proviant lösten sich aus ihren Verankerungen und stürzten vier Meter nach unten direkt in die Kojen der schlafenden Freiwache. Der Schrei kam von Gernot, wahrscheinlich war der altersschwache Sicherungsgurt in der Küche auf der linken Schiffsseite gerissen, als er versuchte irgendetwas zu Essen zu machen. Drei Meter freien Fall auf den Kartentisch, gefolgt von riesigen Proviantmengen ließen niemanden ohne erhebliche Verletzungen davonkommen.

Genuaschot von der Winsch, von der Winsch! Die Winsch!, dachte Jan panisch, als er versuchte senkrecht nach oben das Backbordsüll zu erreichen, um das Schiff, das jetzt quer zu den Wellen lag, ein wenig zu entlasten. Der nächste Brecher würde es sonst vollständig umwerfen können. Unter Deck hörte er weitere Schreie. Fast war er da, er konnte schon die kalte Trommel an seinen Fingern spüren, dann brach krachend die verlängerte Cockpitbank unter seinen Füßen zusammen. Erst ging es einen Meter nach unten, dann fing die Welt an sich zu drehen, er fühlte den kaum auszuhaltenden Druck seines Lifebelts, die automatische Schwimmweste platzte auf. Danach war überall Wasser, schwarzes Wasser, keine Luft mehr, kein oben und unten, alles schwarz, kein Gewicht, keine Gedanken mehr.

2

DIE WELT WAR SCHÖN. Jan war tief unten in einem Swimmingpool, das Wasser war türkis und 30 Grad warm. Über sich sah er die Sonne warm und weich auf die Oberfläche scheinen. Er versuchte zu atmen, es funktionierte. Die Maschinen hinter den Stahlstäben in der Wand des Schwimmbades verursachten einen Lärm wie eine halbautomatische Schmiede. Das Jaulen und Schlagen machte ihn fast wahnsinnig. Doch nicht so schön. Er schlug die Augen auf. Das Umfeld war vertraut, aber die Geräusche blieben. Er lag in seiner Koje in seinem Schlafsack, das Schwimmbad war fort.

Jan drehte sich von der Bordwand auf den Rücken und sah an die beige, verrauchte Holzdecke. Die Genuaschiene war direkt über ihm, ebenso die dazugehörige Unzahl von Schrauben und Unterlegscheiben, die die Kraft der Vorsegel ins Deck leiteten. Alles klar, er musste geschlafen haben. Sein Blick wanderte routinemäßig weiter nach vorn, ein Decksbalken, noch ein Decksbalken, eine Plastiktüte, die halbkardanische Petroleumlampe, das Chronometer … – eine Plastiktüte? Er blickte wieder zurück. An der Stelle müssten eigentlich die massiven Unterzüge und Püttings von NOMAD sein und keine Tüte, an deren Außenseite man das Aldi-A hätte lesen können, würde nicht das meiste mit Gewebeband zugeklebt sein.

Jan war verwirrt. Während er geschlafen hatte, musste irgendjemand diese Tüte dorthin geklebt haben, aber warum? Seine Gedanken schweiften ab. Immer noch diese Geräusche, harte mechanische Geräusche. Sein Denken fokussierte sich mit Mühe und versuchte bekannte Geräusche nach einer

Übereinstimmung zu sortieren – kein passendes dabei. Er sah sich im Schiff um, das Geräusch kam von vorn. Es waren der Motor und die Wellenanlage, die da litten. Sofort ausstellen!, war sein erster Gedanke, ehe etwas kaputt geht! Er schnellte hoch um zum Motor zu gelangen und prallte unsanft mit dem Kopf an den Decksbalken.

Benommen sank er zurück, blieb liegen und lauschte. Normalerweise ließen ihn Motoren schlafen, ruhig und lange. Das hier war etwas anderes, das war nicht das beruhigende Dröhnen des Dreizylinders. Dieser Motor litt; das Getriebe jaulte aufdringlich und ungleichmäßig, der Diesel stemmte sich mit unregelmäßiger Drehzahl gegen die wechselnden Lastverhältnisse. So klingt eine Antriebsanlage mit einem riesigen Problem, wie nach einer schweren Kollision, dachte Jan. Und wenn der Wellenbock derart verbogen ist und die Antriebswelle nicht mehr gerade aus dem Schiff zum Propeller führt, dann stellt man sofort die Maschine ab und fährt seine Manöver unter Segeln. Denn hier gab's Segelwind – und das nicht zu knapp! Nach den Wellen schätzte Jan die Windstärke auf gute sieben Beaufort.

Was hingegen fehlte, war die gleichmäßige Bewegung des Schiffes zu einer Seite, wenn der Segeldruck das Schiff krängen lässt. Und es fehlten die typischen Geräusche des Windes im Rigg. Normalerweise jaulte der Wind in den massiven Nirowanten und irgendetwas schlug immer an den Mast, eines der zahlreichen Fallen von NOMAD, der Spinnakerbaum oder wenigstens die Flaggenleine für die Gastlandsflaggen auf der Steuerbordseite, die eigentlich stets viel zu lose herumhing, egal wo und wie gut man sie nun festmachte. Sein Kopf schmerzte vom Nachdenken und dem Schlag. Das hier waren aber rein mechanische Geräusche: Neben der Wellenanlage polterte und schlug es im ganzen Schiff, irgendwo mussten Sachen, die sonst immer betont sorgfältig verstaut waren, lose durch die Stauräume rutschen. In all seinen Jahren an Bord war das noch nie vorgekommen, so etwas war nervig und unnötig.

Ansonsten war Totenstille unter Deck: Keiner da außer Jan. Wo war die Freiwache, die ihn normalerweise mit ihrem Geschnarche von seinem Schlaf abhielt?

Langsam kehrten seine Erinnerungen zurück und sammelten sich zu einem Puzzle, von dem er nicht wusste, ob er es tatsächlich zusammengesetzt sehen wollte. Die Kenterung bei Nacht, der Aufprall im Cockpit und der leere Sicherheitsgurt formten sich zu einem unwirklichen, nur in schlimmsten Träumen existenten Bild: NOMAD schlingerte ohne Mast durch die Nordsee. Das Schiff war schwer beschädigt, niemand kümmerte sich um dieses sagenhafte Chaos unter Deck, das offensichtlich durch die Havarie angerichtet worden war. Wenn hier keiner war, um sich um die Kajüte zu sorgen, musste es draußen eine Menge zu tun geben. Schließlich war es noch dunkel und die Hälfte der Crew schlief um diese Zeit. Jan sah nach Steuerbord, er war doch nicht allein. Wer war der ruhige Schläfer auf der anderen Salonkoje, den Jan über den Rand seines Leesegels bis über den Kopf mit einem Schlafsack zugedeckt ausmachen konnte? Es musste Peer sein, Jan erkannte seinen Schlafsack. Der Körper darunter lag absolut ruhig, mit den Armen an der Seite gerade neben sich, zwei Zeisinge aus Gurtband schlangen den Schlafsack fest um den Körper, wie bei einer Mumie. Die Schiffsbewegungen ließen ihn seicht hin- und herschaukeln. Unwillkürlich fröstelte Jan.

Zwei Füße schoben sich durch den Niedergang. Stiefel in Ölzeughosen, diese aber voller Schmierfett und einer undefinierbaren roten Flüssigkeit, dann kam der Rest von Gernot. Im schwachen Schein des heranbrechenden grauen Tages sah Gernots Gesicht aus wie das von Henry Maske nach einem 12-Runden-Kampf. Nase, Augenbrauen und Jochbeine waren völlig verschwollen, der Verband am Haaransatz blutdurchweicht. Gernot sah ihn an und schwieg, kein Lächeln stand auf seinem ansonsten fröhlichen Gesicht. Er wusste nicht, wie er Jan begegnen sollte.

»Gernot, was ist los?«, versuchte Jan zu sprechen, nicht mehr als ein heiseres Zischen verließ seinen Hals. Sein Atem schmeckte nach Salz und Seetang, als hätte er in einer Welle beim Baden zuviel Wasser geschluckt. Er hustete.

Gernot hangelte sich mühsam durch das schlingernde Schiff einige Schritte nach vorne, setzte sich dann auf den zusammengeklappten Salontisch und stemmte seine Füße gegen die Sitzbank. Er sah Jan lange an. Der Glanz und die fast immer vorhandene Freude über die Segelei waren aus seinen Augen verschwunden. Die Nacht hatte tiefe Spuren der Müdigkeit, Angst und Trauer in seinem Gesicht hinterlassen. Gernot schien Jahre gealtert zu sein.

Er versuchte einige Kraft in seine Stimme zu legen.

»Wir suchen Thomas. Er ist weg, einfach über Bord gegangen«, Gernot war den Tränen nahe, »seit zwei Stunden versuchen wir uns hier auf der Stelle zu halten, wir können ihn einfach nicht finden«, er stockte und schluckte, »schwer ohne GPS, die Elektrik ist hinüber und die Maschine macht's auch nicht mehr lange«, er fing an zu weinen, »was für eine Scheiße!«

Jan blickte ihn ausdruckslos an.

»Durchgekentert?«, fragte er leise.

Gernot nickte und starrte an Jan vorbei.

»Weißt du das nicht mehr? Du warst doch draußen«, er sah ihm in die Augen, »Gott sei Dank bist du wenigstens wieder da. Kannst du dich bewegen?«

Jan stützte sich leicht auf seinen Ellenbogen und wusste augenblicklich, was Gernot meinte – der ganze Körper schmerzte wie eine einzige riesige Prellung. Er entspannte sich gegen den Schmerz und versuchte lieber einzelne Muskeln auf ihre Funktion zu prüfen.

»Dein Sicherheitsgurt hat dir das Leben gerettet. Du warst lange unter Wasser, bis sich NOMAD wieder aufgerichtet hat. Bist uns beinahe ertrunken. Zum Glück war dein Gurt in Ordnung, der Druck unter Wasser muss wahnsinnig gewesen sein«, Gernot atmete tief durch und versuchte seine Fassung wiederzugewinnen, »aber das ist bei weitem nicht das Schlimmste.«

Tränen füllten wieder Gernots müde Augen, sein Blick wanderte dabei auf den verschnürten Schlafsack auf der Steuerbordkoje.

»Peer ist tot. Er hatte keine Chance, ist im Schlaf quer durchs Schiff geflogen, über vier Meter auf die andere Seite. Er hatte sein Leesegel nicht vor der Koje, wahrscheinlich hat er sich das Genick gebrochen«, er stockte wieder, »wir haben noch versucht ihn wiederzubeleben.«

Jan lugte über das Leesegel auf die bleichen, bewegungslosen Finger ihres toten Skippers. »Mein Gott!«, flüsterte er.

Gernot sah ihm wieder in die Augen. Nicht noch mehr, dachte Jan, bitte! Gernot sprach leise.

»Fred ist ohnmächtig, auch bei ihm sieht's schlecht aus. Wahrscheinlich Schädelbruch, er atmet zwar, aber reagiert nicht und Blut läuft ihm aus der Nase und den Ohren.«

Jan zog sich der Magen zusammen, er hängte sich über das Leesegel und übergab sich, ein Schwall Seewasser ergoss sich aus seinem Mund auf die untere Koje und hinterließ einen großen Fleck auf den beigefarbenen Cord-Bezügen zwischen Gernots Füßen.

Das kleine Handfunkgerät in der blauen Segeltuchtasche neben dem Niedergang fing an zu quäken:

»NOMAD, NOMAD für LADY LARA, kommen!«

Gernot taumelte den unregelmäßigen Bewegungen des Schiffes folgend nach achtern. Wenn der Mast unten war, gab es auch keine Antenne mehr für die große Funkanlage. Das kleine Handfunkgerät dort hinten war nur für den größten Notfall an Bord – und der war jetzt eingetreten.

Gernot hatte das Gerät aus der Tasche gezogen und hielt es sich vor den Mund. »NOMAD hört, kommen LADY LARA«, sprach er in den schwarzen Kasten, dessen grüne Digitalanzeige von seiner Funktion zeugte, und legte ihn sich ans Ohr, während er sich mit der linken Hand am Handlauf neben dem Niedergang festhielt.

»Hallo NOMAD. Die englische Küstenwache hat jetzt Kurs auf uns genommen und unterstützt uns bei der Suche. Sie werden in einer guten Stunde hier sein. Wir koordinieren mit ihnen die Geschichte mit dem Helikopter für euren Verletzten so lange, bis ihr sie selber bekommt.«

»Danke LADY LARA«, antwortet Gernot müde, »wir versuchen uns hier auf der Stelle zu halten und warten auf den Helikopter.«

Er ließ die Trägertaste los und der Lautsprecher quakte noch einmal in sein Ohr.

»Wir bleiben auf Stand-by bis die Wellen etwas weniger werden, dann setzen wir jemanden zum Helfen bei euch ab, over.«

Gernot drückte noch einmal auf die Taste: »Danke, over!« Er steckte das Funkgerät wieder in die Leinentasche und drehte sich um.

Langsam erzählte er Jan, was sich in der Nacht abgespielt hatte. Nach der Kenterung war er als stellvertretender Skipper an Peers Stelle getreten und hatte die Suche nach Thomas die ganze Nacht geleitet. Allerdings hatten sie damit nicht sofort beginnen können, vorher mussten sie sich um den Mast kümmern und ein Notruder bauen. Bei der Kenterung war irgendwie auch die Steuerung zu Schaden gekommen, vielleicht aber auch schon vorher. Parallel versorgten sie die Verletzten. Bis sie schließlich aktiv suchen konnten, war viel Zeit vergangen. Thomas war unterdessen wahrscheinlich schon weit abgetrieben oder sogar schon tot, die nächsten Yachten waren alle einige Meilen entfernt, sodass die Suche sehr ungezielt verlief.

»Da ist noch etwas, das du nicht weißt«, sagte er zum Schluss. Er sog die Luft hörbar ein und presste hervor: »Es sieht so aus, als sei Thomas' Gurt angeschnitten gewesen, ganz sauber, alle Nähte. Der Gurt ist noch an Bord. Er ist einfach rausgerutscht.«

»Das glaub ich nicht!«, entfuhr es Jan, aber Gernot nickte.

»Ich muss wieder raus«, seufzte er.

Jan fiel zurück in seine Koje. Das konnte nicht sein. Wenn sie segelten, blieb die reale Welt der Nachrichten draußen und sie lebten in ihrem eigenen, heilen Kosmos. Jetzt hatten die Nachrichten sie eingeholt, ausgerechnet auf NOMAD, irgendwo auf der Nordsee. Obwohl die Kopfschmerzen seine Schädeldecke unterdessen wie Schmiedehämmer bearbeiteten, nickte er wieder ein.

3

Mühsam kämpfte Jan sich die Treppe hinauf, erster Stock, die Haustür fiel unten ins Schloss, das Leben blieb draußen. Mit jeder Stufe hinauf nahmen die Geräusche ab und das Gefühl der Einsamkeit zu. Vierundzwanzig Stunden am Tag war er mit seinen Freunden an Bord zusammen gewesen. Man aß, trank, lachte und schlief mit ihnen auf engstem Raum, und auf einmal ist Stille. Kein Wind, keine Gespräche, kein Wellenplätschern, nichts. Diesmal wirkten die Wände in seiner Wohnung noch enger. Er fühlte, wie sich das Erlebte wie ein eiserner Panzer um seinen Brustkorb schloss. Er lief auf und ab, ging auf den Balkon, ging wieder hinein, nahm sich schließlich ein Bier aus dem Kühlschrank und sah aus dem Fenster.

Die Bilder drängten sich wieder ins Gedächtnis: Edinburgh lag im Regen, unten an der Spundwand schwamm NOMAD. Mit ihrem schwarzen Rumpf und grauen Deck hatte er sie unzählige Male von oben gesehen, wenn sie nach den Wettfahrten aus der nächsten Bar kamen, wo sie ihre Siege gefeiert hatten oder die zweiten oder dritten Plätze – egal.

Immer war die Stimmung fast kindlich unbeschwert, immer hatte NOMAD etwas Unbesiegbares an sich. Schlechtes Wetter? – Ha! Nicht für sie! Sturm auf der Doggerbank? – Na und? Alles hatten sie zusammen erlebt, Flauten, Hitze, Kälte und Nebel. Und jetzt trugen zwei Männer im Anzug die Trage mit dem toten Peer von Bord. Vor dem Bedford-Leichenwagen kam noch der Aluminiumdeckel drüber und die Geschichte war erledigt. Hier endete ein ganzes Kapitel von Jans Leben – wäre da nicht die Sache mit dem Lifebelt. Bei aller Tragik überschattete jetzt eine dunkle Macht sein Leben, von der er bisher nichts geahnt hatte. Es war zwar nicht sicher, nicht bewiesen, dass der Lifebelt manipuliert war, aber bei ihrer allzeit guten Vorbereitung mochten sie einfach nicht an einen Unfall glauben.

Er hat das Gefühl, wider Willen erwachsen zu werden. NOMAD als große Spielwiese war nicht mehr. Der riesige Mast, oben so dick wie unten, an dem sie sich nach durchzechten Nächten im Hafen orientiert hatten, war nicht mehr, genauso wenig wie Thomas. Draußen suchten die Rettungskreuzer und Hubschrauber immer noch nach ihm, ebenso wie einige Regattayachten. Er war sich nicht sicher, ob er lieber auf See wäre um nach Thomas zu suchen. Und er war sich nicht sicher, ob er wissen wollte, wer ihnen nach dem Leben trachtete, wenn es so war.

Jan schaute in die Fenster der gegenüberliegenden Wohnungen, die Familien setzten sich zum Abendessen, sprachen wahrscheinlich über das tägliche Leben, Arbeit und ihre kleinen Alltagssorgen. Wer weniger Risiko einging, konnte nur kleinere Enttäuschungen erleben, dachte er. Wenigstens Fred lebte. Noch in der Nacht war er in einem Krankenhaus am Rande der Trabantenstädte von Edinburgh operiert worden.

Sie hatten ihn mit einem Taxi besucht, er lag noch in einem künstlichen Koma und das würde voraussichtlich einige Zeit so bleiben. Graue Häuser, graue Kantsteine und endlose Mengen von Schornsteinen begleiteten sie durch die Stadt. Fast wie in der ehemaligen DDR, hatte Jan gedacht, als sie mit dem Taxi zum Flughafen fuhren. Hier muss jedes einzelne Zimmer in jeder Wohnung in jedem Haus einen eigenen Schornstein haben. Mit all diesen Steinen hätte man vermutlich noch einmal so viele Häuser bauen können, dann allerdings ohne Kamine – wäre wohl sehr kalt gewesen. Solche Gedankenspiele hatten sie permanent gemacht, wenn sie nebeneinander stundenlang auf der Kante saßen. Jetzt wollte so etwas niemand mehr hören – Hauptsache weg aus Schottland.

Jan tastete hinter den Sofakissen nach der Fernbedienung für den Fernseher. Sein Atem ging langsamer, er beugte sich nach vorn: Die Nachrichten um fünf zeigten den vertrauten Himmel über der Nordsee. Ein Hubschrauber war zu sehen, die Kamera zoomte heran und blieb auf dem Bündel, das unter dem Hubschrauber baumelte, hängen. Jan wurde schwindelig. Zu vertraut war die Szenerie, als er Thomas' Ölzeug erkannte: rot mit dicken blauen und schmaleren weißen Streifen, wie das Tausender anderer Segler auch. Dazu noch einen der fast neuen, sündhaft teuren, atmungsaktiven Seestiefel aus Gore-Tex. Der andere Stiefel und die Socke fehlten, das Fleisch des Fußes war kreideweiß und irgendwie künstlich. Sie hatten ihn also gefunden. Er war tot.

Auf einmal schmeckte er wieder das Nordseewasser auf seiner Zunge, das Würgen in seinem Hals kam wieder. Jetzt erst hatten sie Thomas gefunden. Hätten sie vielleicht doch noch dort bleiben sollen? Vielleicht hätten sie ihn eher gefunden. Aber sie hatten mit NOMAD noch das Möglichste versucht, bis die Maschine schließlich fast ganz hinüber war. Niemand überlebt vierzehn Grad Wassertemperatur länger als einige Stunden, auch nicht bei guter Kondition, und mit dem Lifebelt war auch die Schwimmweste von Thomas fort gewesen. Vermutlich war er ertrunken, als er in der Nacht durch die Wellen schwamm, wenn er nicht schon vorher ohnmächtig gewesen war, was zwar auch nichts änderte, Jan aber irgendwie gnädiger erschien.

Dass er noch lebte, hatte keiner wirklich geglaubt, aber irgendwie hatten sie es gehofft. Sie hatten sich gegenseitig Mut gemacht, auf welchem Schiff Thomas wahrscheinlich mittlerweile in der Koje läge und schon an Land sei, wenn sie in Edinburgh ankämen. Doch er war nicht an Land gewesen.

Stattdessen erklärte jetzt der Polizist auf dem Bildschirm in seinem breiten, schottischen Akzent die Todesursache: »... war wahrscheinlich nicht sofort tot. Die Wucht des Wassers hatte dem deutschen Segler, der an einer Regatta teilnahm, bei Kenterung des Schiffes vermutlich das Bewusstsein genommen, sodass er anschließend in der Nordsee schwimmend ertrank.« Die Kamera blickt jetzt auf den Hafen, wieder war NOMAD zu sehen, diesmal aus der Heimkomm-Perspektive, an Deck wurde aufgeräumt. Tim war in Schottland geblieben, um sich um die Reste des Schiffes zu kümmern, die Sachen zusammenzupacken und NOMAD erst einmal an Land zu stellen, bis sie wussten, was mit ihr geschehen sollte. Ein Reporter mit Kamera hinter sich ging an Deck, das Mikrofon schoss vor. Tim wollte erst nicht aufsehen von seiner Arbeit. Die Kamera ging runter und nahe an seinen Kopf, zu nahe – zack! Weg war das Bild. Guter Schlag, Tim, dachte Jan, das war ganz der Stil von NOMAD. Mach's gut Thomas, das hättest du gemocht. Der Sprecher verwies auf die besonderen Umstände, die Nerven der »young german sportsmen« seien nach diesem Unglück überstrapaziert. Er schaltete den Fernseher aus und die Stille kehrte zurück.

»Überstrapaziert ist nett«, murmelte Jan und setzte sich in seinem alten Sessel auf. Erst vier Tage Sturm auf der Nordsee, dann die Kenterung und schließlich der Presserummel in der sonst so ruhigen Stadt Edinburgh waren eigentlich wirklich genug. Warum ausgerechnet Thomas?, fragte sich Jan. Das war fast mit Abstand der ruhigste von ihnen gewesen. Nie hatte er mit irgendjemandem Streit, stand meist in der hintersten Reihe und hörte zu. Und ausgerechnet ihn sollte jemand umbringen wollen?

Das Telefon riss Jan aus seinen Gedanken. Eigentlich wollte er mit niemandem telefonieren, aber vielleicht war es Gernot.

»Jan, bist du's? Ich bin's, Manfred, du weißt schon, vom ›Abendkurier‹. Das ist ja entsetzlich, mein aufrichtiges Beileid, ausgerechnet NOMAD und ihr, wirklich, das tut mir Leid!«

Jan fühlte die Wut in sich aufsteigen: »Deswegen rufst du doch nicht an, wir haben uns fast ein Jahr nicht mehr gehört.«

»Stimmt. Scharfsinnig wie immer«, erwiderte der Anrufer mit betont freundlicher Stimme. »Sag mal, habt ihr an Bord irgendwelches Videomaterial gedreht oder Fotos gemacht? Irgendetwas Authentisches, das wir heute Abend noch senden können?«

»Du bist ein Arschloch, Manfred!«, schrie Jan in den Hörer und unterbrach das Gespräch. Er versank wieder in dem Sessel. Wenn alles gut geht, will das keiner wissen. Keinen interessierte, wenn sie mal eine Super-Regattaserie hingelegt hatten. Wenn man Glück hatte, fand man den Namen des Schiffes in irgendeiner Fachzeitschrift. Aber kaum geht was schief, kommen sie wie die Ratten aus den Löchern. Warum wollten sie unbedingt noch auf der Geschichte rumtreten? Es war doch so schon schlimm genug. Zwei Leute waren tot, einer davon wahrscheinlich umgebracht. Jan trank sein Bier in einem Zug leer, lehnte sich zurück und schlief sofort ein. Die vergangenen Nächte mit wenig Schlaf forderten ihren Tribut.

4

In der nächsten Zeit versuchten sie ihre Gedanken zu ordnen und das Geschehene zu verarbeiten. Sie trafen sich häufig an den folgenden Abenden, sahen sich alte Fotos von Regatten an und sprachen leise über die gemeinsamen Segelreisen mit Thomas und Peer. Das Unglück hatte eine riesige Lücke mitten in ihr Leben gerissen, und wenn sie sich trafen, gab es eigentlich keinen Anlass mehr dafür, denn die nächste Reise war nicht zu besprechen. So waren die Abende trotz der Gespräche merkwürdig leer.

Die offizielle Trauerfeier für Peer fand an einem Wochenende im Clubheim des Segelvereins statt. Mit Gernots altem Golf machten sie sich auf den Weg zum Hafen. Sie sprachen nicht viel miteinander. Die Geschichte lastete schwer auf ihnen. Keiner von ihnen hatte Lust unter Leute zu gehen, jeder der sie kannte, sah sie fragend an, niemand traute sich mit ihnen zu reden. Eigentlich war Jan ganz froh darüber. Schweigend beobachtete er die vorbeigleitenden Menschen und Häuser, die durch die Autoscheibe von ihnen getrennt waren. Er versuchte sich die Ankunft im Club vorzustellen. Der Gedanke an den Gang durch eine Menge von Leuten, die ihn verstohlen anblickten, ließ ihn schaudern. Schweiß trat ihm in kleinen Perlen auf die Stirn.

Das Clubhaus war gerade renoviert worden, es glich eher einem Palast als einem Vereinsheim und hatte die Vereinsersparnisse der letzten Jahre komplett geschluckt. Hier hatte sich ihr Segelverein nicht lumpen lassen. Durch die Panoramafenster im ersten Stock waren die eintreffenden Gäste zu

sehen, in das Licht eines Strahlers getaucht hing an der Wand der überdimensionale Vereinsstander in den traditionellen Farben grün, weiß, rot, die eine Welle und ein Segelschiff symbolisierten. Jan erschien das rot geklinkerte Gebäude wie eine Kathedrale voller Gläubiger, die zu ihrer Konfession gezwungen wurden. Solange der Priester nicht da war, lachten sie fröhlich, um beim Näherkommen anderer Personen in andächtige Ruhe zu verfallen.
Rund um das Gebäude hatte das klassische Kopfsteinpflaster ausgedehnten Grünflächen weichen müssen. Weit hinten in der Ecke des Vereinsgeländes gab es einen kleinen Spielplatz und einige Holzbänke, auf denen man im Sommer mit einem kalten Bier in der Hand den Blick auf das Treiben im Hafenbecken genießen konnte. Auf der Rückseite der gestifteten Bänke prangten die Messingschilder der Sponsoren, zumeist honorige Vereinsmitglieder in Vorständen von Banken, Reedereien und Versicherungen.

Sie fuhren in die durch zwei alte Hafendalben gesäumte Einfahrt auf den Parkplatz. Er teilte sich in zwei deutlich abgegrenzte Regionen, die die klassische Mitgliederstruktur eines Segelvereins repräsentierte. Auf der einen Seite standen die großen Limousinen und Kombis der Schiffseigner in dezenten schwarzen oder metallic-grauen Lackierungen, während sich die Crews mit ihren fröhlich-bunten und verbeulten 80er-Jahre-Golfs und Peugeots respektlos in die vorderen Parkplätze zwischen Holzpollern und Büschen klemmten. Auch die Kleidung der Insassen machte diesen Unterschied selbst für Außenstehende deutlich. Die zumeist älteren Herrschaften aus den großen Fahrzeugen trugen ihre gut geschnittenen dunklen Anzüge mit einer Selbstverständlichkeit, als gingen sie täglich zu Trauerfeiern oder Beerdigungen. Die dazugehörige Krawatte in dezenten Tönen war perfekt gebunden. Die meisten Crews hingegen hatten lediglich das einzige vorhandene Sakko aus dem Schrank geholt und versucht, es mit einer Hose zu kombinieren, die dem Anlass gerecht schien.

»Hab ich eine Lust zu der Veranstaltung«, sagte Gernot bitter, als sie ausstiegen. Einige Leute kamen vorbei und nickten ihnen zu und Jan spürte, wie sie angestarrt wurden. Das Unbehagen und der Schweiß auf seiner Stirn kehrten zurück. Er blickte über das Autodach zu Gernot, der in seinem nicht mehr ganz jungen Anzug und den violett unterlaufenen Prellungen im Gesicht jetzt aussah wie Henry Maske nach der Siegerehrung. Kein Wunder, dass die uns anstarren, dachte Jan.

»Ist auch kein Anlass zum Lust haben«, bestätigte er, »ich hoffe, dass wenigstens keiner etwas von uns möchte.«

»Ich denke, das wird einfach ein Nachruf, in dem die Leistungen von Peer gewürdigt werden. Mehr kann da doch sowieso keiner sagen.«

Statt einer Antwort verzog Jan den Mund – und ließ es gleich wieder bleiben. Alle Art von Anstrengungen und Grimassen ließen sein geschwollenes und gespanntes Gesicht schmerzen und erinnerten ihn daran, dass er nicht viel anders aussah als Gernot.

Sie machten sich auf den Weg zum Eingang. Die graue, stählerne Flutschutztür stand offen und gab dem Clubhaus beim Näherkommen eher den Charme eines Luftschutzbunkers als einer Kathedrale.

Sie waren fast die Letzten, die über das Kopfsteinpflaster kamen. Kurz vor der Tür kreuzte ein ungepflegter Endvierziger ihren Weg und schob sich vor ihnen durch die Tür. Der Luftwirbel, den er erzeugte, glich dem Abzug einer Kneipe, es roch nach Bier und einer gerade gelöschten Zigarette. Darunter mischte sich der säuerliche Geruch von Kleidung, die lange nicht mehr gewaschen worden war.

»Reiner, der alte Trinker«, sagte Jan, als sie seinen Weg kreuzten.

»Mit dem will auch keiner mehr was zu tun haben«, antwortete Gernot, »auch irgendwie 'ne tragische Gestalt.«

»Allerdings«, bestätigte Jan.

Tatsächlich hatte Reiner nicht immer so ausgesehen. Jan erinnerte sich entfernt an dessen strahlende Zeiten. Er war in der Hoch-Zeit der IOR-Regel, einer Vermessungsregel für Regattayachten, um die Leistungen der Segler möglichst unabhängig von den Schiffen miteinander zu vergleichen, einer der angesehensten deutschen Yachtkonstrukteure gewesen. Reiner hatte einige spektakuläre Entwürfe hingelegt, und zusammen mit bekannten Seglern, die zu seinen Freunden zählten, verbuchte er eine Reihe von Siegen. Welt- und Europameisterschaften im Hochseesegeln gehörten dazu, und die Nachfrage nach seinen Schiffen stieg Ende der 80er sprunghaft an. Selbst reine Fahrtensegler rissen sich darum, waren die Yachten doch ein Garant für einen der vorderen Plätze bei regionalen Regatten. Die Bootsausstellungen in Hamburg oder Düsseldorf glichen eher Partys denn Arbeit, laufend gab es irgendwo etwas zu trinken und zu feiern. Alle verdienten haufenweise Geld und keiner glaubte an das Ende des Booms, bis der Einbruch kam. Nur die großen Werften überlebten, und eine neue Riege von Konstrukteuren belebte die Szene mit moderneren Schiffen. Reiner gehörte nicht dazu. Das waren einfach nicht mehr seine Schiffe, und seine Schiffe wollte keiner mehr haben.

Jetzt schlurfte er vor ihnen durch das kühle Foyer, aufgedunsen, in einem abgetragenen Bundeswehr-Parka, mit roter Hose und roten Segelschuhen, seinen alten Markenzeichen. Als er die stählerne Treppe zum Festsaal hinaufstieg, blickte er Jan starr in die Augen. Etwas Rätselhaftes lag in seinem Blick, das Jan nicht deuten konnte.

Während er Reiner sinnend hinterhersah, wurde er unsanft aus seinen Gedanken gerissen.

»Dreh dich mal um, guck mal links!« Gernot packte Jan an den Schultern und drehte ihn fast um neunzig Grad.

»Aua! Pass doch auf«, stöhnte Jan und gab dem Druck nach. Nicht in schwarz, sondern in freundlichem grünem T-Shirt und enger, an der Hüfte geschnürter Jeans sowie Segelschuhen kam Rita über den Parkplatz, Peers Frau, oder besser Witwe. Über dem Arm trug sie ein beigefarbenes Sakko.

»Klasse Seglerin, die Frau«, brummte Gernot von hinten, »aber nicht ganz der passende Aufzug, würde ich sagen.«

»Klasse Figur, die Frau«, entgegnete Jan und erschrak zugleich über seine Bemerkung.

Gernot zog die Augenbrauen zusammen und sah ihn böse an. »Versuch's mal mit Trauer, unser Schiff ist hinüber und unser Skipper auch und du guckst Rita auf die Bluse. Was hältst du davon?«

»Erst mal ist das ein T-Shirt und zum zweiten guck ich ihr auf den Hintern«, entgegnete Jan. »So richtig tiefe Trauer trägt sie auf jeden Fall nicht, und das scheint sie hier auch deutlich zeigen zu wollen.«

»Na Jungs, farbenfroher Auftritt«, sagte Rita gedämpft, als sie die beiden verbeulten Freunde nebeneinander an der Eingangstür stehen sah, »danke, dass ihr gekommen seid.«

Sie gab beiden ihre trockene, warme Hand, sah ihnen kurz in die Augen, trat dann einen Schritt zur Seite und begrüßte weitere Segler, die ihr ihr Beileid aussprachen. Ein sanfter Duft ihres leichten Parfums hing in der Luft.

»Man, ist die gut drauf, das hat man ja nur selten erlebt, wenn man sie mit Peer zusammen gesehen hat«, murmelte Jan in Gernots Richtung und sagte dann lauter: »Ist doch selbstverständlich. War Sabotage, sagt die Polizei. Ruderseile waren angeschnitten, da hatte es einer auf den Unfall angelegt.«

Rita kam näher und flüsterte: »Lasst uns mal nach der Veranstaltung noch etwas trinken gehen. Ich muss unbedingt mit euch reden. Wir fahren nachher mit eurem Auto. Ich muss jetzt hoch.«

Jan sah ihr hinterher, wie sie die Treppe hinaufeilte. Die kräftigen Muskeln ihrer Beine spannten die Jeans bei jeder Stufe. Ausgerechnet hier und bei Peers Beerdigung kam sie ihm das erste Mal richtig nahe. Manchmal hatte er an sie gedacht, es sich aber immer sofort wieder verboten. Sie alle wahrten eine Distanz zu ihr, die der von Geschwistern glich, wenn sie bei Peer zum Essen oder Biertrinken waren, obwohl sie ungefähr das gleiche Alter hatten. Sie roch und sprach genauso, wie er es sich immer ausgemalt hatte: natürlich und mit einer leichten Unsicherheit in der Stimme. Das alles passte zu ihrem sportlichen Gang, den animalisch sicheren Bewegungen, als sie die Treppe hochging.

»Hallo, Erde an Jan! Stehst du unter Drogen, oder wirkt die Gehirnerschütterung bei dir nach?«, holte Gernot ihn in die Realität zurück, »jetzt komm endlich!«

Der große, rechteckige Raum war mit armlehnenlosen Holzstühlen bestückt worden und bis auf den letzten Platz gefüllt. Neben den Sitzreihen standen die Leute, die für einen Sitzplatz zu spät erschienen waren, entlang der Fenster. Dadurch war es dumpf und dunkel, normalerweise ließ sich sonst im Sitzen fast der gesamte Hafen überblicken.

Zwischen den Köpfen konnte Jan das gegenüberliegende Containerterminal erblicken. Ein kleiner Feeder und ein mächtiger Ozeanriese lagen an der Kaimauer. Die riesigen Auslegerkräne griffen die Transportkisten wie Legosteine vom Deck und setzten sie hinter den Schiffen an Land, wo sich ihr weiterer Weg nicht mehr verfolgen ließ. Das Gemurmel im Raum wurde leiser und Jan drehte sich nach vorn.

»Hallo, meine Damen und Herren, liebe Segelkameraden! Guten Abend wäre jetzt wohl die falsche Wortwahl, um dieses Treffen zu beginnen«, versuchte der Redner den Boden für seine Ansprache vorzubereiten. Man merkte ihm an, dass er sich unwohl fühlte und sonst eher zu fröhlicheren Anlässen sprach. Unruhig trat er von einem Fuß auf den anderen und umklammerte das Mikrofon Hilfe suchend mit beiden Händen. Wenn er den Kopf zum Fenster drehte, konnte man den Schweiß unterhalb des Haaransatzes glänzen sehen.

»Peer war mit seinen weiten Seereisen und der erfolgreichen Teilnahme an Hochseeregatten ein Vorbild für jeden jungen Segler«, fuhr er mit seiner einstudierten Rede fort, »ein Botschafter für unseren Verein.«

Geduldig hörten die Vereinsmitglieder zu, Thomas wurde nur am Rande erwähnt, für ihn fand die Trauerfeier in seinem eigenen Club statt. Jans Gedanken schweiften ab, er konnte den leichten Parfumgeruch in seiner Nase wieder wahrnehmen.

»Wenn der ein Vorbild war, bin ich auf dem besten Weg der heilige Vater zu werden«, flüsterte ein großer Rothaariger neben Jan, als er dessen Abwesenheit bemerkte. »Ein guter Seemann bestimmt, aber ansonsten ein Arschloch. Wie kann man sich das sonst erklären, dass er vor Rita keine andere Frau hatte? Ein totaler Anti-Mann!«

Jan versuchte Empörung in sich aufsteigen zu lassen, aber sie wollte sich nicht recht einstellen. Widerwillig musste er seinem Nachbarn Recht geben. Viele Leute hatten über diese Beziehung gerätselt. Nicht, dass Peer darauf angesprochen wurde, aber wenn er nicht da war, wurde oft darüber geredet. Er selbst schien sich seiner Sache immer sehr sicher gewesen zu sein, und auch Rita war die Tugend in Person. Jan hatte sich aus dieser Geschichte immer herausgehalten und auch mit den anderen Crewmitgliedern von NOMAD wurde darüber nicht gesprochen. Fast schien es wie ein verbotenes Thema, an das keiner rühren wollte.

Jan drehte seinen Kopf und beobachtete Rita aus seinen Augenwinkeln. Die braunen, schulterlangen Haare fielen ihr leicht ins Gesicht, während sie der Rede auf ihren Ex-Ehemann lauschte. So wie sie guckt keine trauernde Witwe, dachte er. Zwar hörte sie zu, aber sie war nicht betroffen.

Um Rita herum hatten ihre drei Brüder Platz genommen. Die ganze Familie war da, um Abschied zu nehmen. Mit ihren breiten Schultern könnten die Geschwister Teil einer Football-Mannschaft sein, dachte Jan. Sven war der älteste, Sigmund und William die jüngeren Zwillinge. In den ersten Wochen nach ihrer Geburt hatte es um die beiden nicht gut gestanden, sodass ihre Mutter ihnen die Vornamen großer Persönlichkeiten gegeben hatte, damit sie daraus Kraft schöpfen sollten. Und das hatte offensichtlich gut geklappt, jetzt überragten sie beide ihren älteren Bruder um einen ganzen Kopf und saßen wie Bodyguards hinter ihren kleineren Geschwistern.

Einer von beiden hatte Jans Blick bemerkt und flüsterte Rita etwas ins Ohr. Mit der Andeutung eines Lächelns drehte sie sich zu Jan und sah ihm tief in die Augen. So tief, als würden sie sich wesentlich besser kennen oder als würde sie auf Vertrauen hoffen. Jan wurde rot, versuchte das Richtige zu tun und grinste zurück. Rita drehte ihren Kopf abrupt weg, und wann immer Jan im Verlauf des Abends hinübersah, kam von Ritas Familie keine Reaktion mehr.

5

Die Abendluft war kalt und trocken, als sie vor das Clubhaus traten. Es war Ende September, der Sommer und die Segelsaison neigten sich dem Ende zu. Die Luft im Festsaal war minütlich schlechter geworden und Jan war froh, vor die Tür zu kommen. Nach drei, vier Atemzügen schien der verbrauchte Sauerstoff aus seinen Lungen zu weichen und die kühle Abendluft nahm wohltuend seinen Platz ein. Viele ihrer Vereinskameraden waren nach der Rede zu ihnen gekommen und wollten Einzelheiten über die Havarie wissen. Jan mochte es jedoch nicht, derart im Mittelpunkt zu stehen, und hatte sich mit Gernot in einem ruhigen Moment die Treppe hinunter verdrückt.

»Deutlich falsch angezogen«, murmelte Gernot und versenkte die Hände in den Taschen seines Jackets, »schon mächtig kalt ohne Ölzeug.«

»Mit Ölzeug wärst du eben auch nicht richtig angezogen gewesen«, entgegnete Jan und sah sich um.

Auf dem Parkplatz war es leer, nur wenige Gäste der Trauerfeier kamen aus dem Gebäude, gingen leise murmelnd direkt zu ihren Autos und verschwanden im Verkehr an der Hafenstraße. Offensichtlich wurde im unteren Stockwerk doch noch einmal die Bar geöffnet, durch die offene Eingangstür konnte Jan die Menschen die Treppe hinunterströmen sehen, auch wenn es dort aus irgendeinem Grunde einen kleinen Stau gab. Das Foyer füllte sich langsam. Vor der Tür sammelten sich kleine Grüppchen, die zum Rauchen an die frische Luft gingen. Die Nacht war schon fast vollständig hereingebrochen, nur weit im Westen, wo die Sonne untergegangen war, hinter den Kränen von Blohm und Voss auf der anderen

Flussseite, war im Himmel noch ein letzter Streifen tiefen Blaus zu sehen. Richtung Osten gab's schon schwarze Nacht mit Sternen, der Neumond setzte sich zwischen den Wolken als silberne Sichel durch.

»Lass uns nach Rita sehen«, sagte Jan, »sie wollte doch mit uns fahren.«

»Weißt du, was sie von uns will?«, fragte Gernot.

»Nicht die geringste Ahnung.« Jan zuckte mit den Schultern. »Vielleicht braucht sie bloß jemanden zum Reden.«

Sie überquerten schnell den Parkplatz und gingen zu den brusthohen Büschen, hinter denen Gernot seinen Golf geparkt hatte. Vor dem Auto stand Rita; ihre linke Gesichtshälfte war gerötet, aus der Nase lief Blut in ein durchweichtes Tempotaschentuch, auf dem linken Revers ihres beigefarbenen Sakkos war ebenfalls eine beachtliche Blutspur.

»Verdammter Mist, was ist los? Wer war das?«, fragte Jan und quetschte sich an den Büschen vorbei.

»Peers Bruder!«, entgegnete Rita mit leiser Stimme.

»Wer?«, fragte Jan verwirrt.

»Reiner, Peers Halbbruder, hast du das nicht gewusst?«, warf Gernot ein.

»Reiner, die versoffene Ratte«, stieß Jan aus, »warum hat er dich geschlagen?«

»Ich habe mich geweigert mit ihm nach Hause zu fahren.«

»Zu ihm nach Hause? Warum?«, fragte Gernot.

»Er wollte, dass ich mitkomme, dass wir noch zusammen etwas trinken, sozusagen eine Familientrauerfeier mit ungewissem Ausgang.«

Jan spürte, dass sie etwas verschwieg. Ihr selbstbewusster Auftritt wirkte gespielt, aufgesetzt, irgendwie gekünstelt.

»Wo ist er jetzt?« Jan blickte suchend umher.

»Ich habe ihn zum letzten Mal im Treppenhaus gesehen, da hatte er auf mich gewartet. Wahrscheinlich hat er sich noch nicht von dem Tritt zwischen die Beine erholt.« Ritas Lachen war bitter.

»Sollen wir uns noch mal um ihn kümmern?«, fragte Jan.

Er war nicht der Typ für körperliche Auseinandersetzungen, würde Rita zuliebe aber einiges tun. Im Stillen hoffte er, dass sie nein sagen würde.

»Bleib hier«, hielt Rita ihn auf, »der hat genug, lasst uns lieber hier verschwinden.«

Sie fuhren die Elbchaussee hinunter Richtung Blankenese. Der Feierabendverkehr war versiegt, nur noch wenige, zumeist große Limousinen stauten sich kurz an den Ampeln.

»Wo wollen wir hin?«, fragte Gernot.

»›Sailors Dream‹«, sagte Rita, »in Wedel.«

»Ouuh!« Jan stöhnte.

Sailors Dream war der Treffpunkt der Segler nach den Elbregatten.

»Willst du dich mit uns betrinken?«, fragte er, »dann sollten wir vielleicht lieber mit dem Taxi fahren.«

Rita lächelte auf dem Rücksitz.

»Verlockende Idee. Aber heute Abend steht mir danach irgendwie nicht der Sinn.«

»Der Anlass ist wohl nicht ganz angemessen. Aber warum Sailors Dream?«, fragte Gernot.

»Lass dich überraschen«, antwortete Rita. Sie merkte, dass die Antwort sehr kurz gewesen war, und setzte nach: »Wir treffen dort jemanden. Den kennt ihr auch.«

»Seh'n wir ja gleich«, sagte Jan, der merkte, dass Rita damit nicht herausrücken wollte. »Hast du dich von der Trauerfeier erholt?«

»Mit Peers Segelei hatte ich nie viel zu tun. Das sind heute Abend seine Freunde gewesen, für mich war das eher eine Pflichtveranstaltung.« Sie machte eine Pause. »Der Unfall ist ja schon einige Zeit her, den Schock und die Trauer spürte ich auf dem Friedhof. Da merkte man, dass Peer endgültig nicht wiederkommt.«

Wieder spürte Jan, wie sie sich und ihnen etwas vorzumachen begann. Zu sehr versuchte sie, ihrer Trauer Nachdruck zu verleihen. Fast so, als hätten sie sie angezweifelt.

»Bleibst du in Hamburg?«, versuchte er das Gespräch in ein sichereres Fahrwasser zu lenken.

»Nein«, sagte Rita, »Ich habe Peers Haus zum Verkauf angeboten. Ich möchte zurück nach Travemünde, werde also ganz in unsere dortige Wohnung ziehen. Schließlich komm ich da auch her.«

Jan und Tim nickten einträchtig mit den Köpfen.

Sie waren am Ortsrand von Wedel angekommen, Jan sortierte seine Gedanken. Bisher war immer alles klar und einfach gewesen: Peer war der Skipper und somit unantastbar, seine Frau ebenso, auch wenn Jan sie mochte. Jetzt war Peer tot und Thomas auch – ermordet von einem Unbekannten, einem angeschnittenen Ruderseil zum Opfer gefallen. Und Jans Gefühle wallten auf, wenn er nur an Rita dachte. So hatte er sich das immer vorgestellt mit der Liebe in seinem Leben, dass sie einen derart übermannt. Aber nicht, dass sie zugleich so hoffnungslos scheint und irgendwelche Kriminellen hinter der Sache stecken. Die Morde begehen, um ihre Interessen durchzusetzen, in seiner Nähe, auf seinem Schiff. Das Kartenhaus seines kleinen Lebens drohte zusammenzubrechen. Nicht dass es immer einfach gewesen wäre, ganz im Gegenteil. Aber NOMAD war wenigstens immer eine Bank für ihn gewesen. Der sichere Hafen, die Basis, wo alles stimmte – bis jetzt.

Als sie in die fast leere Kneipe traten, blickte Rita sich suchend um, verharrte und grüßte schließlich einen weit hinten im Dunkeln sitzenden Gast, der fast nicht zu erkennen war. Sailors Dream bestand zu einem großen Teil aus Deko-Artikeln, die ein möglichst maritimes Aussehen vermitteln sollten. Der gesamte Raum war dunkel getäfelt, neben der Eingangstür wiesen den Gästen zwei Messinglampen mit dunklen roten und grünen Birnen den Weg nach draußen, und von der Decke hing ein Fischernetz mit Seesternen, Muscheln und Fischen aus Plastik. Jahrelanger Rauch hatte alles mit einer braunen Schicht überzogen. Hinter der Zapfsäule aus Porzellan stand im Halbdunkel der Wirt und grüßte sie nachlässig, während er für den einzigen Gast am Tresen ein Bier zapfte.

»Tim ist schon hier, er wartet auf uns«, erklärte Rita, während sie durch den Raum gingen.

»Tim?«, staunte Jan, »ich wusste gar nicht, dass du ihn kennst.«

»Tim hat euch etwas zu erzählen«, entgegnete Rita, »hat etwas mit dem Unglück zu tun.«

Sie begrüßten Tim und setzten sich an den Tisch. Er hatte sich nicht bei ihnen gemeldet, nachdem er aus Edinburgh wiedergekommen war, aber er gehörte auch nicht zu dem inneren Kreis der Mannschaft. Zwar war er seit zwei Jahren dabei, hatte aber eine Art, die es immer wieder verhinderte, dass die anderen intensiver mit ihm zusammen sein wollten. Er war härter, unnahbarer. Den Platz an Bord hatte er sich durch seine Zuverlässigkeit erkämpft, sonst rühmte er sich gern seiner Unabhängigkeit. Durch seinen Job beim ›Lübecker Tageblatt‹ verfügte er immer über die Informationen, die an der Küste gerade wichtig waren, auch wenn er selten darüber sprach.

Es wurde ruhig über den vieren, sie bestellten etwas zu trinken.

»Wie lange bist du schon wieder da?«, durchbrach Jan schließlich das Schweigen.

»Seit Donnerstag, Schiff steht an Land, mehr konnte man nicht machen«, sagte Tim in seiner gewohnt kurzen Art, die kaum eine Gefühlsregung erkennen ließ.

»Warum warst du nicht bei der Trauerfeier?«, hakte Gernot ruppig nach, »schließlich war das auch dein Skipper!«

Ihn reizte diese ganze Geschichte heute Abend zusehends.

»Anderer Verein«, sagte Tim, »ich geh dann zu Thomas' Abschied.«

»Ist doch nicht so tragisch«, beruhigte Rita ihn, »da hat er nun wirklich nichts verpasst.«

Gernot ließ sich hart gegen die Rückenlehne fallen: »Mir ist das alles einfach zu viel«, entschuldigte er sich, »die letzte Zeit hat mich ziemlich mürbe gemacht.«

»Uns alle«, sagte Jan und sah Gernot in die Augen. Rita nickte.

»Tut mir Leid, vielleicht hätte ich hinkommen sollen.«

Tim fuhr sich durch die Haare, offensichtlich wusste er nicht, wie er anfangen sollte.

»Diese Geschichte ist ziemlich hart für mich«, sprach er weiter, »da hängt noch viel mehr dran.«

»Was?«, fragte Jan.

Tim schluckte trocken.

»An dem Tag, als es passierte, sind wir von der Wache nach unten gekommen. Es war dunkel, als wir uns umzogen, man hat kaum seine Sachen gefunden unter Deck. Ich hatte schon alles unter meine Koje geschoben, als ich Thomas seine Sachen suchen sah. Er fand seinen Lifebelt und seine Schwimmweste nicht …«, seine Stimme brach.

»Und du hast ihm deinen gegeben«, folgerte Jan langsam.

»Ja.«

Tims Kopf sank nach unten, mit einem Ruck sah er die drei nacheinander an. »Der Lifebelt gehörte mir, versteht ihr? Ich sollte sterben. Thomas hatte nichts damit zu tun!«

»Tatsächlich 'ne harte Geschichte«, sagte Jan, »aber warum?«

Wortlos kam der Wirt, stellte ihre Getränke auf den lackierten Mahagonitisch und ging zurück zu seinem Tresen.

»Das habe ich mich auch lange gefragt«, jetzt floss es förmlich aus Tim heraus, »vielleicht wollte mir bloß einer einen Schreck einjagen, dachte ich zuerst. Aber dafür ist die Sache zu ernst. Also hab ich über die Geschichten nachgedacht, die ich in der letzten Zeit recherchiert habe, und bin auf Imperial-Yachts gekommen. Da hat es im letzten Jahr einige Ruderbrüche gegeben, zwei Yachten sind gesunken, einer der Segler ist dabei gestorben. Ich habe allerlei Leute zu dem Thema befragt, Bootsbauer, Sachverständige und so, hab eigentlich nur Material zusammengetragen. Und dann kam die erste E-mail, in der mir gedroht wurde, wenn ich nicht die Finger von der Geschichte lasse.«

Dass gerade der Serienbootsbau ein sensibles Thema war, wussten sie alle. Tim hatte es ihnen häufig erzählt, wenn sie ihn über seine Arbeit ausquetschten. Moderne Segelyachten werden heute zumeist aus mit Glasfaser verstärktem Kunststoff gefertigt. Dafür wird von einer Holzform, die aussieht wie das fertige Schiff, eine negative Form abgenommen, in der schließlich der Rumpf, das Deck und Teile der Ausrüstung von innen laminiert und beliebig häufig reproduziert werden können. Dabei wird flüssiges Kunstharz mit Härter versehen, mit dem wiederum die Glasfasermatten getränkt werden. So entsteht ein hochfester Kompositbau, in den sich die großen wirkenden Kräfte in einer Yacht einleiten lassen müssen. Diese Kräfte werden häufig unterschätzt, sind normalerweise nicht erkennbar und zudem sehr vielfältig. Dazu gehören die Verdrehung des Rumpfes in der Welle, der Zug des Mastes und der Segel, die entgegen wirkende Kraft des Tonnen schweren Kiels, damit das Schiff nicht kentert, und die Lenk- und Hebelkräfte des nahezu frei stehenden Ruders. Jede Werft definiert sich über ihre gute Verarbeitung und muss sich an ihr messen lassen. Kleine Fehler können große Probleme des Schiffes auf See nach sich ziehen. Passiert zudem etwas, ist der Ruf der Werft schnell auf Jahre ruiniert.

»Aber deswegen riskiert doch keiner den Tod einer ganzen Mannschaft«, begehrte Jan auf und dachte unwillkürlich an die angeschnittenen Ruderseile.

»Hab ich mir auch gedacht, bis mir einfiel, dass ich den Lifebelt mit Schwimmweste vor der Regatta zum Service hatte. Die TÜV-Prüfung stand an, deswegen brachte ich ihn zum Hamburger Marine Service.«

»… und der ist der größte Händler von Imperial-Yachts!« Gernot fiel wieder im Sitz zurück. »Die Geschichte glaubt dir keiner.«

»Deswegen ist er ja auch nicht zur Polizei gegangen«, warf Rita ein, »Tim hat Angst und will die Sache unbedingt selbst in die Hand nehmen.«

»Jan, Tim und Gernot, die großen Detektive der Hafenstadt. Ich glaube, wir sollten die Sache doch lieber Profis überlassen«, ätzte Gernot, »mir ist das zu vage, da mach ich nicht mit.« Er drehte sich um und hielt sein Glas hoch, um beim Wirt ein weiteres Bier zu bestellen. Außerdem wisst ihr ja, dass ich da einen Job habe. Nicht mal schlecht bezahlt. Tut mir Leid, Jungs.«

»Ich habe Tim das schon gesagt«, sagte Rita, »das ist keine Sache für ihn oder für euch. Wenn da tatsächlich etwas ist, wird sich die Polizei darum kümmern.« Sie sah Jan geradezu beschwörend an. »Macht bitte nicht noch mehr Schwierigkeiten. Das ist gefährlich.«

»Ich glaube, die Polizei wird da nichts tun können«, hakte Tim nach, »die interessiert das Ganze mit dem Lifebelt herzlich wenig. Ich hatte gedacht, die melden sich mal, aber nichts passiert. Aber mir lässt das einfach keine Ruhe. Deshalb sollten wir jetzt sehen, ob wir etwas entdecken, was damit zu tun haben könnte. Ich weiß natürlich, dass wir uns eigentlich nicht kennen. Ich will auch kein Risiko eingehen …«

Jan war drauf und dran ebenfalls nein zu sagen. Zu gefährlich, Polizei rufen, ging es ihm durch den Kopf. So war er erzogen worden: Wenn's Probleme gibt, sag es jemandem, der davon etwas versteht. Dann sah er die Bilder von Thomas in den Gurten des Hubschraubers vor seinem inneren Auge und NOMAD und all die guten, unwiederbringlichen Zeiten. Tim blickte Jan an, der abwesend auf den verstaubten Minifischkutter aus Holz auf der Fensterbank starrte. Der Rauch hatte das kleine Fanggeschirr aus Bindfäden und die groben Flaggen braun gefärbt, zwischen den Masten hatte sich eine Mücke in den Spinnweben verfangen.

»Hast du einen Plan?«, fragte Jan.

»So ein bisschen«, antwortete Tim, »ich bin die nächsten

Tage bei Imperial eingeladen, mir den Betrieb anzusehen. Ich brauche jemanden, der mitkommt und sich ein wenig mit umsieht.«

»Sonst nichts? Kein Risiko?«, hakte Jan nach.

»Ich seh erst mal keins«, erwiderte Tim.

»Okay«, nickte Jan schließlich ernst und sah Tim in die Augen. »Ich bin dabei. Ich weiß zwar nicht genau, was du vorhast, aber ich möchte auch meinen Teil dazu beitragen. Aber eines muss klar sein: Wenn es gefährlich wird, schalten wir die Polizei ein!«

»Versprochen«, nickte Tim.

»Bitte, macht doch keinen Mist«, sagte Rita und legte Jan ihre Hand auf den Unterarm, »wenn da Leute sind, die Tim nach dem Leben trachten, geht ihr ein völlig unnötiges Risiko ein.«

Jan schaute ihr in die Augen. Warum wollte sie ihren Besuch verhindern? Hatte sie Angst? Wovor? Oder, ein warmes Gefühl durchströmte ihn, um wen?

»Glaub mir, wenn wir nicht mal nachsehen, verläuft die ganze Geschichte im Sand«, sagte er schließlich.

Tim sah Rita an: »Wir passen auf, vielleicht ist da ja auch gar nichts Besonderes.«

»Bei der Werftbesichtigung kann ja wohl nichts schief gehen«, ergänzte Jan in Ritas Richtung.

»Hauptsache, ihr begebt euch nicht in Gefahr. Wahrscheinlich ist da ja wirklich nichts«, sagte sie gedämpft und drückte noch einmal seinen Arm, bevor sie ihre Hand fortzog. Ihre Finger waren feucht.

Jan war zufrieden mit seiner Entscheidung, vielleicht weil er sich selten so couragiert vorgekommen war. Er hatte nicht die geringste Ahnung, wie man so etwas anging, aber egal. Jan wollte die Sache aufklären. Oder zumindest nicht nichts tun, das war er Thomas und Peer schuldig. Und Rita schließlich auch. Dass Jan ihre Sorgen um ihn anstachelten, machte ihn jedoch etwas nervös.

6

Die Kinder hinter der verschlossenen Wohnungstür brüllten zum Gotterbarmen, sodass es im ganzen Haus zu hören war. Im Flur verbreitete sich ein durchdringender Geruch nach Essen und irgendwo dröhnte ein Fernseher. Die Farbe an den Wänden war schmutzig und an vielen Stellen abgeplatzt, unleserliche Schmierereien zierten den Treppenaufgang.

Reiner öffnete die Sicherheitsschlösser seiner Dachgeschosswohnung und ging hinein. Die Wohnung roch unbewohnt und muffig, seit Tagen hatte er nicht mehr gelüftet. Die Essensreste auf der Spüle machten die Sache nicht besser, den Mülleimer umspielte eine kleine Wolke Fruchtfliegen. Die haben's gut, überlegte Reiner, haben mit dem ganzen Scheiß-Leben nur herzlich wenig zu tun und dann auch nur ganz kurz. Sein Blick wanderte die Wände entlang, streifte vergilbtes Papier von Konstruktionszeichnungen seiner erfolgreichen Schiffe.

An den Ecken war es heller, dort, wo die x-te Schicht Tesafilm das Papier auf der Tapete festhielt. MONA, WINNER, NEVER GIVE UP, die Namen der Schiffe schmerzten beim Lesen. Nicht aufgeben, das war seine Devise gewesen in der glorreichen Zeit, wo er sein Konterfei monatlich in den einschlägigen Segelzeitschriften wiederfand. Der Mann mit dem geradlinigen Blick, entschlossen, ein wenig mürrisch, aber auch mit hängenden Mundwinkeln, die ihn eigentlich unsympathisch und negativ wirken ließen. Nicht aufgeben! Hatte er nicht wollen, und auch nicht getan. Er hatte kapituliert vor einem Feind, der stärker war als alle seine Gegner – vor sich selbst.

Erst war es nur der Alkohol gewesen, der ihm zwar Schlaf gab, aber zunehmend weniger belastbar machte. Auf dem Urlaubsfoto, das hinter dem Lichtschalter neben der Tür klemmte, sah er sich braungebrannt mit trainiertem Körper. Segeltörn nach Schweden. Reiner immer ganz vorn mit dabei, wenn es was zu erleben gab. Als Erster den Berg rauf, die Straße lang, tauchen, schwimmen. Dann fingen die Zeiten an sich zu ändern. Seine Freunde bekamen Kinder, daran merkte er es zuerst, bei ihm wurde das Alkoholproblem zur Last. Laufen konnte er schon lange nicht mehr, dem Bus hinterher gerade noch, aber dann war er durchgeschwitzt und fertig für die nächste halbe Stunde. Das zehrte auch am Selbstvertrauen.

Wenn Reiner danach in der glorreichen Zeit einen Kundentermin hatte und die Kinder schreien hörte, dann fehlte eben dieses Selbstvertrauen zum Verkaufen. Den ersten Whisky während der Besprechungen hätte er eigentlich ablehnen müssen, dann kam der nächste und noch einer. Für seine Gesprächspartner und seine Feinde war er damit ein leichtes Opfer. Sitting Duck, sitzende Ente, nennen die Engländer ein Ziel, das sich nicht einmal mehr bewegt, wenn darauf angelegt wird. Und er hatte sich nicht mehr bewegt, wollte den Weg nicht mitgehen mit den jungen Konstrukteuren. Warum auch? Seine Schiffe waren gut! Sie waren schnell! Sie gewannen Regatten! Bis sie es nicht mehr taten, dann gewannen die anderen.

Binnen zwei Jahren verschwanden seine Schiffe aus dem Regattazirkus, den er so liebte. Keine Erwähnung mehr in den Ergebnislisten, in den Zeitschriften. Kein Konterfei mehr von ihm in den Segelzeitungen, nicht mal eine Zeile war es denen wert, wenn er seine Entwürfe noch einmal verbesserte, sie wieder schnell machte. Sie in Gedanken schon wieder vorne fahren sah.

»Hört mir doch zu!«, wollte er rufen, aber es hörte niemand mehr zu. Nicht einmal einen Termin bekam er noch bei den wichtigen Leuten, lediglich die alten Freunde empfingen ihn noch – hinter verschlossenen Türen. Und auch die sahen häufig zur Uhr, wenn er ihnen gegenüber saß und zu erklären versuchte, wie er schnelle Schiffe zeichnete.

Er nahm eine Dose Tuborg aus dem Kühlschrank und ging durch den Flur ins Arbeitszimmer. Der Computer zog ihn magisch an: Bildschirm einschalten, dann den Rechner hochfahren, ins Internet.

»Tu es nicht«, schrie eine innere Stimme, »hab Achtung vor dir!«

Das weltweite Netz war seine zweite Droge geworden, früher waren es die Frauen, heute das Internet. Während der Rechner vor sich hin kratzte und das Betriebssystem hochfuhr, nahm er seine alte Musto-Tasche vom Schrank. Alles drin, wie immer: Seestiefel, Ölzeug, Schwimmweste mit Lifebelt, die verschlissenen Segelhandschuhe. Gemächlich packte er einige Konserven dazu, die seit dem letzten Törn unten im Schrank lagen. Linseneintopf, Erbsen, Tütensuppen. Die Zeit, wo er sich über das Essen Gedanken gemacht hatte, waren lange vorüber. Früher hatte er auf dem kleinen Kocher der Rennyachten wahre Wunderessen gezaubert, Menüs mit drei, vier Gängen, wenn sie von den Regatten kamen. Kartoffelpüree im Topf auf dem Kartentisch gestampft, während auf dem Herd der Spinat garte und im Ofen die Wachteln schmorten.

Reiner zog zwei weitere Paletten Tuborg hinter der Tür hervor und stellte sie neben seine Segeltasche. Die Dose aus dem Kühlschrank war leer, er tauschte sie gegen eine warme von der Palette, riss sie auf und ging zurück zum Schreibtisch. Der Rechner beleuchtete den Raum geheimnisvoll in leichtem Grün, wie der Spinnaker auf dem Bildschirmhintergrund. Eines seiner Schiffe, vorne im Feld, aufgenommen während der prestigeträchtigen Kieler Woche vor Schilksee 1981. Mit der Maus machte er den Ordner »Segeln 2003« auf, ins Internet musste er heute Abend nicht mehr, er hatte alles vorbereitet. Hunderte, Tausende von Fotos in nächtelanger Kleinarbeit aus dem Netz heruntergeladen.

»Free Teen Galleries« waren seine Drogen, das Gift, nach dem er suchte. Jeden Tag hatte er die letzten Jahre stundenlang hier gesessen und nach Fotos von kleinen, nackten Mädchen gesucht. Hatte sich bis zur körperlichen Erschöpfung selbst befriedigt und danach selbst gehasst. Wie mit dem Alkohol hatte er sich geschworen, am nächsten Tag den Rechner nicht anzufassen, klar zu bleiben, zu arbeiten. Aber eine unheimliche, starke Macht hatte ihn immer wieder hierher gezogen. Er ließ den Anrufbeantworter laufen, wenn wirklich jemand etwas von ihm gewollt hätte, wäre Reiner nicht zu erreichen gewesen, er war im Netz auf der Jagd. Rechts die Maus und links die Bierdose ließ er ein Fenster nach dem anderen aufspringen, fahndete in den endlosen Tabellen, die Fotos und Sex versprachen, nach den ultimativen, glatten, kleinen Körpern, die seinem Geist Ruhe gaben. Am nächsten Tag war wieder alles anders. Die Fotos vom Vortag befriedigten ihn nicht mehr, er brauchte neue, nackte Körper und Kinder und Sex.

Die nächsten Wochen würde er kein Netz haben, deswegen hatte er gesammelt. Er hatte sich selbst Galerien angelegt, von denen er zehren konnte, während er unterwegs war. Die Stimme in seinem Kopf, die rief: »Nutz die Chance, wirf den Ballast ab!«, hatte er ignoriert. An Bord wollte er nicht ohne seine Teens sein. Er wollte seinem Gehirn nicht den Raum geben zu denken und ihn zu zerstören.

Vielleicht wäre es wirklich die Chance, dachte Reiner, wenn ich einfach ohne sie losfahre, ohne sie und ohne Bier und versuche meinen Kopf klar zu kriegen.

Aber die unheimliche Macht hatte schon lange wieder von ihm Besitz ergriffen, das zweite Bier war leer, der Liter fing an zu wirken. Reiner holte sich eine neue Dose und stellte die alte sorgfältig in die Palette neben der Tür. Der CD-Brenner arbeitete bereits, er hatte 20 Rohlinge gekauft, um alle mitzunehmen und später auf dem Laptop an Bord ansehen zu können.

Festplatte und CD-Brenner machten abwechselnd kratzende und brummende Geräusche, Reiner setzte sich zurück und sah auf den hellen Himmel über Hamburg, lauschte dem Summen der Stadt, in der ihn so viele Menschen vielleicht verstehen könnten, wenn er sie nur fände. So viele Menschen und er hatte nicht einen einzigen von ihnen, der bereit wäre, mit ihm etwas essen zu gehen, ein Bier zu trinken und ein wenig zu reden. Wenn er jemanden ansprechen wollte, machte der sich fast fluchtartig davon. Frauen sowieso, die sagten aber nichts, bei denen konnte er es fast verstehen, dass sie andere Männer suchten.

Männer waren schlimmer für ihn, die sagten auch noch etwas: »Verschwinde, Penner!«, wenn sie sich stark fühlten oder »bist du schwul, oder was?«, wenn er sich neben sie stellte und einfach nur reden wollte.

Über das Leben, die Menschen, die Schönheit von Natur und Stadt und warum für ihn alles so schwer war. Schließlich hätte er es doch erzählen können was er dachte, über seine Teens, seine Galleries, seine Nächte und dass er da raus wollte. Aber das hätte sich keiner angehört. Vielleicht hätten sie die Polizei gerufen. Also war er immer wieder nach Haus gegangen, hatte sich ein Bier genommen, den Rechner angestellt und gesucht.

Reiner nahm die letzte CD aus dem Brenner, 14 waren es geworden, sein Proviant für die nächste Zeit. Würde es reichen? Vielleicht, dachte er sich, war das ja auch die große Chance, die er hatte, wenn er schließlich auf See war: Das Bier alle, die CDs könnte er eine nach der anderen über Bord gehen lassen, dann war er frei. Frei! Alle Gedanken könnten wieder normal werden, bis er das nächste Mal an Land ging und dann könnte er neu anfangen. Dort, wo ihn niemand kannte. Er würde sich regelmäßig rasieren, immer frische Sachen anziehen und großmütig warten, bis er wieder Freunde hatte. Bis dahin könnte er seinen Körper wieder stählen wie früher. Die Sache mit seiner Traumfrau würde sich dann ganz alleine ergeben.

Doch jetzt brauchte er noch seine Drogen. Er schob die CDs einzeln in Klarsichthüllen und vermerkte mit einem Folienschreiber sorgfältig die Nummern darauf, bevor er sie vorsichtig in sein Tasche lud. Er stellte die Tasche auf die Paletten, schaltete den Computer aus, zog den Stecker raus, löschte das Licht und ging. Reiner hatte nicht vor wiederzukommen. Er war auf dem Weg, und ganz hinten am Horizont sah er ein Licht.

7

Die Natur legte sich noch einmal schwer ins Zeug an diesem Spätsommermorgen. Zwar fehlten der Welt die Blüten des Frühjahrs und den Bäumen das sanfte Lindgrün an den Spitzen der Zweige, trotzdem versuchte die Natur es mit so einer Art Rausch für die Sinne. Die Sonne schob sich im leichten Nebel gerade einmal einige Zentimeter über den östlichen Horizont, darunter breiteten sich die sanften Hügel Schleswig-Holsteins aus, teils bewaldet oder teils im warmen Braun frisch gepflügter Äcker. Das Land war nicht flach, eben oder geradlinig, wie es gemeinhin angenommen wird. Die Landstraßen wanden sich in geschickten, weichen Kurven um zahlreiche Seen, durchschnitten Dörfer oder führten mitten durch tiefgrüne Wälder, in denen der satte Geruch von vermodernden Blättern und Tannennadeln schwer durch die Lüftungsschlitze ins Auto zog.

Jan war allein auf dem Weg zu Rita. Seine Gefühle waren immer noch nicht klar. Was sollte er von ihren Blicken halten? Von diesem warmen, weichen Blick, der ihn heute Nacht nicht schlafen gelassen hatte. Eigentlich egal, dachte er sich, Hauptsache er hatte einen Grund sie zu besuchen. Bisher war er immer nur nach Travemünde gefahren, um mit Peer die nächste Saison zu besprechen. Jetzt war er auf dem Weg zu Rita. Sie hatte ihn angerufen und ihn gebeten, zu ihr zu kommen.

Als er in die Vorderreihe am Hafen einbog, erkannte er vor ihrem Haus sofort ein spätsommergrünes Auto der Lübecker Polizei. Irgendwie waren diese Autos nicht dafür gebaut ordentlich zu parken, immer mussten sie quer in der Einfahrt oder in zweiter Reihe den Verkehr behindern, als müssten sie beweisen, dass sie ein wichtigeres Auto waren als die anderen.

Jan klemmte seinen Wagen in die freie Lücke daneben und quetschte sich aus der Tür, nicht ohne dem Polizeiwagen einen ordentlichen Stoß zu versetzen. Er ging zur Haustür. Die Klingeln und Schilder an der Hauswand saßen in langweiliger Reihenfolge übereinander wie Hühner auf der Stange. Jan drückte Ritas Klingelknopf und hörte durch die geschlossene Tür das hysterische, synthetische Gebimmel einer modernen Klingelanlage.

»Wer ist da?«, schrammte Ritas Stimme aus dem Gitter in der Wand.

»Na wer wohl? Jan natürlich«, sprach er mit der Klingelleiste.

»Ach du bist's. Komm rauf«, quäkte das Gitter zurück und der Summer entriegelte das Türschloss.

Auf dem Sofa saßen drei Polizisten in einträchtiger Reihe und warteten offensichtlich darauf, dass sie weitermachen konnten. Der jüngste war wohl der Fahrer, er war der einzige in Uniform, seine weiße Mütze lag brav auf dem kleinen Tischchen neben ihm. Er war nervös und sah unruhig hin und her. Die beiden anderen waren um die fünfzig und entzauberten mit ihrem Äußeren den Eindruck von gewissenhaften Verbrechensaufklärern, den man bei regelmäßigem Ansehen von Krimis wie dem »Tatort« bekam. Sie waren noch normaler als die sowieso schon auf normal getrimmten Fernsehkommissare.

»Meyer, Mordkommision«, sagte der linke.

»Schmudlach«, stellte sich der rechte vor.

»Larssen«, erwiderte Jan und sah die beiden fragend an. Also kümmerte sich die Polizei doch um die Sache. Aber was wollten sie von ihm, und warum hatte Rita nichts gesagt?

»Die beiden Herren möchten dich bitten, draußen zu warten, bis sie mit der Befragung fertig sind«, holte Rita ihn in die Realität zurück. »Das stört dich hoffentlich nicht. Du wartest am besten unten auf der Promenade.«

Jan nickte den beiden zu und stiefelte wieder nach unten. Großartig!, dachte er, da denkt man, man hat jetzt Wichtiges zu tun, und dann wird man wie ein Schuljunge nach draußen geschickt. Vor seinem inneren Auge hatten die Polizisten ihn schon zur Zusammenarbeit aufgefordert, wie im Fernsehen. Aber das hier war nicht Fernsehen, sondern Realität, und in der kannte ihn die Polizei nicht einmal, wie sich Jan widerwillig eingestand. Natürlich nicht, woher auch? Verdrossen ging er über die Vorderreihe zu einem Kiosk, kaufte sich eine Dose Cola und setzte sich auf eine Bank mit Blick auf das Hafenbecken.

Nicht viel los an einem Wochentag, dachte er bei sich. Die Promenade war größtenteils von den Über-achtzig-Jährigen aus dem Altenheim am Ortseingang bevölkert, die sich wie jeden Tag die Auslagen der Souvenirläden anschauten. Und dieses Studium konnte nicht gerade interessant sein. Seit Jahren waren es die gleichen muschelbeklebten Pillendosen für die Tagesration von 200 Tabletten eines Schwerstkranken, lustige Nixen auf Plastikpollern mit goldener Aufschrift »Souvenir von der See« oder grob geschnitzte Holzfischkutter mit bunten Flaggen, auf deren Unterseite ein Schildchen »made in Taiwan« auf die Herkunft hinwies. Manchmal hatte Jan das Gefühl, von all den Dingen sei noch nie irgendetwas verkauft worden, so verstaubt waren die Schaufenster. Wenn sie nicht von den 1,50 Euro der Coladosen lebten, was man bei diesem Preis zweifelsfrei könnte, mussten die dicklichen Männer oder Frauen hinter dem Tresen irgendwas mit der Mafia oder Schmuggelware zu tun haben. Sonst könnten sie kaum überleben.

Bevor Jan sich weiter ausmalen konnte, womit die blümchenbeschürzte 60-Jährige in diesem Kiosk wohl noch Geld machte, hörte er ein lautes Fluchen auf der anderen Straßenseite. Gerade waren die drei Polizisten aus dem Haus gekommen. Und während der Fahrer und Herr Meyer auf der linken Seite einstiegen, musste sich Schmudlach auf der Beifahrerseite durch den schmalen Türspalt schieben, der durch Jans Peugeot erfolgreich begrenzt wurde. Die etwas unförmige Figur des Polizisten machte die Sache dabei nicht leichter.

»Kann man hier nichts tun?«, blaffte er den Fahrer an.

»Tut mir Leid, der Wagen neben Ihnen ist ordnungsgemäß abgestellt«, gab der zurück.

»Das meinte ich nicht«, raunzte Schmudlach, »ich meinte unseren Wagen herausfahren, Mann!«

Schließlich hatte er es aber doch geschafft, sich ins Wageninnere zu zwängen, und der Rest des Gespräches ging für Jan unhörbar unter wildem Gestikulieren im Auto weiter, während der Fahrer geduldig Richtung Lübeck losfuhr. Jan grinste in sich hinein.

Jemand tippte ihm auf die linke Schulter, er schnellte herum.

»Komm, wir gehen ein Stück Richtung Strand«, sagte Rita, die bereits hinter ihm stand.

Sie musste fast zeitgleich mit den drei Polizisten aus dem Haus gekommen sein, nur hatte Jan sie nicht bemerkt, während er genüsslich die Manöver beobachtete, mit denen sich die Polizisten das Leben schwer machten. Rita hatte ein Sweatshirt der letzten Travemünder Woche an, eine verwaschene Jeans und Segelschuhe. Ihre kleinen Brüste hoben und senkten sich schnell; offensichtlich hatte Rita der Besuch sehr aufgeregt.

»Kann ich dir helfen?«, fragte Jan sofort.

»Untersteh dich!«, antwortete sie mit ihrem kleinen Lächeln, das zwei Grübchen neben ihrem Mundwinkel entstehen ließ, »komm.«

Sie gingen nebeneinanderher den Gehweg entlang.

»Was wollten die von dir?«

»Die Polizei glaubt, dass ich Peer umgebracht habe, ich wäre die einzige, die ein eindeutiges Motiv hätte«, fing sie an.

»Warum ausgerechnet du?«, staunte Jan.

»Das hab ich sie auch gefragt, ich hätte doch wirklich kein Interesse, es ging doch ganz gut mit uns beiden.«

Gut ist auch geschmeichelt, dachte Jan, sagte aber laut: »Und was haben sie darauf gesagt?«

»Sie sagten, sie hätten Indizien und einen Zeugen, der

mich stark belasten würde. Ich wäre von Peer finanziell abhängig gewesen und hätte bestimmtes Geld nie zurückzahlen können.«

»Stimmt das alles denn?«, fragte Jan erstaunt.

»Na ja, so ungefähr«, antwortete Rita ausweichend, »aber ich habe keine Ahnung, woher sie das wissen. Das sind alles Sachen, die inklusive Peer und mir nur drei Leute wussten.«

»Und wer war der Dritte?« fragte Jan.

»Reiner, Peers Bruder.«

»Was war das denn für Geld?«

»Geld, das Peer mir geliehen hatte, damit ich aus einer Schwierigkeit herauskomme. Reiner hatte den Vertrag als Zeuge unterschrieben.«

Jan pfiff leise durch die Zähne. »Also so viel Geld! Möchtest du erzählen?«

Ritas Gang verlangsamte sich, woraufhin sofort einige dicke Enten die Böschung hinaufgewatschelt kamen, weil sie dachten, sie würden gefüttert.

»Dass Peers und meine Beziehung nicht ganz einfach war, ist dir sicher schon früher aufgefallen«, begann sie und sah ihn fast flehentlich aus ihren braunen Augen an, als ob sie deshalb die Geschichte nicht erzählen müsste. Tränen standen in ihnen, als sie leise weitersprach.

»Ich habe Peer nicht aus Liebe geheiratet. Wir waren befreundet, das ja, haben auch einige Nächte miteinander verbracht, aber …«

Jan schluckte; der Gedanke daran, dass Peer gehabt hatte, was er immer wollte, versetzte ihm einen Stich ins Herz.

»… eine Beziehung oder gar eine Ehe mit ihm habe ich nie gewollt«, fuhr sie fort. »Dann habe ich mir von ihm Geld geliehen, viel Geld, und er begann die Sache für sich auszunutzen, wollte sich immer häufiger mit mir treffen, mit mir in den Urlaub fahren und natürlich Sex.«

Der Stich in Jans Herz war jetzt durchgegangen, der imaginäre Speer kam schon fast zwischen den Schulterblättern wieder hinaus.

»Wofür brauchtest du so viel Geld?«, brachte er mit einiger Mühe hervor.

Rita ging langsam weiter Richtung Hafeneinfahrt, vor ihnen stand das mächtige Maritim-Hotel, auf der anderen Seite des Fahrwassers lag der alte Großsegler PASSAT.

»Wir hatten noch eine kleine Schwester, meine Brüder und ich. Sie war immer sagenhaft rebellisch, hatte Schwierigkeiten mit unseren Eltern und in der Schule. Sie hatte sich mit den falschen Leuten getroffen. Sie rauchte Marihuana und Shit, ist mit ihnen durch die Gegend gereist und hat auch Drogen geschmuggelt. Ich wusste das. Eines Tages sind sie an der türkischen Grenze mit einer ganzen Fuhre hochgegangen, sie waren verpfiffen worden. Ihre Freunde sind irgendwie wieder freigekommen, nur sie hat man dort behalten. Das Leben war für sie im Gefängnis nur schwer zu ertragen, sie war hübsch, und das fanden die Wärter auch und haben ihr das Leben zur Hölle gemacht, haben sie zum Sex gezwungen und ihr versprochen, dass sie dadurch schneller wieder nach Haus kommen würde. Natürlich stimmte das alles nicht und nach einem Jahr saß sie immer noch dort. Von ihren so genannten Freunden hatte sich während der ganzen Zeit keiner sehen lassen. Also bin ich mit meinen Brüdern in die Türkei und habe versucht, sie direkt freizukaufen. 500.000 Mark wollten sie von uns haben. So viel Geld hatten wir natürlich nicht, aber wir hatten ihr versprochen, sie da rauszuholen.«

Betroffen schwieg Jan und sah sie ein wenig unsicher von der Seite her an.

»Ich habe Peer gefragt, weil ich wusste, dass er immer Geld in der Hinterhand hatte, ein bisschen geerbt, Aktien und so. Er hat mir spontan Hilfe zugesagt.«

»Wart ihr da schon zusammen?«

»Nur ganz kurz, wir hatten uns gerade kennen gelernt und ich hielt ihn für einen guten Menschen. Er gab mir das Geld und wir brachten es in die Türkei. Unsere Schwester wurde uns auf einem kleinen Flughafen an der Grenze übergeben.

Mit gefälschtem Pass und einem Flugticket. Sie war in einem schrecklichen Zustand, hatte wahrscheinlich Drogen bekommen und war kaum ansprechbar. Trotzdem haben wir es bis nach Deutschland geschafft.«

Jan war erschüttert. »Und wo ist sie jetzt?«

»Anne ist kurz darauf gestorben. Sie hatte sich eines Tages den goldenen Schuss gesetzt. Die Wärter hatten sie heroinabhängig gemacht, damit sie gefügig war. Sie hatte nach all dem nicht mehr die Kraft, gegen die Sucht und das Geschehene anzukämpfen.«

Sie waren unterdessen am Ende der Hafenpromenade angekommen und gingen bereits auf der Außenmole auf den kleinen Leuchtturm zu, der die Hafeneinfahrt markiert. Seit einigen Minuten hatten sie nicht mehr miteinander geredet. Jeder hing seinen Gedanken nach. Ein leichter Ostwind fächelte über die Brüstung, an der einige Angler versuchten, mit sorgfältig aufgespießten Würmern die Schollen auf der Strandseite zu überlisten. Am Ende der Mole legten beide nebeneinander die Arme auf die brusthohe Betonbalustrade und schauten aufs Wasser, wie Schulkinder, die von einer Brücke spucken.

Jan versuchte, sich auf die im Sonnenlicht glitzernde Wasserfläche zu konzentrieren.

»Wolltest du das Geld zurückzahlen?«, fragte er schließlich.

»Ja. Obwohl Peer sagte, ich müsste das nicht, wir würden uns doch gut verstehen. Erst war ich glücklich, dass er so viel Verständnis für mich hatte. Bis ich begriff, wie sein Verständnis aussah. Ich hatte mit ihm einen Vertrag gemacht, dass ich das Geld bis zu einem bestimmten Termin zurückzahlen würde. Reiner war Zeuge, als wir den Vertrag aufsetzten und hat mit unterschrieben. Bis dahin war Peer nett und zuvorkommend. Er hat wie eine Muräne in seinem Loch darauf gewartet, bis ich mich nicht mehr wehren konnte. Er hat gesehen, dass ich mich bemühte, ich habe es aber nicht geschafft.«

»Deswegen hast du ihn geheiratet?«

Rita nickte. »Mir blieb nichts anderes übrig, als seine glückliche Ehefrau zu spielen. Ich hielt das für das kleinere Übel, bis ich wusste, woher ich das Geld nehmen sollte. Peer hätte mich ohne mit der Wimper zu zucken ruiniert. Vermutlich hat Reiner das der Polizei erzählt und jetzt glauben sie, dass ich ihn loswerden wollte.«

»Verdammte Scheiße!«

Ihre Augen waren fest auf den Horizont geheftet. Hinter ihnen trauten sich einige Möwen auf die Mole bis zu den Anglern und versuchten sich an den angetrockneten Gedärmen, die beim Ausnehmen des Fangs übrig geblieben waren. Rita richtete sich auf und stellte sich neben Jan. Er sah sie an.

»Jan, noch etwas. Halt bitte Tim zurück. Auch die Polizei meint, dass es gefährlich werden könnte. Mischt euch bitte nicht ein.«

»Hast du der Polizei von unserem Plan erzählt?«, fragte er.

»Nein.«

»Ich verspreche dir ...«

Rita schüttelte den Kopf und legte ihm den Finger auf die Lippen. Sie stellte sich dicht neben Jan an die Balustrade, legte den Kopf auf ihre Arme und sagte nichts mehr. Jan spürte ihre Wärme, aber der Speer in seiner Brust hatte seinen Weg in den Hinterkopf gefunden. Ihm wurde regelrecht schlecht bei dem Gedanken an Peer und dass er so lange mit ihm zusammen gesegelt war.

8

Das Telefon in dem Kleiderhaufen auf dem alten Überseekoffer, der neben dem Bett als Nachttisch stand, weckte Jan. Seine Zunge lag wie ein trockener Lappen in seinem Mund. Er hatte sich gestern noch lange mit Rita unterhalten, sie hatten beim Italiener am Wasser noch einige Gläser Wein zusammen getrunken und viel zu spät hatte er sich auf den Weg nach Hause gemacht. Seine leichten Kopfschmerzen signalisierten ihm, dass er vielleicht nicht mehr hätte fahren sollen. Das Telefon in seiner Hose klingelte wieder, Jan sah auf die Uhr, es war halb zwölf. Er erinnerte sich, dass er heute mit Tim das weitere Vorgehen besprechen wollte. Und er erinnerte sich an Ritas Worte. Nach dem siebten Klingeln hatte er sein Telefon gefunden, er drückte auf die grüne Taste.

»Und, was hat Rita erzählt?«, fragte Tim, ohne lange Zeit mit einer Einleitung zu verbringen.

»Eine Geschichte, die so gar nicht zu deiner passt«, sagte Jan müde, »die aber doch eine ganze Menge erklärt.«

Er beschrieb das Treffen in der Wohnung, was ihm Rita über Peer erzählt hatte und dass die Polizei sie verdächtigte. Wie zauberhaft sie aussah und was er bei ihren Erzählungen empfunden hatte, ließ er lieber weg.

»Nicht ganz unwahrscheinlich, dass sie es war. Passt aber wirklich nicht zu dem, was wir bis jetzt dachten«, sagte Tim.

»Du glaubst doch nicht tatsächlich, dass sie es war?«, fragte Jan in einem Anflug von Ärger.

»Ich glaube, wir sollten uns heute bei Imperial-Yachts umsehen«, beschwichtigte Tim, »das interessiert mich eigentlich am meisten.«

»Meinst du nicht, wir sollten uns da doch raushalten? Immerhin war die Polizei gestern bei Rita.«

»Möchtest du lieber glauben, dass sie es war?«

»Natürlich nicht!«

»Na also. Heute sehen wir uns mal die Werft persönlich an, die suchen da gerade sehr meine Nähe«, Tim lachte, »ich hol dich in 'ner halben Stunde ab, bis gleich.«

»Bis dann«, gähnte Jan und steckte das Handy in seine Jeans.

»Scheiße!«, fluchte er und war froh, dass Rita ihn an dem Versprechen gehindert hatte, nicht zu Imperial zu fahren. Sie hatte ihn ganz gut eingeschätzt.

»Linksrum wäre besser gewesen zum Hafen«, sagte Jan, als sie sich eine knappe Stunde später auf der vierspurigen Ausfallstraße nach Norden einreihten.

»Muss noch eben die Fotoausrüstung holen«, erwiderte Tim kurz angebunden.

»Wo kommst du denn jetzt her?«

»Von 'ner Freundin.«

Jan wurde klar, dass er nicht einmal wusste, wo Tim eigentlich wohnte. Über solche Sachen hatten sie nie gesprochen, und soweit er wusste, hatten das die anderen an Bord auch nicht getan. Eigentlich hatte sich auch keiner wirklich dafür interessiert.

Stadtauswärts lief der Verkehr ohne Behinderungen, die meisten Autos waren um diese Zeit auf dem Weg stadteinwärts und standen in langen Reihen an den Ampeln. Erst zum Abend würden auch die Spuren nach Norden wieder hoffnungslos verstopft sein. Nach einigen Kilometern bogen sie vor dem Flughafen rechts in eine kleine Straße mit rot geklinkerten Einfamilienhäusern ein. Die Hecken waren akkurat gestutzt und die Siedlung machte einen ordentlichen Eindruck, aber die Autos vor den Häusern ließen auf nicht allzu großen Wohlstand schließen. Sie machten auf dem Sandstreifen vor einem gemauerten Garteneingang halt. Die

Ziegel waren die gleichen, wie sie auch für die Häuser verwendet worden waren, zwischen den Gehwegplatten sprossen Moos und Unkraut.

Als sie ausstiegen, verdunkelte sich der Himmel und im Landeanflug donnerte eine Verkehrsmaschine über sie hinweg. Das Fahrwerk war ausgefahren, und Jan hatte das Gefühl, noch nie ein Passagierflugzeug so nah über sich in der Luft gesehen zu haben. Er war beeindruckt von der Größe, fast konnte er die einzelnen Nieten in den Tragflächen erkennen. Die Maschine machte ein ohrenbetäubendes Geräusch von dem Sturm, der mit einigen hundert Stundenkilometern aus den Düsen austrat. Die Luft vibrierte im Gleichklang mit Jans Ohren, schließlich verschwand der Lärm Richtung Flughafen.

Die grüne Haustür ging auf und eine ältere Dame in weißem Jogginganzug lief den Plattenweg entlang.

»Timmilein!«, rief sie, »wo kommst du denn her? Ich habe dich seit Tagen nicht mehr gesehen!«

Tim blickte gequält zu Jan. »Meine Mutter! Warte hier und lass dich am besten auf kein Gespräch mit ihr ein.«

Sie war am Gartenzaun angelangt und Tim hatte Mühe, sich an ihr vorbei auf das Grundstück zu drängen, immer wieder versuchte sie, ihn in den Arm zu nehmen, schließlich machte er sich frei und ging mit zügigen Schritten zum Haus. Sie stolperte einige unsichere Schritte hinter ihm her und wandte sich dann wieder zum Gartentor. Entfernt hörte Jan den Umkehrschub, mit dem die Maschine am Ende der Landebahn abgestoppt wurde.

»Sie sind bestimmt der beste Freund meines Sohnes!«, zwitscherte sie, als sie wieder am Gartentor angekommen war, und sah ihn mit glasigen Augen an. Der Jogginganzug hatte viele Flecken, es war zu erkennen, dass sie ihn sehr oft trug. Die Bereiche um die Taschen und Reißverschlüsse waren schmutzig von den Händen.

»Ich bin Jan«, sagte er und wich einen Schritt zurück.

»Kommen Sie Tim doch ruhig häufiger einmal besuchen, so ein stattlicher junger Mann wie Sie!«

Tims Mutter sah ihn mit einem Blick an, der bei einer jungen Frau einmal verführerisch gewirkt haben könnte.

»Ich bin meist zu Hause, Sie müssen sich nicht anmelden«, fügte sie mit einem wie sie meinte schelmischen Lächeln hinzu.

»Oh vielen Dank! Vielleicht komm ich einmal darauf zurück.«

Sie strahlte ihn an und wollte gerade weitersprechen, als Tim mit seiner Fototasche unter dem Arm aus dem Haus gelaufen kam. Die Tür ließ er hinter sich offen.

»Lass ihn in Ruhe!«, knurrte er, als er an ihr vorbeiging. Er drückte ihr einen flüchtigen Kuss auf die Wange und eilte zur Fahrertür.

»Ab geht's«, sagte er, als er einstieg.

Jan sah aus dem Fenster, während Tim wendete. Die Frau hielt sich mit der einen Hand am Zaunpfosten der Einfahrt fest und winkte ihnen mit der anderen hinterher. Das nächste Flugzeug donnerte über sie hinweg und wieder verdunkelte sich der Himmel. Wortlos saßen sie einige Minuten nebeneinander, während Tim den Weg am Flughafen vorbei zur Autobahn einschlug. Jan dachte an Tims Mutter. Er war immer noch angewidert von dieser Person, auch wenn sie ihm gleichzeitig Leid tat.

»Hat sie dich eingeladen?«, fragte Tim.

»Ja.«

»Macht sie mit jedem, brauchst dir nichts drauf einzubilden.«

»Alkohol?«, fragte Jan.

»Tabletten«, erwiderte Tim, »hat schon vor ewigen Zeiten damit angefangen, mein Vater hat sie deswegen verlassen.«

Jan wollte noch einmal nachfragen, aber Tim wollte über dieses Thema offensichtlich nicht sprechen. Demonstrativ machte er das Autoradio an. Aus den Boxen erklang die Neue Deutsche Welle, der Innenraum füllte sich mit Major Tom. *Gründlich durchgecheckt steht sie da und wartet auf den Start ...*, fing das Lied an. Sie durchfuhren die lange Haarnadelkurve zur Autobahn, Peter Schilling sang … *völlig losgelöst von der Erde, schwebt das Raumschiff, völlig schwerelos …* Sie fuhren Richtung Westen, der kleine Wagen beschleunigte und Tim lenkte ihn auf die Überholspur. … *Tiefe Trauer noch dem Egoisten, Major Tom denkt sich: ›Wenn die wüssten …‹* Tim drehte das Radio leiser, das Raumschiff verschwand im Hintergrund.

»Solche Probleme hattest du wohl nicht?«, fragte Tim. Jan zögerte, das war auch wirklich schwer zu überbieten, dachte er.

»Lass mich raten: Vater Angestellter, Mutter zieht die Kinder groß. Bist du Einzelkind?« Jan fühlte sich ertappt und wusste nicht warum.

»Mein Vater ist tatsächlich Angestellter, er hat einen guten Job bei einem Mineralölunternehmen. Das sagte meine Mutter jedenfalls immer, wenn sie über ihn sprach. In Wirklichkeit hätte sie sich, glaube ich, aber jemand anderen gewünscht, einen mit mehr Gefühl. Der ihr auch einmal zeigt, dass er sie liebt.«

Neben dem Brummen des Motors trat Ruhe ein. Jan dachte an seine Eltern, seinen verschlossenen Vater und an seine Mutter mit ihrem falschen Lachen.

»War sie frustriert?«, fragte Tim schließlich.

»Schon irgendwie, man spürte, dass sie das Spiel zu Hause mitmachte, aber in Gedanken woanders war. Sie hat sich nie hundertprozentig auf diese Ehe eingelassen. So sind wir auch erzogen worden: Irgendwie schon, aber halt nicht ganz, zumindest nicht ganz fertig. Am Ende blieb da eine ziemliche Leere.«

»Nach was?«, fragte Tim.

»Nachdem sie starb«, sagte Jan, »sie hatte Krebs, sehr lange schon. Sie wusste es, aber hatte meinem Vater nichts davon gesagt. Ihr Tod kam ziemlich plötzlich. Danach waren wir ein Männerhaushalt, mein Bruder, mein Vater und ich. Die Distanz zu ihm ist dann noch größer geworden. Ich hatte fast das Gefühl, als hätte es ihn nicht berührt.«

Jans Gedanken wanderten weiter, er sah wieder das Gesicht seines Vaters, die komplette Reglosigkeit, wie in Stein gemeißelt, wie auf alten Fotos und dazu die leeren Augen mit dem starren Blick ins Nichts.

»Hat er 'ne Neue?«, durchbrach Tim sein Schweigen, während sie von der Autobahn abfuhren.

»Allerdings! Sehr häusliche Frau, die beiden leben noch in unserer alten Wohnung. Bin mit ihr nie richtig warm geworden, aber meinem Vater geht es gut damit. Und es ist ja schließlich sein Leben.«

»Wie hat er sich denn geändert?«, wollte Tim wissen und sah Jan fragend an.

»Er ist dicker geworden, aber nicht anders. Genauso hart geblieben, nur ohne Gegenwehr.«

Sie hielten vor dem Bahnhof an, Gernot kam auf sie zu und stieg ein.

9

Imperial-Yachts war die Vorzeigewerft der deutschen Bootsindustrie, der Emporkömmling der frühen Neunziger und galt als Wegweiser in die neue, moderne Ära des Yachtbaus. Die Politik im strukturschwachen Schleswig-Holstein hatte sich ebenfalls auf die Werft eingeschossen, hier wurden Arbeitsplätze geschaffen und das war wichtig. Dafür hatte Imperial, die mit kleinen Hallen am Rande einer winzigen Ortschaft an der Elbe begonnen hatten, schließlich mit Hilfe des Ministerpräsidenten zwecks Werfterweiterung ein Wassergrundstück bekommen. Für viele war das ein Skandal. Die anderen Betriebe in Hafennähe hatten aufgeheult, auf der Titelseite der einzigen Zeitung der kleinen Gemeinde gab es wochenlang kein anderes Thema: Imperial auf dem Grundstück des ehemaligen Bundeswehrhafens!

Nach der Wende gab es für das Gelände keine richtige Nutzung, jeder hätte da hingewollt, Holzbootwerften, Segelmacher, alle kleinen Betriebe westlich von Hamburg sahen schon den neuen, bunt gemischten Hafen vor sich, der, offen für alle Segler, jeder Spielart des Sports die passende Infrastruktur bieten sollte. Und dann bekam ausgerechnet und ausschließlich Imperial-Yachts mit ihren Kunststoffschiffen, von denen keiner etwas hielt, die sich aber auf dem internationalen Markt verkauften wie ein Ikea-Sonderangebot, den Zuschlag. Noch während sie auf die große Einfahrt zufuhren, glitt das Stahltor bereits auf Schienen seitlich hinter den Zaun.

»Na, ich hoff mal, du weißt, was du tust. Was wollen wir eigentlich hier?«, fragte Jan, er war nervös.

»Na, gucken, was läuft«, antwortete Tim, »Imperial hat uns

schließlich eingeladen und als Fotograf machst du dich doch ausgezeichnet.«

Jan drehte die blaue Fototasche auf seinem Schoß hin und her: »Gut machen ist nett gesagt, ich komm mir mit den Dingern immer vor, als hätte ich einen Schminkkoffer in der Hand. Wie guckt man eigentlich als Reporter?«

»Du bist kein Reporter, sondern der Fotograf, also ruhig Blut. Wenn du Angst hast, kannst du dir das Ding ja die ganze Zeit vor die Nase halten!«, grinste Tim, »also los jetzt.«

Er legte den Gang ein und fuhr langsam durchs Tor an der Pförtnerloge vorbei. Der Mann im Kabuff blickte nur kurz auf, nickte, als Tim gerade den Presseausweis hochhalten wollte und bedeutete ihnen weiterzufahren.

»Doller Job: Pförtner«, schnaufte Jan, »nach was gehen die hier eigentlich, wenn sie einen schon weiterwinken, wenn man den Ausweis noch nicht einmal aus der Jackentasche geholt hat? Kennen die dich hier?«

Tim sah Jan an: »Die Marketing-Leute natürlich und der alte Golori, dem der Schuppen hier gehört. Der hat den Pförtner bestimmt vorbereitet, dass wir kommen.«

»Aber deswegen lässt der doch nicht jedes Auto durch, in dem drei Leute sitzen«, zweifelte Jan.

Irgendwie hatte er das Gefühl, dass der Pförtner sehr vertraut gelächelt hatte. Kannte er Tim? Oder sah er schon Gespenster? Im Grunde war Jan schon skeptisch geworden, dass Imperial Tim auf einmal zu einer Besichtigung einlud. Natürlich war er von der Presse und beim ›Lübecker Tageblatt‹ für Segelyachten und alles Maritime zuständig, aber ausgerechnet jetzt sollte sich die Werft auf eine Einladung besinnen? War das nicht ein bisschen zu viel des Zufalls? Hatte Tim nicht erzählt, dass sie eher schlecht auf ihn zu sprechen seien? Und jetzt fuhren sie hier rein, als wäre Tim ein persönlicher Freund der Firma … Jan drehte sich um. Gernot grüßte den Mann an der Schranke. Bis jetzt hatte er geglaubt, dass er bloß für Imperial die Schiffe überführt. Er würde ihn noch mal danach fragen müssen.

Die Eingangshalle roch nach Kunstharz, Lack und irgendwelcher undefinierbaren Chemie. Alle Möbel im Foyer waren Teile der Inneneinrichtungen von Imperial-Yachten. Sie saßen bequem in einem Rundsofa mit zu kleinem Salontisch und sollten durch die blau getönten Scheiben glauben, dass sie sich irgendwo auf See befänden. Der Empfangstresen war offensichtlich das Oberteil einer Yachtkombüse, wenn auch ohne Kühlschrank und Spülbecken. Außen herum verlief eine mächtige Mahagoni-Schiene, die suggerieren sollte, dass Imperial-Yachten trotz ihres günstigen Preises extrem massiv und aufwändig gefertigt wurden. Die dunklen, lackierten Mahagonifurniere darunter sprachen allerdings eine andere Sprache. Die Ebenmäßigkeit der Maserung ließ Jan fast an Kunststoffnachbildungen glauben.

Von der mittelalten Empfangsdame war nur noch der Hinterkopf zu sehen. Sie saß vornüber gebeugt hinter dem Counter und hatte ihr privates Telefongespräch wieder aufgenommen, kaum dass die drei sich gesetzt hatten. Offensichtlich glaubte sie, dass sie nicht gehört würde, wenn sie sich nur weit genug hinter den Tresen beugte. Außer dem leichten Summen, das in jeder Firma permanent in der Luft lag, gab es jedoch kein anderes Geräusch, sodass die Details der Unterhaltung mit ihrer Freundin relativ ungefiltert zu hören waren. Jan war genervt, er mochte diese Situation nicht, und das Gebrabbel hinter dem Tresen machte ihn zudem nervös.

Tim hingegen war in seiner Welt: Unauffällig versuchte er sich umzusehen. Beim Anblick der maßstabsgetreuen Miniaturen der Imperial-Yachten strahlten seine Augen. Bis vor einigen Jahren hatte man sich wohl die Mühe gemacht, jedes Modell, das neu auf den Markt kam, noch einmal in klein ins Foyer zu stellen. Geklebte Kästen aus Plexiglas schützten die Mini-Yachten vor Staub und Beschädigung. Die letzten Jahrgänge fehlten jedoch.

Im Gegensatz dazu, dass die Empfangshalle und die Möbel aussahen, als wären sie gerade gebaut worden, zeigten die Schaukästen deutliche Verfallserscheinungen. Die Ecken waren abgeschlagen, die Plexiglasscheiben teilweise gesprungen und die eine oder andere Relingsstütze oder Saling war abgeknickt. Wahrscheinlich waren sie früher zu den Bootsausstellungen mit eingepackt und auf die Messen gefahren worden.

Jan wollte gerade aufstehen und sich die Modelle näher ansehen, als plötzlich Gernot aufschoss, der bis jetzt eher teilnahmslos auf der Bank gesessen und nicht mit ihnen gesprochen hatte. Nun jedoch kam Peter Golori persönlich zwischen den Schiffsmodellen hervor. Mit seinem grobkarierten Hemd und den weiten Jeans hätte er genauso gut als Holzfäller durchgehen können. Fast im Vorbeigehen begrüßte er Gernot, bevor er sich Jan und Tim zuwandte.

»Ah, die Herren Reporter! Gleich mit drei Mann hier, na ja, ist ja auch eine große Firma.«

Er war gut zehn Zentimeter größer als Jan und drückte ihm kräftig die Hand: »Sie sind vermutlich der Fotograf, willkommen bei Imperial.«

Und mit einer leichten Linksdrehung: »Und Sie sind Tim Dörner, ich kenne Ihr Bild aus dem ›Lübecker Tageblatt‹. Schön, dass Sie hergefunden haben und sich auch vor Ort einmal über unsere ausgezeichneten Produkte informieren wollen. Im Wasser sieht man zwar viel, aber besser geht's ja doch direkt in der Herstellung.«

»Danke für die Einladung«, entgegnete Tim, während er den Händedruck beendete, »wie Sie wissen, interessiere ich mich natürlich vor allem für die Ruderanlagen der Yachten. Da hört man ja so einiges.«

»Immer gleich auf dem Punkt, die Reporter«, versuchte Golori fröhlich zu wirken, »aber klar doch, immer rein in unsere heiligen Hallen: Da werden Sie schon sehen, dass bei uns nur absolut seetüchtige Yachten in modernster Technik produziert werden. Gerlind, rufst du bitte noch den Junior dazu?«

Aus Richtung des Tresens kam eine gestotterte Bestätigung, Gerlinds Privatgespräch hatte ein jähes Ende, während sie jetzt, wieder ganz formvollendet, den Juniorchef anrief. Den Namen von Goloris Sohn kannte in der ganzen Branche eigentlich niemand, alle nannten ihn bloß den jungen Golori oder Junior, wie sein Vater es selbst zu offiziellen Anlässen zu tun pflegte. Junior hatte sich damit einen Spitzenplatz unter den ewigen Lachern auf den Bootsmessen gesichert, wenn sich die Aussteller untereinander unterhielten.

Sein Blick war wie immer leicht gehetzt, als er sich seinen Weg zwischen den Modellen in die Eingangshalle suchte, die Haare ordentlich zur Seite gekämmt. Ein teurer Zweireiher versuchte dem schlaksigen Körper vergeblich zu Format zu verhelfen. Ein aussichtsloses Unterfangen, wie selbst der wohlwollendste Betrachter hätte zugeben müssen. Mit gesenktem Blick ging er von einem zum anderen, gab jedem seine kalte, feuchte Hand und murmelte dabei seinen Nachnamen. Armer Kerl, dachte Jan, mit dem Ego ist er vermutlich Stammgast in den Puffs auf der Reeperbahn. Eine normale Beziehung zu einer Frau mochte sich Jan nicht wirklich vorstellen, obwohl Gerüchte besagten, dass Junior öfter mit einer Frau gesehen wurde, die auch seine Mutter hätte sein können.

»Also los, Junior, jetzt werden wir der Presse mal unseren Laden zeigen. Wäre doch gelacht, wenn wir die nicht von der Qualität unserer Schiffe überzeugen könnten«, polterte Peter Golori.

Während sie sich hinter ihm durch die gläserne Verbindungstür zwischen Foyer und Fertigungshalle schoben, stieß Jan Tim an: »Sag mal, warst du mit Gernot schon mal hier?«, flüsterte er.

»Wie meinst du das?«, zischte Tim zurück.

»Irgendwie hab ich das Gefühl, als würden die drei sich persönlich kennen.«

»Wahrscheinlich haben sie sich mal in irgendeinem Hafen an der Elbe getroffen«, flüsterte Tim zurück, »außerdem arbeitet er ja für den Laden, und nun sieh bloß nicht gleich überall Gespenster!«

Jan schaute zu Gernot: Er machte im Moment einen mächtig angespannten Eindruck. So richtig fremd wirkte er hier irgendwie auch nicht. Warum hatte er nach der Absage neulich eigentlich mit hierher gewollt?

In der Halle, die direkt an das Bürogebäude anschloss, waren die Fertigungsstraßen der Yachtwerft untergebracht. Wie auch in der Autoindustrie wurde der leere Rumpf aus der in einer anderen Halle untergebrachten Herstellung hier hereingefahren und erst dann mit allen Ein- und Ausbauten versehen. Trotz der weit fortgeschrittenen Rationalisierung brauchte ein Schiff aber immer noch ungefähr drei Wochen bis es fertig war.

Vor den Bändern standen die Paletten der Zulieferer, die links in der Außenwand durch große Tore hereingebracht wurden. Dazu gehörten die Motoren, der gesamte Innenausbau, tonnenschwere Kiele sowie Instrumente und Polster.

Schließlich kamen sie in der letzten der drei Hallen im eigentlichen Kunststoffbau an. Hier wurden die kompletten Rümpfe und Decks gefertigt, und die Ruderfundamente und Innenschalen mit flüssigem Kunstharz und Glasfasermatten in den bereits fertigen Rumpf geklebt. Die meisten Arbeiter hatten inzwischen Feierabend, als sie von hinten an eine der leeren Rumpfschalen traten. Nach und nach gingen die Maschinen aus und es wurde still in der Halle. Nur das Zischen einiger Pressluftleitungen war noch zu hören.

Tim inspizierte die Ruderfundamente und Jan fotografierte. Im Stillen hoffte er, dass auf den Fotos wenigstens irgendetwas zu erkennen war. Fotos zu machen, gute Fotos gar, war für ihn eines der großen Geheimnisse, auch wenn die Kameras das heute nahezu alles alleine konnten. Tims Reporter-Nikon mit Automatikblitz schien ihm jedoch glücklicherweise das Gefühl vermitteln zu wollen, dass sie mehr wusste als er.

Fast erwartungsgemäß fanden sie keine Anzeichen irgendwelcher Schwachpunkte; ganz im Gegenteil: Im Gegensatz zu der sonstigen, eher kostengünstigen Fertigung schien die Werft gerade in diesem Punkt ganz besonders viel Augenmerk auf Qualität zu legen, und das, obwohl dieser Bereich bei den fertig montierten Schiffen unter den Verkleidungen der Achterkabinen nahezu unsichtbar war. Die Lagerfundamente waren massiv mit Glasfasermatten einlaminiert, eine zusätzliche Verstärkung quer durch das Achterschiff nahm weitere Kräfte auf. Sauber verstrichenes Topcoat, wie die graue, wasserdichte Versiegelung des Laminates heißt, rundete das Finish bis in die letzte Ecke ab.

»Na die Herren, entspricht alles Ihrer Erwartung?«, fragte Golori.

»Das scheint alles in Ordnung und sehr stabil zu sein«, antwortete Tim und klopfte mit den Knöcheln auf das Rumpflaminat, »man kann sich fast nicht vorstellen, wie hier Schäden auftreten sollten.«

»Ich habe es Ihnen doch gesagt, verlassen Sie sich auf die Qualität von Imperial-Yachten und glauben Sie nicht jedem Gerücht«, schnurrte Golori wohlwollend, »wir beschäftigen hier wirklich Top-Leute, und auch wenn die Schiffe günstig sind, heißt das noch lange nicht, dass wir billig bauen.«

Die vier fachsimpelten noch weiter über die Herstellung von Schiffen und Rudern, sodass Jan Gelegenheit hatte, sich in der Halle umzusehen. Das Gespräch in seinem Rücken wurde leiser, seine Abwesenheit wurde entweder nicht bemerkt oder bewusst in Kauf genommen. Auf der rechten Seite standen verschieden große Formen und frisch laminierte Rümpfe entlang der Außenwand, auf der linken Seite die dazugehörigen Decks. Die Werkzeuge, Laminatstreifen und selbst die Mülleimer waren akkurat ausgerichtet. Es war deutlich zu sehen, dass Tim ein makelloser Betrieb vorgeführt werden sollte. An der Stirnseite befand sich ein großes Hallentor, das einen Spalt offen stand. Jan schlenderte an den Formen entlang und machte eifrig Fotos, während er immer wieder versuchte nach draußen zu sehen. Schließlich gelang ihm ein Blick in den Hafen.

»So, Herr Fotograf, auch Sie müssen jetzt wieder raus, schließlich wollen wir nicht alle unsere Geheimnisse morgen auf der Titelseite wiederfinden!«, rief Golori aus der anderen Ecke der Halle. Offensichtlich war er an einer Stelle angelangt, wo es doch etwas zu verbergen galt. Golori hatte ihn also die ganze Zeit beobachtet.

Es war nach halb sieben, als sie draußen ins Auto stiegen, die Dämmerung hüllte das Werftgelände fast vollständig ein. Nur noch die Umrisse der riesigen, weißen Hallen strahlten im letzten Licht wie UFOs, die gerade versuchten sich zu tarnen.

»Setzt ihr mich wieder am Bahnhof ab?«, fragte Gernot, »ich muss in die andere Richtung.«

Gernot hatte nicht mehr mit ihnen gesprochen, seit sie die Eingangshalle betreten hatten. Er war blass und sah unsicher aus dem Fenster.

»Noch was trinken?«, fragte Tim.

»Muss schnell los«, wiegelte Gernot ab, »ist schon ziemlich spät.«

Wenige Minuten später setzten sie Gernot ab, verabschiedeten sich und hielten an der nächsten Ampel.

»Was der wohl von uns wollte«, sinnierte Tim.

»Gernot?«

»Genau der. Ich dachte, er wollte nichts mit der Sache zu tun haben!«

»Der hängt halt an uns«, spöttelte Jan.

»Das glaub ich nicht«, Tim drehte sich zur Beifahrerseite. »Hast Du nicht gemerkt, wie unwohl er sich gefühlt hat?«

»Doch, schon – arbeitet er nicht sogar für Imperial?«

»Aber dann hätte er doch erst recht keinen Grund, mitzufahren«, Tim kuppelte ein, »dann kennt er doch schon alles.«

Tim sagte nichts mehr und Jan dachte über Gernots Verhalten nach. Tatsächlich war er ihm extrem nervös vorgekommen, einige Male hatte er sogar das Gefühl, als wollte Gernot sie aus der Halle drängen und zum Gehen bewegen.

Vielleicht wusste er viel mehr als sie dachten. Und er schien Angst zu haben, eindeutig Angst.

»Lass uns umdrehen!«, beendete er die Stille.

»Was sagtest du?«, fragte Tim.

»Echter Profi, der Golori. Ich sagte, wir sollten umdrehen und uns noch einmal ein bisschen umsehen«, antwortete Jan.

»Was willst du denn jetzt noch sehen? Die Ruderfundamente waren für uns präpariert, außerdem ist jetzt alles geschlossen.«

»Das Gefühl der Manipulation hatte ich auch, aber das Wichtigste sollten wir uns gerade jetzt ansehen: den Hafen!«

»Wie meinst du das?«

Jan lehnte sich zufrieden im Auto zurück, während Tim eine Parkbucht ansteuerte.

»Als ihr vier noch über Laminate diskutiert habt, habe ich mich ein wenig in der Halle umsehen können, es war ja sonst niemand da. Dabei hab ich einen Blick aus dem Hallentor geworfen, das einer der Arbeiter offen gelassen hatte.«

»Spann mich nicht so auf die Folter«, sagte Tim.

»Im Hafen lag ein kleines Frachtschiff, an dem sich die Werftarbeiter gerade daranmachten, Yachten auszuladen.«

»Sie luden Yachten *aus*?«, fragte Tim ungläubig, »da haben Werften aber eigentlich Besseres zu tun. Normalerweise werden Schiffe hier nur weggebracht und das auch nicht mit dem Frachtschiff, sondern größtenteils per LKW.«

»Ganz genau, mein Lieber. Und eben deswegen sollten wir noch einmal vorsichtig einen Blick in den Hafen werfen.«

Tims Augen blitzten, jetzt wurde er doch ein bisschen interessierter: »Erzähl mal genauer: Was waren das für Schiffe? Imperial-Yachten? Wie alt waren die Dinger?«

»Kann ich dir nicht sagen, war ziemlich weit weg. Auf jeden Fall sahen sie alle ziemlich gleich aus und neu waren sie auch nicht, das ist sicher.«

»Vielleicht hat das alles nichts zu bedeuten«, antwortete Tim zweifelnd, »ich bin nicht sicher, dass wir auf diesem Wege weiterkommen.«

»Aber ich!«, ereiferte sich Jan, »Golori hatte mich die ganze Zeit im Blick, der wusste genau, was ich sehen sollte und was nicht. Während ich mir die schick laminierten Rümpfe ansah, hat er mich völlig in Ruhe gelassen. Aber als ich am Hallentor war und auch nur den Kopf drehte, hat er mich sofort zurückgepfiffen.«

»Sicher?«, fragte Tim.

»Ziemlich.«

Tim schien überzeugt zu sein. Er hatte dem Wagen unterdessen gewendet und fuhr schon an der zur Werft führenden Stichstraße vorbei in Richtung Marschland.

10

Den Peugeot liessen sie auf dem Ausflugsparkplatz gleich hinter dem Deich stehen. An einem Wochentag im Herbst war hier absolut nichts los. Nur der irische Setter mit seinem Herren, der sich hinten an einem Kombi zu schaffen machte und offensichtlich schon wieder auf dem Heimweg war, beobachtete Tim und Jan verstohlen, als sie sich auf der Landseite des Deiches dem Espenwald näherten. Der Wald trennte den Parkplatz von der Rückseite von Imperial-Yachts. Wobei trennen noch milde ausgedrückt war, wie sich jetzt herausstellte. Zwar kannten die beiden den Wald vom Wasser aus, aber keiner von ihnen hatte jemals versucht, durch ihn hindurchzulaufen. Warum auch? Als sie das Ende des Parkplatzes erreichten, drehten sie sich noch einmal um. Die Rücklichter des Kombis bogen gerade auf die Straße ab und entfernten sich. Der Platz hinter ihnen war leer. Leichter Nebel lag in der Luft und reflektierte das Licht der einsamen Parkplatzlampe wie bei einer Korona um die Sonne.

Der Wald war Naturschutzgebiet. Mit seinem dichten Unterholz, den nicht beiseite geräumten Bäumen und Ästen sowie fast undurchdringlichen Brombeersträuchern stellte er sich den beiden in den Weg, als sei er dazu gemacht etwas zu bewachen, das kein anderer sehen sollte. Eine Vorstellung, die, bedachte man die ehemalige Nutzung des Hafens, nicht ganz aus der Luft gegriffen schien. Die andere Landseite des Werfthafens war durch die alten Holzhallen der Bundeswehr nicht einsehbar, und vom Wasser her wurde die schmale Hafeneinfahrt, durch die gerade einmal ein kleiner Frachter passte, durch einen gewaltigen Wellenbrecher verdeckt, der als Sicht- und Wellenschutz im 15-Grad-Winkel fast fünfzig Meter in den Fluss reichte. Die Militärs hatten hier ganze Arbeit geleistet, und Golori hatte mit seinem Werftbau konsequent ersetzt, was durch den Wegfall des Sperrgebiets für Außenstehende eventuell als Sichtschneise hätte dienen können.

In seiner beigefarbenen Leinenhose mit den derben Wanderstiefeln war Jan jetzt noch ganz gut dran, Tim hingegen fluchte in seinen Segelschuhen, die er bis zum ersten Schneefall ohne Socken trug, vor sich hin.

»'Ne Scheißidee ist das, Sherlock Holmes! Bloß weil wir Detektiv spielen, müssen wir uns doch hier nicht durch die Wildnis quälen.«

»Gehört alles dazu«, gab Jan zurück, »du magst doch Wandertouren, und anders kommen wir an das Gelände nicht heran. Du hast doch sowieso nichts Besseres vor, als sonst um diese Zeit in der Kneipe zu sitzen.«

»Vielleicht verpasse ich aber ausgerechnet heute die Frau meiner Träume.«

Sofort musste Jan an Rita denken, wie sie ihn in Travemünde mit ihrem warmen braunen Augen angeblickt hatte. Da war viel mehr gewesen als bloße Freundschaft. Oder bildete er sich das nur ein? Vielleicht war das alles auch nur Show und Rita steckte viel tiefer in der Geschichte drin, als sie zugeben wollte. Ein dorniger Schlag auf seine rechte Wange brachte ihn wieder in die Realität zurück.

»Pass doch auf«, raunzte er Tim an.

»Ich hab mit mir schon genug zu tun, ich sehe absolut nichts«, gab der in leicht gereiztem Ton zurück.

Kein Licht drang hier an den Waldboden, und Jan hielt sich jetzt permanent einen Arm schützend vor sein Gesicht, damit ihn nicht der nächste zurückschnellende Ast erwischte. Völlig blind liefen sie schließlich fast gleichzeitig platt gegen den Werftzaun aus Stahlgeflecht.

»Angekommen«, brummte Jan, »und nun?«

»Rüber und rein!«, antwortete Tim.

Er nahm Handy, Schlüssel und Portemonnaie aus seiner Lederjacke und verteilte die Utensilien gleichmäßig in seinen Hosentaschen, bevor er die Jacke mit einem kräftigen Schwung oben auf den Stacheldraht schleuderte, damit sie unverletzt über den Zaun klettern konnten. Die beiderseits des Zaunes stehenden Bäume halfen beim Überqueren des Drahts, und mit einem dumpfen Schlag landete schließlich auch Jan neben ihm. Das Ende des Waldes war von hier sichtbar, die rötlichgelben Werftlichter schimmerten durch die Bäume und zeigten die Richtung an, die sie jetzt zu nehmen hatten. Schließlich lagen sie keuchend nebeneinander im Gras an der Steinböschung zum Hafenbecken und sahen dem alten Kran zu, der tatsächlich dabei war, eine Yacht auszuladen und auf ein Transportgestell auf der alten Pier zu heben. Ein Gabelstapler mit einer Art hydraulischem Anhänger hob sie schließlich komplett an und verschwand mit ihr in der Halle, in der sie vorhin noch die Ruderlager besichtigt hatten.

Wieder langte der Kran mit seinem Ausleger über das Frachtschiff, das mit seinen aufgeschobenen Luken so aussah, als wollte es erst noch fertig gebaut werden. Das nächste Ausladen zog sich gut 15 Minuten hin und nach dem zweiten Schiff kroch Jan langsam die Kälte zwischen die Kleidung. Er erinnerte sich, wie er das letzte Mal irgendwo so lange im Gras gelegen hatte: Es war während der Klassenreise mit der fünften oder sechsten Klasse gewesen und am Strand spielte seine große Liebe. Nie hätte er sich getraut sie anzusprechen oder sich selbst gegenüber sein Verlangen einzugestehen. Und so lag er Stunde um Stunde mit ausgebeulter Hose in der Düne und bibberte. Die Beule in der Hose machte die Geschichte erträglich und aufregend, auch wenn es noch einige Zeit dauern sollte, bis er wusste, wofür die Ausbeulung nun wirklich gut war. Und jetzt lag er also wieder bibbernd im Gras, ohne Ausbeulung und mit Blick auf einen verrosteten Kran, der ein noch stärker verrostetes Frachtschiff entlud.

Der alte Marinehafen bestand auf der einen Seite aus einer gerammten Spundwand, die sich über seine gesamte Länge hinzog und an der früher die Versorgungsschiffe festmachen konnten. Hier lag jetzt der stählerne Frachter, wie er vor der

Containerära überall zwischen den europäischen Häfen verkehrte und dessen bessere Tage schon ein deutliches halbes Jahrhundert zurücklagen. Riesige Beulen in Bug und Heck der HENRYETTE deuteten darauf hin, dass Kapitäne und Mannschaften bei ihren Fahrten erhebliche Flurschäden hinterlassen hatten. Am Heck wehte die Flagge des Heimatlandes Antigua in der Karibik.

Die Aktivitäten auf der anderen Hafenseite nahmen langsam ab, die mechanischen Arbeitsgeräusche des Krans verstummten und das Rascheln des Espenwaldes drängte sich wieder in den Vordergrund. Der Gabelstapler war nach seiner letzten Tour in der Halle geblieben, das große Tor wurde jetzt zugeschoben. Tim stieß Jan mit dem Ellenbogen in die Seite. Als dieser ihm sein Gesicht zuwandte, deutete Tim mit dem Kinn Richtung Hafen. Jan nickte. Langsam suchten sie sich erst ihren Weg entlang des Waldrandes, bevor sie schließlich über die Steinschüttung vorsichtig zu den Stegen mit einer Vielzahl vertäuter neuer Yachten hinabstiegen. Links neben ihnen lag im Dunkeln der Lagerplatz für neue Schiffe, die auf dem Landwege das Gelände verlassen sollten. Auch die Lampen auf den Stegen waren ausgeschaltet.

An der Schmalseite des Hafens erstreckte sich eine lange schräge Slipbahn, wie sie für Landungsboote benötigt wurde und die mit ihrem Boden aus Betonplatten aussah wie ein Relikt des Arbeitsdienstes der Nazizeit. Die Halle an ihrem oberen Ende war geschlossen. Jan und Tim duckten sich hinter eines der am Steg festgemachten Schiffe. Am Kran auf der anderen Hafenseite standen nur noch drei Leute beisammen. Einer war der Kranführer, der sich verabschiedete, einer war Golori und der dritte – sah aus wie Gernot! Das kann nicht sein, dachte Jan.

»Ist das Gernot da drüben?«, zischte er.

Tim drehte den Kopf in Richtung von Jans ausgestrecktem Finger, was nicht schwer war, da Jan nur wenige Zentimeter hinter ihm stand und ihm den Arm direkt über die Schulter legte. In diesem Moment aber drehten sich Golori und sein

Gegenüber um und machten sich miteinander diskutierend auf den Weg die Slipbahn hinauf zu den Werfthallen.

»Nachts sind alle Katzen grau«, gab Tim trocken zurück. »Gernot meinst du? Was sollte der denn hier machen?«

»Er war schlecht zu sehen, aber ist dir die Ähnlichkeit nicht aufgefallen?«

»Ich seh ihn ja nur von hinten«, gab Tim zurück, »erst mal nicht zu viele Mutmaßungen. Wahrscheinlich waren das einfach nur Golori und Junior. Lass uns lieber einen Blick auf die Yachten werfen, damit wir wenigstens wissen, was hier mitten in der Nacht gespielt wird.«

Jan fühlte sich nicht ernst genommen und wollte eigentlich noch etwas erwidern, unterließ es aber, weil Tim schon geduckt an den Yachten entlang den Steg zur Slipbahn weiterschlich. Hinter den Schiffen war es dunkel und die Betonpontons schluckten ihre Schritte fast vollständig. Die Pier hinter dem Frachter war jetzt leer, und bis auf eine verbeulte, schwache Lampe am Kran war der Hafen dunkel. Sie kletterten über die Steinschüttung zur Slipbahn hinab und rannten entlang des Wassers auf die andere Hafenseite. Schnaufend standen sie mit dem Rücken an der Betonwand und lauschten. Oben war nichts zu hören. Langsam schoben sie sich die rostige Eisenleiter zur Pier hinauf, an der das Frachtschiff vertäut war. Sie drückten sich in den Schatten eines kleinen Schuppens.

»Die Gangway rauf?«, fragte Tim.

»Du willst auf den Frachter?«, fragte Jan entgeistert.

»Wohin sonst? Die Halle ist zu!«

»Scheiße, dann los.«

Sie schlichen an der dunklen Bordwand des stählernen Frachters bis zur Schiffsmitte. Weder an Land noch an Bord waren Geräusche zu hören. Leise stiegen sie die Gangway hinauf, das Aluminium knarrte unter ihrem Gewicht. Am Aufbau brannten zwei einzelne Lampen unter einem mit Stahlgeflecht verstärkten Glaskolben. Unter Deck brummte der Generator, der das Schiff mit Energie versorgte. Sie konnten deutlich das Plätschern seines Kühlwassers zwischen Rumpf und Kaimauer hören. Die Ladeluken standen noch offen, also waren die Arbeiten noch nicht beendet. Jan sah auf seine Uhr, es war fast halb vier. Als sie am Rand des Laderaumes ankamen, konnten sie vage im Dunkeln des gewaltigen Schiffsbauches die Umrisse einer Yacht ausmachen.

»Glück gehabt«, murmelte Tim eher zu sich selbst und schwang ein Bein über den Rand, um über die senkrechte Leiter nach unten zu kommen.

»Wollen wir da wirklich runter – oder lieber abhauen?«, fragte Jan sichtlich verunsichert. Einer der wenigen Grundsätze, die sein Vater ihm beigebracht hatte, lautete: »Wenn du Schwierigkeiten suchst, geh immer einen Schritt weiter als du eigentlich wolltest.« Heute waren sie schon einige Kilometer zu weit gegangen, dachte er, und hatten alle Grenzen hinter sich gelassen, die vernünftig waren. Tim sah bereits vor ihm aus dem Laderaum.

»Komm schon, wir sind doch gleich am Ziel. Jetzt umdrehen ist totaler Blödsinn«, hallte es leise von unten. Jan sah sich noch einmal an Deck um, kletterte über den Lukenrand und tastete nach den Leitersprossen. Er fing an die Stufen hinabzusteigen. In Tims Familie hielt man sich offensichtlich an andere Grundsätze.

Die Tiefe, die sich hinter ihm auftat, war gewaltig, im Verhältnis zur Größe der Yacht waren es bestimmt über sieben Meter. Er zwang sich zum Klettern, ohne darüber nachzudenken. Unter der Yacht war es schließlich stockdunkel. Jan prallte gleich zweimal gegen hervorstehende Stahlteile des Transportbocks und fluchte leise vor sich hin. Jedes Geräusch hallte vielfach von den Schiffswänden wider, jeder Atemzug, jeder Schritt schien zehnmal lauter als an Deck. Jan war gerade einmal um den Kiel herumgestiegen, als er weiter hinten ein schwaches Licht sah. Verdammt, hier war doch noch jemand!

»Tim, wo bist du?«, flüsterte er.

Der Lichtstrahl traf nach einigem Suchen seine Augen.

»Hier, du Blindschleiche, das sieht man doch.«

»Wo zum Teufel hast du die Taschenlampe her?«

»Aus der Hosentasche, alter Pfadfindertrick. Komm lieber her und sieh dir das hier an.«

Jan tastete sich nach hinten. Nachdem die Lampe ihn geblendet hatte, war die Dunkelheit zwei roten Kreisen gewichen, die vor seinen Augen tanzten. Bis zum Heck des Schiffes hatte er sich einigermaßen davon erholt und folgte dem Lichtkegel der Lampe unter den Rumpf. Das Ruder war ausgebaut und man sah das untere weiße Kunststofflager.

»Interessant«, sagte Tim, »ein Hohlraum im Rumpf, sieh mal.«

Tim verengte den Lichtkegel und hielt ihn dichter an das Loch. Über dem Lager wurde ein zweites, schmales sichtbar, dazwischen klaffte ein Spalt, gerade so breit wie zwei Finger.

»Eigentlich sollte das Laminat hier massiv sein«, rätselte Tim.

»Kaputt?«, fragte Jan.

Tim griff in den Spalt und bewegte die Finger hin und her. »Sauber laminiert«, sagte er, »das ist so gewollt.«

»An dieser Stelle ein doppelter Boden. Das macht doch keiner ohne Grund!«

»Ja, dolles Versteck. Nur wofür?«, grübelte Tim.

»Ein Versteck meinst du? Warum sollte einer da ein Versteck einbauen?«

»Guck mal auf den Heimathafen.«

Tim leuchtete auf den Spiegel: »Tortola, BVI. Die britischen Jungfraueninseln. Das Schiff gehört zu einer Charterflotte. Was sollen denn solche Schiffe ausgerechnet wieder in Norddeutschland?«

Jan sah sich den Rumpf um das Ruderlager noch einmal genauer an. Sternförmige Risse zogen sich rings um das Loch durch die Kunststoffhaut. Den Beschädigungen zufolge hatte das Ruder einem Aufprall oder einer großen Welle nicht standgehalten und den Rumpf an dieser Stelle fast bersten lassen. Noch während Jan über diese offensichtliche Schwachstelle grübelte, ließ ihn ein Geräusch herumfahren und schon traf ihn eine Faust direkt unter dem seit der Kenterung geschwollenen Auge. Der Angreifer ging ohne weitere Worte auf ihn los, hatte aber übersehen, dass sie zu zweit waren, denn Tim hing hinten an seinem Hals und schlug mit der freien Hand auf das Gesicht des Mannes ein. Die Lampe fiel zu Boden und zerbrach, irgendwie konnte sich ihr Angreifer befreien und rannte davon. Die schnellen Schritte ließen darauf schließen, dass er sich im Gegensatz zu ihnen hier prächtig auskannte.

»Los, schnell raus hier«, keuchte Tim und humpelte zur Leiter. Sie hasteten nach oben. Als sie an Deck des Frachtschiffs ankamen, gingen an Land bereits die Lichter an. Ihr Widersacher holte also bereits Verstärkung.

»Was jetzt?«, fragte Jan.

»Auf jeden Fall nicht auf die Pier, da geht's schief! Los, ins Wasser!«, antwortete Tim und hechtete ohne zu zögern kopfüber von der stählernen Reling. Jan hörte das Platschen des Aufpralls.

Schon als Kind hatte Jan nie mit den anderen in Flüssen gebadet, immer war ihm das braune Wasser suspekt gewesen. Gleichbedeutend mit tödlichem Schlick, Wracks und allen möglichen unheimlichen Sachen unter der Wasseroberfläche, an die er mit seinen Beinen oder Armen stoßen konnte. Es kostete ihn gewaltige Überwindung, bis er mit den Füßen voran hinter Tim hersprang.

Das Wasser war in erster Linie warm. Als er auftauchte, sah er knapp vor sich die vernarbte, rostige Wand des Frachters. Er schauderte. Im Ebbstrom glitt er sanft Richtung Hafenausfahrt an ihr vorbei. Der Anblick der riesigen Wand, die Nacht und der Gedanke an das unberechenbare Nass ließen ihn vor Grausen fast ohnmächtig werden. Jan tat nur das Nötigste, um über Wasser zu bleiben, hob seine Beine nach oben und redete sich gut zu: Über Wasser bleiben, atmen, hier ist noch keiner gestorben! Das half ein wenig, auch wenn er selbst nicht daran glauben mochte. Die Gedanken an den riesigen Frachter vor ihm machten ihn trotzdem fast wahnsinnig. Plötzlich packte ihn etwas von hinten am Kragen und zog ihn rückwärts Richtung Bordwand. Er hatte es ja geahnt! Irgendetwas Schreckliches musste ja noch passieren. Jetzt musste er kämpfen, jetzt ging es ums Überleben.

»Ruhig, Brauner«, flüsterte Tim aus der Dunkelheit, »ganz ruhig! Glück gehabt, hier hängt das Beiboot von dem Kahn. Die malen wohl ein bisschen, während sie hier liegen.«

Als sie keuchend in dem Zodiak lagen, wich das Grauen langsam neuer Hoffnung. Jan machte den Palstek am Bug los. Zwischen den Farbdosen und Lappen fanden sie zwei kleine Ruder eines Kaufhaus-Schlauchbootes. Langsam paddelten sie im Schutz der Dunkelheit unter das Heck. Auf dem Frachter gab es mittlerweile heftige Diskussionen. Erst jetzt war den Männern klar geworden, dass die beiden über Bord gesprungen waren. An der Reling waren im Gegenlicht Köpfe zu erkennen, auch an der Pier erschienen Männer.

»Schnappt euch die Trottel«, hörte Jan jemanden brüllen. Es war nicht Goloris Stimme. Aufgeregt liefen die Gestalten auf der Pier hin und her. Ein weiteres Boot war nicht verfügbar, ihre Verfolger hatten keine Chance sich ihnen in den Weg zu stellen.

Sie packten die kurzen Ruder und verließen ihre Deckung unter dem Heck des Schiffes. Jetzt paddelten sie wie die Verrückten, es war ihnen völlig egal, wie viel Lärm sie dabei machten. Das Boot bewegte sich vorwärts, und mit jedem ungestümen Schlag der Ruder schaufelten sie mehr Wasser hinein. Der Ebbstrom zog sie durch die Hafeneinfahrt, ein Stromwirbel ließ sie an den Wellenbrecher stoßen. Mit gewaltigen Hieben stießen sie sich mit den Paddeln ab, beim zweiten Mal brach der Kunststoffkopf von Jans Ruder. Völlig egal! Nur weg hier! Sie hieben weiter auf die Spundwand ein, als wäre sie ihr Feind. Jedes Mal brach mit einem Geräusch, bei dem sich normalerweise die Haare aufstellen würden, ein weiteres Teil von ihren Paddeln, aber die Spundwand mit ihren scharfkantigen Muscheln und dem intensiv stinkenden Schwarz blieb auf Distanz. Der letzte Schlag ging ins Leere und schließlich waren sie auf der Elbe.

Erschöpft ließen sie die Paddel sinken und genossen atemlos den Blick über die freie Fläche des Wassers. Auf der anderen Flussseite war im Mondlicht die kleine Insel, der Hanskalbsand, mit seinem Wald darauf zu sehen. Die Bedrohung des Hafens war ganz und gar fort, der Lärm und die Schreie wie abgeschaltet. Die Strömung zog sie mit gut drei Knoten am Wald vorbei. Sie drehten sich um: Niemand schien ihnen zu folgen. In einer guten Meile Entfernung war schon das Licht der einzelnen Lampe des Ausflugsparkplatzes zu ahnen.

»Mein lieber Mann! Verdammte Scheiße! Das war knapp!«, begann Tim aufgedreht, »die wollen ja wirklich nicht, dass wir wissen, was sie da treiben.«

»Allerdings war das knapp«, gab Jan müde zurück, »mal sehen, was wir draus machen. Auf jeden Fall hängen wir jetzt mittendrin. Und wenn uns jemand erkannt hat, stecken wir schön in der Scheiße.«

»Wer soll uns denn da erkannt haben? Und außerdem: Was wollen die denn machen? Die Polizei rufen?« Tim lachte.

Jan sah Tim in die strahlenden Augen, er erwiderte nichts. Die Probleme ließen Tim regelrecht aufblühen, hier fühlte er sich wohl. Für Jan dagegen war es unbekanntes Terrain.

Als sie an der Böschung aus dem Boot stiegen, drehten sie die Ventile heraus und gaben der schlapper werdenden Wurst einen finalen Stoß auf die Elbe. Vielleicht fand ein Segler das vermeintliche Wrack und konnte es als Beiboot brauchen. Auf dem Weg nach Hause sprachen sie nur wenig, wie Roboter starrten sie leicht nach vorn gebeugt durch die Scheibe. Hin und wieder lachte Tim unwillkürlich auf und wiederholte eines der erlebten Dinge. Jan lächelte ihn dann an, konnte sich aber nur wenig dafür begeistern. Obwohl die Heizung den Wagen schon bis an die Grenze des Erträglichen erhitzt hatte, zitterten sie in ihren nassen Sachen.

Tim hielt vor Jans Haustür. »Spannend!«, sagte er und grinste.

»Erschreckend!«, erwiderte Jan und lächelte zurück.

»Lass uns mal morgen telefonieren, wie es weitergeht, was machst du die nächsten Tage?«

»Nichts, ich hab Rita versprochen, dass ich mal in Travemünde vorbeikomme, das ist alles.«

»Schlaf gut«, sagte Tim.

»Du auch«, gab Jan zurück und stieg aus dem Auto. Tim hupte kurz, im Osten konnte man bereits die Dämmerung ahnen. Jan schloss die Haustür auf und ging hinein. Er beneidete Tim um dessen Freude an der Gefahr, aber nicht darum, wo er jetzt hin musste. Wahrscheinlich fuhr er zu seiner Mutter. Er schloss die Wohnungstür und warf die nassen Sachen mit einem Schwung in die Duschwanne. Nackt fiel er ins Bett und zog sich die Decke über die Ohren. Er dachte an Rita, sodass die Wärme schnell in seinen Körper zurückkehrte.

11

Als Reiner im Hafen ankam, hing die erste Dämmerung über den Stegen. In den Hagebuttenbüschen stöberten einige Amseln, die sich nicht zum Flug nach Süden durchgerungen hatten, im Laub nach Futter. Sie hatten sich entgegen der üblichen Reisezeit fürs Bleiben entschieden, genauso wie Reiner fürs Losfahren. Keine Menschenseele befand sich auf dem Hafengelände, über die Hälfte der Yachten war schon an Land, und mitten in der Woche übernachtete um diese Jahreszeit keiner mehr aus Spaß auf seinem Schiff. Reiner kannte fast jedes Brett auf dem Steg, Hunderte Male war er hier entlanggegangen, früher mit seinen Freunden auf dem Weg zum Bierstand und später dann alleine. Wenn er sich aufmachte zu seinen einsamen Törns. Wie diesmal, nur hatte er heute ein Ziel und nährte eine Hoffnung.

Fast automatisch nahm er beim An-Bord-Steigen gleich die Vorspring mit, öffnete das Niedergangsschott und stieg in die leicht muffige, kühle Kajüte. Unter dem Sitz des Kartentisches legte er die drei Hauptschalter um, einmal minus, zweimal plus für die Haupt- und die Starterbatterie. Die ersten Dioden leuchteten an der Schalttafel auf, über dem Kartentisch ging das Licht an. Reiner legte die Schalter für GPS, Navigationlights und Instruments um und stieg ins Cockpit. Unter der Travellerschiene befand sich das Instrumentenbrett des Motors. Er drückte auf Power, mit einem Summton erwachte das Paneel zum Leben. Nach kurzem Vorglühen brummte der Diesel im Schiffsbauch zufrieden los.

Auf der Steuerbordseite stieg eine kleine blaue Abgaswolke auf, das Kühlwasser fing an periodisch in den Hafen zu plätschern, der Auspuff röchelte hohl vor sich hin – alles okay. Reiner schlug die Persenning über dem Großsegel ab und schäkelte das Großfall an. Die Fock ruhte eingerollt am Vorstag und wartete auf ihren Einsatz. Er warf die beiden Vorleinen und die Achterleine los, stieg zurück ins Cockpit und legte den Rückwärtsgang ein. Sanft glitt NEVER GIVE UP aus der Box.

Trauer und Glück kämpften in Reiners Kopf um die Vorherrschaft, als er durch das glatte Wasser aus der Hafeneinfahrt rauschte. Warum hatte es nicht einfach nur funktionieren können, zu zweit wäre es so schön gewesen. Warum hatte es so plötzlich enden müssen, sie hätten so glücklich sein können, diesen herrlichen Morgen gemeinsam genießen können, wo kein anderer sich auf die Reise begab. Mit seinen Freundinnen hatte er manchmal die Zweisamkeit kennen gelernt, aber die Beziehungen nach kurzer Zeit immer wieder zerstört. Wie bei seinen Schiffen wollte er den Platz frei halten für die ultimative Konstruktion, die alles in den Schatten stellt. Deswegen hatte er immer wieder neu begonnen, mit neuer Hoffnung endlich anzukommen – obwohl er schon lange am Ziel war. Der optimale Rumpf, der optimale Körper, die optimale Partnerin – nichts war gut genug, bis keiner mehr an ihn glaubte. Sein irrer, in die Ferne gerichteter Blick schreckte sein Umfeld ab. Und während alle Ruhe wollten, suchte Reiner nach Visionen, Perfektion und Idealen. Schließlich wollte niemand mehr mit ihm sein Leben teilen. Jetzt teilte er sein Leben mit den Bildern.

Der Autopilot übernahm das Ruder, das Großsegel glitt leise quietschend in der Mastnut nach oben, Reiner setzte es mit der Winsch nach und holte die Großschot dicht. Sofort fing das Schiff an leicht Lage zu schieben und die Bewegungen wurden gleichmäßig. Unter Deck knarrte die Einrichtung. Reiner rollte die Fock aus und stellte auch sie für den spitzen Halbwindskurs ein. Jetzt geht es los!, dachte er bei sich und stellte mit dem T-förmigen Zugschalter in der Backskiste die Maschine aus. Lauf, NEVER GIVE UP, auf in die Zukunft!, brüllte es in Reiners Kopf, aus seinem Mund aber kam kein Laut. Er schob den Ganghebel auf Rückwärts, mit einem dumpfen *Klonk!* hörte die Propellerwelle auf zu drehen. Der Propeller konnte sich zusammenfalten. Auf der Logge zeigten die Digitalziffern 6,8 Knoten, vom Vorschiff her war leise das Rauschen der Bugwelle zu vernehmen.

Eigentlich wäre es jetzt an der Zeit, sich Frühstück zu machen, frischen Kaffee und gebratene Eier, wie früher, um den Tag gut beginnen zu lassen, wenn sie zusammen unterwegs waren. Entspannt konnte er sich nach dem Essen mit einem Zigarillo und einem dampfenden Kaffee in die Cockpitecke setzen und eine halbe Stunde oder Stunde einfach nur das Wasser und die Bewegung des Schiffes verfolgen. Zusehen, wie die Wolken ziehen, spüren, wie das Schiff von der Natur aufgenommen wird, wenn es mit der richtigen Segelgröße gerade um die 20 Grad Lage schiebt und so die optimale Geschwindigkeit herausholt, exakt wie er es berechnet hatte. In der Stadt schlafen jetzt noch alle, pflegte er zu sagen, und verpassen das Beste, wenn sie nicht hier sein können.

Jetzt kam ihm das Hiersein fast wie ein Fluch vor. Alleine packte ihn sofort eine innere Unruhe und Unzufriedenheit. Die Natur konnte nicht schön genug sein, um ihn auf seinem Platz zu halten. Vielleicht würde er noch den Kaffee und das Frühstück fertig machen, aber vom Genießen war er weit entfernt. Er versuchte unter Deck die Augen zu schließen, schließlich hatte er letzte Nacht nicht geschlafen, sondern sich auf seine große Reise vorbereitet. Wachträume von nackten Mädchen und das Verlangen nach Alkohol ließen sein Herz schneller schlagen, statt langsamer. Er stand wieder auf, ruhig rauschte NEVER GIVE UP Richtung Freiheit. Er sah aus dem Niedergang, alles klar, der Autopilot machte seine Arbeit gut und die ehemalige Rennyacht zog ihren Kurs wie an einer Schnur gezogen.

Reiner ließ sich in Lee neben seine Taschen auf die mit

breitem Cord bezogene Salonbank fallen und zog seinen Laptop hervor. Mit einem freundlichen *Bing* erwachte der Bildschirm zum Leben und erleuchtete mit seinem künstlichen, fahlen Blau die Kajüte. Irgendwo in Reiners Inneren schrie die bekannte Stimme, er sollte aufhören: Tu's nicht! Sein Inneres hätte weinen mögen, aber er hörte nicht darauf, konnte nicht. Sein Körper funktionierte rational und ferngesteuert, abgekoppelt von seinen Emotionen. Langsam und kontrolliert zog er die CD aus ihrer Hülle, Nummer 5. Er legte sie in das seitliche Laufwerk des Rechners und startete mit einem Doppelklick. Die CD begann mit zunehmender Drehzahl zu summen, bis sie schließlich als Symbol auf der Bildschirmoberfläche erschien.

Reiner nahm sich eine Dose Bier aus der Tasche und zog sie abwesend mit festem Blick auf den Bildschirm auf. Das Bier war gut, wie immer war das erste Bier am Morgen das Beste. Diesen frischen Geschmack hatte nur der erste Schluck am Tag, danach schmeckte es normal, musste es nur noch getrunken werden. Die erste Dose stieg ihm zu Kopf, die Unruhe, sich alleine auf einem fahrenden Schiff zu befinden und sich von Land zu entfernen, ließ ihn aufstehen. Er stellte den laufenden Rechner auf den Kartentisch, nahm sich ein neues Bier und stellte sich in den Niedergang. Alleine verliert jedes Schiff jegliche Wärme. Das Aluminiumdeck wirkte kalt und schmutzig auf ihn, kein Mensch lenkte ihn ab oder teilte seine Erlebnisse mit ihm. Er war allein, das Schiff fuhr in eine bestimmte Richtung, er war Passagier auf einer Reise, von der er wusste, dass sie gemacht werden musste. Er wollte sie nicht machen, die Entscheidung war aber getroffen und deswegen tat er es. Wie immer.

Der Rechner lockte ihn in die zweifelhafte Sicherheit der Kajüte. Das Schimmern des Bildschirmes gab ihm so etwas wie eine bedrohliche Geborgenheit. Die Bilder auf dem Bildschirm waren ihm bekannt. Er kannte fast alle Kinderbilder aus dem Internet. Das Schiff hatte sich für ihn wieder ein wenig verändert, der Rechner hatte die Kajüte in Besitz genommen und ihn auch. Er setzte sich wieder, nahm den Rechner auf die Knie und zog ein neues Bier aus der Tasche. Seine Augen schmerzten, er fühlte förmlich die Augenringe. In seinem Körper kämpften wieder einmal rationales Denken und Emotionen gegeneinander. Das rationale Ich gewann. Es war nicht gut, was er machte. Aber es war ja nur noch dieses eine Mal, ganz bestimmt. Er war auf dem richtigen Weg, das wusste er. Endlich betäubten der Alkohol und die Bilder seine Gedanken.

12

Die Fallwinsch ächzte unter der gewaltigen Last, die zum Spannen des Vorlieks einer Kevlar-Genua notwendig war. Während zwei Hände an der doppelhändigen Kurbel ihr Bestes gaben, um die Winsch aus dem Kajütdach zu brechen, knallte das Kunststoffdeck unter dem nachruckenden Fall, als würde ein Riese mit dem Hammer auf das Schiff einschlagen. Mit guten neun Knoten schoss die Yacht unter Spinnaker auf die rote Fahrwassertonne zu, schon konnte man deutlich die 2 und die Bezeichnung auf der verbeulten Stahlwand ausmachen. Das Stahlgestänge trug einen Radarreflektor im Topp, darunter war die rote Gaslampe als Nachtorientierung eingebettet. Die luvseitige Spischot wurde jaulend auf der Winsch gefiert, bis der Baum fast das Vorstag berührte.

Das Schiff fuhr absolut aufrecht, trotzdem war die Spannung an Bord deutlich zu merken. Nur noch 50 Meter, 40, 30, 20, 15 …

»Okay, und runter den Spi«, rief Rita von hinten.

Die Fallklemme flog auf, die Luvschot am Spinnakerbaum wurde ausgeklinkt und das bunte Segel fiel hinter dem Großsegel zusammen. Acht Hände machten sich in Lee gleichzeitig ans Einsammeln und als die Yacht die Fahrwassertonne fast erreicht hatte, drehte Rita das riesige Karbon-Steuerrad langsam nach Backbord. In einem weiten Bogen schoss das Schiff bei immer spitzer einkommendem Wind auf die Tonne zu und war beim Passieren der imaginären Regattamarke mit dichtgeholten Segeln auf Am-Wind-Kurs. Jonna holte in Lee noch ein wenig die Genuaschot dicht, bis deren Achterliek die obere der drei Salinge nahezu berührte und setzte sich dann ebenfalls neben die anderen Mädchen auf die Luvseite. Die Füße baumelten außenbords, Alex und Rita teilten sich die hinteren Plätze im Cockpit. Rita verglich noch einmal die Anzeigen der Digitalinstrumente: Höhe am Wind, Speed, alles optimal. Ihr Schiff war perfekt eingetrimmt und würde sich im Rennen auf Steuerbordbug auf den Weg zur Luv-Bahnmarke machen.

Die Welt der Rennyachten hat mit dem Segeln, wie es in romantischen Erzählungen oder in der Segelschule vorkommt, eigentlich nichts mehr zu tun. Neben dem Kampf Segler gegen Segler auf der Suche nach dem Besseren kommt es heutzutage mehr und mehr auch auf das Material an. Die Segel sind durch den Einsatz hochfester Materialien wie Kevlar oder Kohlefaser zu den ideal geformten Tragflächen geworden, die einen optimalen Vortrieb wie bei einem Flugzeugflügel garantieren. Da sich nahezu nichts mehr dehnt oder nachgibt, werden die Kräfte, die auf alle Komponenten einer modernen Yacht wirken, immens hoch und werden ihrerseits wieder mit hochfesten Materialien aufgefangen. Die Elite des Segelsports verfügt über die notwendigen Hunderttausende oder gar Millionen von Euro, um sich dieses jeweils beste Material leisten zu können. Dadurch liegen die Schiffe, selbst in Rennen über Hunderte oder Tausende von Seemeilen, teilweise nur wenige Meter auseinander. Das Training ist wie in jedem Hochleistungssport also für jede Mannschaft existenziell, wenn sie etwas erreichen möchte. Die verwegenen Segler der Vergangenheit haben dabei endgültig ausgedient. Auch der Computer ist an Bord nicht mehr fortzudenken: Nur mit ihm können die Zehntel oder Hundertstel, die über Sieg und Niederlage entscheiden, überhaupt berechnet werden.

»Ich glaube, wir können aufhören für heute, Tagesziel erreicht«, wandte sich Rita an Alex, die gleich lauter nach vorn weitergab: »Schluss für heute, wir fahren nach Hause.« Die

Mädchen verließen ihre Plätze, trimmten die Segel auf Heimatkurs ein und begannen, das Schiff aufzuklaren.

Jan beobachtete die Manöver von der Mole aus. Das Hoch über Norddeutschland mit seinem über die letzten Tage konstanten Ostwind bot ideale Segelbedingungen. Er war fast ein bisschen neidisch auf die acht Seglerinnen dort draußen, auch wenn er nicht dabei sein wollte. Zu oft hatte er gehört, dass auch bei Frauencrews der Ton relativ rau an Bord wäre, und das würde er nicht wollen. Er hatte schon immer Schwierigkeiten damit gehabt, wenn er von einer Frau zu hart angegangen wurde, versuchte dann die Geschichte ins Charmante zu drehen und ein wenig mit ihr zu flirten. Auf einer Regattayacht ist das natürlich das komplett falsche Verhalten und würde eher spaltend auf die Crew wirken. Deswegen gab es in ernsthaften Regattakreisen wahrscheinlich so wenige gemischte Mannschaften, bei denen auch noch erfolgreich gesegelt wurde.

Das Schiff kam allmählich näher und die Figuren an Deck ließen sich jetzt klar unterscheiden. Jan war ein wenig enttäuscht, dass Rita Ölzeug anhatte, sah er sie doch so gerne in ihren Jeans oder den beigefarbenen Shorts. Aber auch so war sie durchaus ansehnlich. Das gesponsorte Ölzeug war gut geschnitten und Ritas Körper zeichnete sich deutlich darunter ab. Rita winkte, als die Yacht vorbeifuhr, Jan winkte zurück, und die Genua sank aufs Vordeck, fast als hätte er sie durch sein Winken gesteuert. Mit einem Winken alles steuern, dachte er, das würde helfen.

Als die blaue Yacht hinter dem Museumsschiff PASSAT in den Yachthafen abbog und für Jan aus dem Sichtfeld verschwand, machte er sich von der kurzen Mole entlang der steinernen Uferbefestigung ebenfalls auf den Weg dorthin. Ein Fischkutter lief mit dem dumpfen *Poch-Poch-Poch* eines alten Glühkopfmotors in den Travemünder Hafen ein. Während die Männer an Deck in ihren orangen und gelben Ölhosen die Fische ausnahmen, versuchte ein Möwenschwarm am Heck vergeblich sie durch Schreien zum Über-Bord-Werfen weiteren Abfalls zu bewegen. Ab und zu stießen sie im Sturzflug in das Heckwasser hinab, um sich Gedärme oder Köpfe des Fangs zu sichern, bevor die anderen es gesehen hatten. Wieder aufgestiegen, traten sofort die größeren Raubmöwen auf den Plan und versuchten ihnen das Futter wieder abzujagen.

Ritas Schiff war im Hafen leicht auszumachen. Zum einen überragte der Mast mit seinem verjüngten Topp in über 20 Metern Höhe alle anderen Schiffe bis auf die PASSAT, zum anderen war der Hafen fast leer. Das Schiff lag direkt an der Krananlage unterhalb des Hafenmeisterbüros am Ausrüstungssteg. Die Segel waren alle schon wieder sorgfältig zusammengelegt und türmten sich zum Abtransport bereit auf dem Steg. Der zum Team gehörende Van stand über ihren Köpfen am Straßenrand, die Hecktüren geöffnet und bereits ziemlich voll gestopft.

Jan stutzte: An der Zufahrt zum Hafen stand ein Taxi auf dem Sandstreifen, ein Junge, der sich eben noch in das Fenster der hinteren Tür gebeugt hatte, lief zum Ausrüstungskai, schaute einmal über die Kante von oben auf Ritas Schiff und rannte zurück zum Taxi. Wer mochte das sein, fragte sich Jan. Das Taxi setzte zurück bis zur Einfahrt und verschwand hinter den Bäumen. Der Junge steckte etwas in seine Tasche und ging in eine der Winterlagerhallen.

BLUE GOOSE prangte in goldener Schrift auf dem Heck der Yacht, auf der Rita und ihre Freundinnen nun fast mit dem Aufräumen fertig waren. Darüber war eine elegant segelnde Gans zu sehen, auf deren Nacken ein kleiner Mensch im Ölzeug saß, der aussah wie eine Art Segler gewordener Nils Holgerson. Nur war der Flug der Gans stark idealisiert und glich eher dem eines Adlers. Jan jedenfalls hatte Gänse als recht plump in Erinnerung, wenn sie sich in weiten Keilen auf den Weg nach Süden machten.

»Na, großer Segler, kommst du zur Manöverkritik?«, fragte Rita fröhlich, als Jan die letzten Stufen zum Steg hinuntersprang.

»Ich glaube, das könnt ihr besser«, antwortete Jan, »da kommt man sich ja richtig klein vor, wenn man sieht, wie ihr den Dampfer kontrolliert.«

Er war froh, dass das Gespräch mit Rita so locker anfing, sonst hätte er kaum gewusst, was er hätte sagen sollen.

»Nu übertreib mal nicht gleich, aber im Ernst: Große Fehler können wir uns nicht leisten, sonst springt uns der Sponsor für die Regatta über den Atlantik ab. Und die Geschichte ist für mich überlebenswichtig, da geht's um eine gewaltige Prämie für die Sieger.«

»Welcher Sponsor?«, fragte Jan, »ihr habt doch gar nichts auf dem Rumpf stehen.«

»Wir schaffen's auch nicht in drei Wochen von hier nach Gran Canaria, Schlaumeier!«, sagte Rita sanft, hockte sich hinter die Reling und sah ihm mit ihrem warmen Blick tief in die Augen.

Jan wäre am liebsten im Boden versunken: das ARC, die Atlantic Rallye for Cruisers, startete Ende November von Gran Canaria in die Karibik. Das waren einige tausend Meilen Anreise, die mehrere Wochen verschlungen hätten. Jetzt war es fast Anfang November. Und das ihm!

»Keine gute Frage, hm?«, versuchte er sich zu retten.

»Auch du musst ja nicht alles wissen«, gab Rita zurück, »wir bekommen ein zweites Schiff extra für das Atlantik-Rennen von der Werft gestellt. Die SILVER GOOSE müsste schon auf dem Weg zu den Kanarischen Inseln sein.«

Jan ging's wieder besser, Rita wollte sich nicht nur über ihn lustig machen.

»Do you want to see the inside of my racing-boat?«, grinste Rita. Jan lachte: Der Witz war ein echter Evergreen in der notorisch unter Frauenmangel leidenden Regattaszene. Normalerweise wurde er von den zumeist schon ordentlich angetrunkenen männlichen Seglern benutzt, wenn sie verzweifelt versuchten, eines der wenigen Mädchen bei den abendlichen Festen zu einem Gespräch zu überreden. Jetzt drehte Rita den Witz um.

»Oh, I don't know if I can trust you, strong guy«, gab Jan mit betont hoher Stimme und künstlich schlechtem Englisch zurück und kletterte bereits über die Reling.

»Gin Tonic?«, fragte Rita, während sie sich auf dem Weg den Niedergang hinunter noch einmal umdrehte.

Jan nickte und schluckte trocken. Er fühlte sich zurückversetzt in die Zeit, als er auf der Düne lag und seine Jugendliebe beobachtete. Sein Puls ging schneller, die Hände wurden feucht und das Atmen funktionierte ebenfalls nicht mehr so selbstverständlich. Rita stand an der kleinen Kombüse im Mastbereich – wenn man überhaupt von einer Kombüse sprechen wollte. Sie bestand aus einigen grob zusammengekleisterten Sandwichplatten mit einem einflammigen Mini-Gasherd und einer Mini-Plastikspüle. Der Wasserkessel war mit Gummistropps auf dem Kocher befestigt, darüber baumelte an einem langen Band ein verlorener Teelöffel. Selbst für Rennen von einigen Wochen Dauer langte das heutzutage. Die Verpflegung wurde als gefriergetrocknete Instantnahrung an Bord geschafft und musste lediglich mit heißem Wasser aufgegossen werden. Zum Umrühren von Kaffee und Tee war der Löffel da, einer musste für alle genügen. Manche Crews gingen in dem Bestreben, Gewicht einzusparen, sogar so weit, dass die Zahnbürstenstiele mittig abgebrochen wurden, aber das waren die seltenen Ausnahmen.

Rita drückte Jan einen silbernen Becher mit Gin-Tonic in die Hand, eine halbe Zitronenscheibe spiegelte sich durch das klare Getränk auf dem Boden. Bei so etwas wurde selbstverständlich grundsätzlich nicht gespart.

»Komm, ich zeig dir meinen Arbeitsplatz«, sagte Rita und ging durch den unverkleideten, in kevlargelb schimmernden Rumpf nach achtern. Rita klappte einen Edelstahlhocker unter dem Kartentisch am Niedergang heraus und setzte sich hin.

»Alles vom Feinsten«, erklärte sie und ließ mit einigen routinierten Knopfdrücken den heute gesegelten Kurs auf dem Kartenplotter erscheinen.

»Die rote Linie ist das, was wir heute tatsächlich gesegelt haben. Die blaue wäre der perfekte Kurs gewesen, den der Rechner vorausberechnet hat.«

Rita drückte einen weiteren Knopf und das Bild ging in die Totale.

»Gar nicht schlecht«, sagte Jan, der direkt hinter Rita stand und schon den köstlichen Geruch von ihrem Haar wahrnahm. Seine Hose fing an zu spannen. Gott sei Dank waren sie alleine an Bord, dachte er und hob die Hand, um Rita über die Schulter zu streicheln.

»Hey, BLUE GOOSE, jemand an Bord?«, rief in diesem Moment der Hafenmeister auf dem Steg, »wir brauchen den Platz hier zum Kranen, könnt ihr euer Schiff verholen?«

Rita drehte sich zu Jan um, lächelte ihn an und zuckte mit den Schultern: »Ich glaube, ich werde gebraucht! Hilf mir mal das Schiff auf den Liegeplatz zu bringen.«

13

JAN VERSUCHTE SEINEN HORMONSPIEGEL wieder sinken zu lassen, als er hinter Rita den Niedergang hinaufstieg.

Der Hafenmeister guckte ihn verärgert und ein bisschen enttäuscht an.

»Ich hoffe ich störe nicht«, sagte er im Weggehen. Offensichtlich hatte er auf einen Vorwand gehofft, ein wenig mit den Mädchen zu flirten.

»Arschloch!«, zischte Jan, als er auf den Steg sprang um die Leinen zu lösen. Vom Kranplatz sah der Junge von vorhin wieder zu ihnen nach unten. Jan nahm sich vor, ihn später noch einmal zu fragen, was der Kerl im Taxi von ihm gewollt hatte. Im Hafenbecken wartete schon die weiß-blaue schwedische Yacht auf ihr Ablegen, um zum Saisonende auf ihren Winterlagerplatz gebracht zu werden. Rita stand in ihrer beigefarbenen Seglerhose mit großen Verstärkungen auf Knien und Gesäß hinter dem riesigen Kohlefaserrad und dirigierte die Yacht auf den Liegeplatz. Das Schiff schob sich ohne eine Berührung zwischen den dicken Holzdalben hindurch; Jan hob die Fender über die Reling und machte sich mit den Vorleinen zum Sprung auf den Steg bereit. Punktgenau kam die Yacht zum Stillstand und Jan belegte die Festmacher auf den verzinkten Stahlklampen. Rita hatte die Heckleinen im Vorbeifahren von den Dalben genommen und machte das Schiff jetzt achtern fest.

»Na, wolltest du noch etwas über Taktik lernen?«, fragte Rita, als Jan wieder ins Cockpit zurückstieg und strich ihm mit der Hand über seinen Oberarm.

»Unbedingt«, erwiderte er, während sich schlagartig der hohe Puls und die Atemprobleme wieder einstellten.

Rita stand mit dem Rücken an die Aluminium-Haltestange gelehnt, als er die letzte Stufe in die Kajüte erreichte. Jan ging langsam auf sie zu und nahm ihr Gesicht in beide Hände. Er spürte keine Gegenwehr. Es war tatsächlich dasselbe, was sie auch wollte! Jans Herz überschlug sich fast in seinem Brustkorb, während es mit der prall gefüllten Lunge um den zu klein gewordenen Raum kämpfte. Er zog sich sanft an sie heran, sie beugte ihren Kopf zur Seite und er begann sie leicht auf ihre Lippen zu küssen. Ihr Mund öffnete sich und ihre Zungenspitze tastete nach seiner, während er seine Hand an ihrem Seglerblouson entlang auf ihren Po gleiten ließ. Er war genauso hart und muskulös, wie er aussah. Während er sie innig küsste, massierte er mit seiner Hand ihre Gesäßmuskulatur. Rita hatte ihre Arme sanft um ihn geschlungen und schob mit den Händen ihrerseits die braune Leinenjacke von seinen Schultern. Gemeinsam machten sie einen Schritt zur Seite und ließen sich vorsichtig auf eine herabgeklappte Rohrkoje sinken. Die kleinen Flaschenzüge zum Einstellen der Neigung auf See ächzten unter ihrem gemeinsamen Gewicht. Sie küssten sich nicht mehr, sondern hielten sich fest umschlungen. Fast wie kleine Kinder, die beieinander Schutz suchten, versuchten sie sich mit jedem Körperteil gleichzeitig zu berühren.

Jan sah Rita in die Augen, sie lächelte und er küsste sie wieder, während er mit einer Hand ihr Musto-Crewshirt inklusive ihres T-Shirts nach oben streifte. Willig hob sie ihre Arme und Jan begann mit seinem Mund ihre kleinen Brüste zu liebkosen. Die kirschroten Brustwarzen stellten sich auf und Rita bog ihren Rücken durch. Mit seinem Gesicht rutschte er langsam nach unten zu ihrem Bauch, küsste ihren Bauchnabel und öffnete vorsichtig den Ledergürtel. Während er versuchte nicht von der Koje zu fallen, schob er ihr die Segelschuhe von den Füßen und zog schließlich auch noch ihre Hose aus. Hastig streifte er sein T-Shirt ab, entledigte sich auch seiner Hose und legte sich zu ihr.

Es war kalt geworden, draußen dämmerte es bereits, als Jan aufwachte. Er lag unter einem Schlafsack, der irgendeinem Crewmitglied gehörte und der nach dem Segeln hier liegen geblieben war. Vorn sah er Licht und hörte das Rauschen von kochendem Wasser. Er drehte sich herum und entdeckte Rita vor der Pantry stehend. Im Gegenlicht konnte er sehen, dass sie sich ebenfalls einen Schlafsack über die Schultern gezogen hatte. Unten schauten nur ihre schlanken Waden und die nackten Füße heraus. Rita drehte sich um, als sie merkte, dass er sich bewegte.

»Kaffee oder Tee, Don Giovanni?«, fragte sie.

»Kaffee bitte, schöne Frau«, gab Jan zurück und räkelte sich zufrieden auf der Koje. Er hörte, wie das kochende Wasser zischend das Kaffeepulver in der Tasse löste, Rita schaufelte mit dem kleinen Löffel etwas Milchpulver dazu und rührte das Ganze um. Mit dem Schlafsack um die Schultern setzte sie sich auf das Aluminiumrohr und nebeneinander rutschten sie an die Außenwand des Schiffes um sich anzulehnen, während sie tranken. Die Nähe zu ihr machte Jan glücklich, trotz der isolierenden Schlafsäcke konnte er ihre Wärme auf seiner Haut spüren. Er fühlte sich geborgen und sicher in der Yacht. Nur das leise Gluckern des Wassers unter dem überstehenden Heck war zu hören. Der Wind hatte fast auf Null nachgelassen.

»Du sagtest vorhin etwas von einer Siegprämie«, sagte Jan nach einiger Zeit, als der Rest des Kaffees in seiner Tasse langsam kalt wurde, »ist nicht das ARC eher eine Amateurveranstaltung?«

»Eigentlich schon«, antwortete Rita, »aber als Mädels-Team genießen wir da natürlich gehörige Aufmerksamkeit durch die Presse. Ich hab mit dem Sponsor einen Deal gemacht. Ich segle die wichtigsten Regatten, wo viel Presse vor Ort ist und lächle mit meiner Crew schick in die Kamera. Sollten wir über die vereinbarten zwei Jahre erfolgreich sein, übernimmt er einen Großteil meiner Schulden. Der erste Schritt zur finanziellen Freiheit.«

»Aber Peer ist tot, du hast doch jetzt keine Verpflichtungen mehr. Außerdem erbst du doch noch einiges als seine Ehefrau.«

»Unterschätz Peer nicht«, Rita sah ihn an, »der Vertrag liegt natürlich bei einem Notar. So einfach macht der es einem sogar nach seinem Tod nicht. Reiner ist für diesen Fall als sein Nachfolger eingesetzt. Außerdem muss ich die Sache hier jetzt fertig machen, für mich, einfach weil ich sie angefangen habe.«

Jan legte seinen Arm um ihre Schultern und drückte sie an sich.

Als sie über den Bugkorb an Land sprangen, war es dunkel und es regnete leicht. Jan musste mit seinem Auto zurück und nahm deswegen die große Fähre, Rita wollte mit dem Fahrrad fahren, ihre Wohnung auf der anderen Hafenseite konnte man von hier aus sehen. Jan nahm Rita in den Arm und küsste sie zum Abschied.

»Schlaf gut, Seeheld«, flüsterte er.

»Du auch, Don Giovanni«, antwortete sie und fuhr in die Dunkelheit davon.

In der Winterlagerhalle brannte noch Licht, das Hallentor war zum Herein- und Herausgehen etwas aufgeschoben. Dreißig, vierzig Schiffe füllten sie schon zu über zwei Dritteln, einige Schiffseigner waren noch dabei, alles winterfest zu verpacken und große Planen über die Schiffe zu ziehen. Auf einer Palette mit einem Haufen Ankerkette und einem Anker saß der Junge von vorhin und spielte mit einem Schraubenzieher in einer alten Farbdose. Jan ging auf ihn zu. Als der Knirps ihn bemerkte, schaute er auf.

»Hi«, sagte Jan, »ich hab dich vorhin an der Kranbahn stehen sehen.«

»Und du bist der neue Freund von Rita, oder?«, gab der Junge zurück, »ich hab gesehen, wie ihr ganz lange auf dem Schiff wart und wie du sie zum Abschied geküsst hast.«

Na toll, dachte Jan, das ist bestimmt nicht hilfreich, wenn

alle wissen, dass er mit der Frau von seinem toten Skipper schläft.

»Wie heißt du?«, fragte Jan.

»Oliver, alle nennen mich Olli«, antwortete der Junge.

»Muss ja nicht jeder wissen, das mit Rita, behalt das mal für dich. Sag mal, du hast heute Nachmittag mit einem Mann in einem Taxi gesprochen. Was wollte der von dir?«

»Der wollte auch was von Rita. Ich sollte mal nachsehen, ob bei denen alles in Ordnung ist. Dafür hat er mir dann fünf Euro gegeben.«

Stolz zog Olli den zerknitterten Schein aus der Tasche.

»Kanntest du den Mann? Wie sah er aus?«, forschte Jan. Oliver verlor langsam das Interesse an dem Gespräch und wandte sich wieder seiner Farbdose zu.

»Nö, kannte ich nicht. 'N Parka hatte der an, sonst weiß ich nichts.«

»Okay Mister, danke«, sagte Jan, »und vergiss das mit Rita erst mal.«

»Krieg ich dafür auch was?«, fragte Olli.

»Was an den Latz kannst du haben!«, sagte Jan lächelnd, zwinkerte Oliver zu und ging. Olli hob kurz den Schraubenzieher und lächelte ebenfalls.

»Reiner?«, dachte Jan. Das konnte eigentlich nicht sein. Seine Kollegen beim Hamburger Yachtservice hatten gesagt, er wollte auf eine lange Tour gehen. Bei der Wetterlage müsste der eigentlich schon fast in England sein. Stabilen Ostwind lässt sich doch keiner um diese Jahreszeit entgehen. Jan ging an dem niedrigen Drahtzaun entlang zu Steg F. Dort unten lag BLUE GOOSE. Er öffnete das Tor und wollte gerade zum Steg hinabsteigen, als jemand hastig über das Heck in ein Schlauchboot kletterte, den Motor anriss und in die Dunkelheit davonmotorte.

Jan stieg an Deck und ging zum Niedergang, das Schloss war mit einem Bolzenschneider aufgebrochen worden, der Messingbügel einfach wie ein Stück Draht durchgetrennt.

Offensichtlich hatte er den Kerl gestört, denn der Bügel hing noch im Riegel, der Niedergang war noch nicht aufgeschoben worden.

Jan nahm sein Handy aus der Tasche und drückte Peers Nummer; Rita nahm den Hörer ab.

»Jan noch mal«, sagte er, »ich bin gerade auf deinem Schiff und habe offensichtlich jemanden beim Einbrechen gestört. Hast du hier irgendetwas Wertvolles an Bord?«

»Das passiert leider häufig am Ende der Saison«, seufzte Rita, »aber BLUE GOOSE ist völlig leer. Nimm doch bitte ein Schloss aus dem Kartentisch und häng es wieder davor. Ich glaub nicht, dass es etwas zu bedeuten hat.«

Sie verabschiedeten sich und Jan stieg unter Deck. Das Licht der Stegbeleuchtung reichte gerade um hier unten etwas zu sehen. Über dem Kartentisch hing ein Foto von Rita auf dem Steg, hinter ihr lag eine silberne Rennyacht im Wasser. Jan zögerte, nahm das Foto, steckte es ein, holte das Schloss aus dem Kartentisch, verriegelte das Schiff und ging.

14

Nachdem die Ermittlungen in Schottland abgeschlossen waren, wurde NOMAD als Deckslast auf einem Frachter nach Kiel zurückgebracht. Einzelne Dinge wie die angeschnittenen Steuerseile und der Lifebelt waren beschlagnahmt worden. Seitdem hatte Jan von den Polizisten Schmudlach und Meyer nichts mehr gehört. Rita sagte, die Ermittlungen würden laufen. NOMADs Mast war in der Werft notdürftig wieder zusammengeflickt worden, genauso wie die Propellerwelle. Das Wetter veränderte sich zunehmend in Richtung Winter, wurde unberechenbarer und die Tage kürzer. Lange sollten sie nicht mehr warten, wenn sie das Schiff noch in diesem Jahr zurück nach Travemünde überführen wollten. In der Werft in der Kieler Förde lag die Yacht im Weg.

Jan nahm den Hörer ab und wählte Tims Nummer. Als er schon fast wieder auflegen wollte, ging Tim mit tiefer Stimme und dem unüberhörbaren Ton von zu viel Restalkohol ans Telefon.

»Tim mein Junge! Ich hab das Richtige zum Aufwachen für dich«, säuselte Jan ins Telefon, »wie wär's mit ein wenig segeln?«

»Du Irrer!«, brummte Tim, »was willst du von mir? Ich bin gerade erst eingeschlafen!«

Jan sah auf die Uhr: Es war vier Uhr Nachmittags.

»Komm schon, ich hol dich in einer Stunde ab, ich hab Rita versprochen, dass wir NOMAD nach Travemünde bringen, der Mast steht wieder.«

»Soso, der Herr verspricht also Rita, dass wir das Schiff des verstorbenen Gatten nach Hause segeln. War's schön?«, entgegnete Tim schon deutlich wacher.

Jan spürte wie er ärgerlich wurde. »Kommst du mit?«, blaffte er.

»Klar, mit einem Wrack im Spätherbst über die Ostsee hab ich mir schon immer gewünscht, bis gleich.«

Als sie am nächsten Morgen auf NOMAD aufwachten, schlugen kleine Windwellen plätschernd an die Backbord-Bordwand, ein Fall versuchte kraftvoll an den Mast zu schlagen, kam aber über ein leichtes *Klick-Klick* nicht hinaus. Der Wind hatte laut Vorhersage auf Nordwest gedreht und sollte bis auf sieben Beaufort zunehmen. Eigentlich ideale Bedingungen: Bis in den Fehmarnsund ging es vor dem Wind nach Osten und dann halbwinds bis nach Travemünde. Zwar waren die Nachttemperaturen an Land schon bei drei Grad angekommen, die See war aber noch wärmer, da sich die großen Wassermassen im Verhältnis zum Land wesentlich langsamer abkühlten. Im Frühjahr war es dann umgekehrt: Während es im Binnenland schon schön warm war, blieben die Meere dem Norden noch einige Wochen als Kühlschrank erhalten.

Sie packten ihre Schlafsäcke zusammen und begannen, sich und das Schiff seefest zu machen. Der Unfall lastete schwer auf ihnen, überall waren der Nordseetörn und die Kenterung präsent, und obwohl die Werft unter Deck gründlich sauber gemacht hatte, waren die Ereignisse der vergangenen Monate im Schiff spürbar geblieben. Nach Ritas Erzählungen hatte Peer zwar für Jan sämtliche Sympathien eingebüßt, aber trotzdem war er tot. Jan konnte ihn fast dort drüben in der Koje liegen sehen, eingeschnürt in seinen Schlafsack. Ihm lief ein leichter Schauer zwischen den Schulterblättern nach unten, als er daran dachte. Auch Tim machte um die Bank auf der rechten Salonseite einen weiten Bogen. Jan zog über T-Shirt und Unterhose den zweiteiligen Faserpelz, dazu Faserpelzsocken und schließlich sein gelb-weißes Ölzeug und die atmungsaktiven Stiefel. Wieder einmal musste er daran denken, was er einmal in einer Boulevard-Zeitschrift gelesen hatte: In der Liste der erotischsten Sportarten standen Hochseesegler mit knapp 10 Prozent weit oben in den Top Ten. Offensichtlich hatten die abstimmenden Frauen noch nie einen Hochseesegler nach oder während eines Segeltörns gerochen, sonst wäre das Ergebnis wohl ungleich härter ausgefallen.

Nachdem sie zwei Kannen Tee vorgekocht hatten, schoren sie die Schoten ein und schlugen die Segel an. In vollem Ölzeug waren sie jetzt gut gegen den starken Wind und den vorhergesagten Nieselregen geschützt. Unter Maschine fuhren sie direkt gegen die Wellen des zunehmenden Windes aus der Hafeneinfahrt. Trotz des Sonnenscheins ließ die Ostsee ihre fröhliche Sommerfarbe vermissen, hier war sie schmutziggrün mit kleinen brechenden Kämmen und bräunlichen Schaumspuren, die außen an der Mole festklebten und die Höhe der jeweils letzten Welle anzeigten.

Mit der kleinen Fock 3 machten sie sich hart am Wind auf nach Norden. Nach wenigen Meilen konnten sie dem Küstenverlauf folgend schon nach Nordnordost abfallen. Aus Westen zogen schwere Schauerböen heran, einige Meilen in Lee lagen die jetzt leeren Urlaubsgebiete von Wentorf. Die Hochhäuser von Kalifornien, wie die Betonburgen in den Siebzigern nach dem Willen ihrer Erbauer genannt worden waren, stachen in den dunstigen Himmel. Sie setzten das doppelt gereffte Großsegel zu der kleinen Fock und fielen mitten durch das Übungsschießgebiet in der Hohwachter Bucht in Richtung Fehmarnsundbrücke ab.

Die Mastinstrumente waren bei der Kenterung zerstört worden, lediglich die leeren, verbogenen Halterungen aus Aluminium erinnerten an sie. Jan und Tim navigierten nach den verbliebenen Anzeigen im Cockpit und dem wasserdichten Trimble-Hand-GPS, den sie mit breitem Klebeband neben dem Niedergang an den Kajütaufbau geklebt hatten. Das Kabel für die Stromversorgung führte durch den Spalt des leicht geöffneten Toilettenfensters zum Kartentisch, auf dem die Sportbootkarten für die südliche Ostsee lagen. Tim hantierte in der Küche und kochte Wasser um die gerfriergetrocknete Instantnahrung aufzugießen. NOMAD war kein Schiff, das man gut zu zweit segeln konnte, es war für eine große Crew gemacht und sie waren daher für jede Arbeitserleichterung dankbar.

Jan saß am Ruder und nahm die Bewegung des Schiffes und das Wetter in sich auf. Wäre es nicht auf einem so traurigen Schiff gewesen, hätte er den Törn wirklich genießen können. Die Yacht zog mit gut sieben Knoten ihre Bahn, wenn höhere Wellen von achtern das Heck anhoben, fing sie leicht an sich überzulegen und auf der Welle zu beschleunigen, dann stieg der Bug an, und während die Welle unter dem Schiff hindurchrauschte, nahm die Geschwindigkeit wieder ab. Die nächste Welle hob das Heck und so ging es endlos weiter im Rhythmus der See. Jans Bewegungen am Ruder waren unterdessen vollständig automatisch, mit entrücktem Blick sah er über den Bugkorb zum Horizont.

»Na, träumst du von Rita?«, frotzelte Tim, als er mit den beiden Silberbeuteln, die gleichzeitig Verpackung und Teller waren, den Niedergang heraufkam.

»Ich plag mich hier mit dem Abendbrot und du hängst deinen erotischen Phantasien nach.«

Tim lachte ihn an. Das erste Mal seit dem Auslaufen stellte sich endlich ein wenig Fröhlichkeit an Bord ein, und Jans Ärger rutschte den Hals wieder genauso schnell herunter, wie er eben heraufgekommen war.

»Erzähl ich dir nicht«, gab er zurück und grinste, »aber danke fürs Dinner, sieht ja wie ein Festessen aus.«

Während sie direkt aus den Beuteln das Essen mit Löffeln in sich hineinschaufelten, setzte schon die Abenddämmerung ein. Es war gleich vier Uhr und im Norden würde es zu dieser Jahreszeit zwischen halb fünf und fünf schon komplett dunkel sein. Trotz der gefütterten Kapuze fing Jan an zu frieren. Seit Mittags hatte er am Ruder gesessen und über das Naturerlebnis nicht auf die Zeit geachtet. Er war froh über die ruhige Zeit an Bord, aber jetzt, wo er sich bewegt hatte, spürte er, wie sich die Kälte bereits seiner Beine bemächtigt hatte und die Knie sich nur noch widerwillig bewegten. Wenn er den Oberkörper drehte, merkte er die Kälte auch hier. Und mit der Kälte kam die Müdigkeit.

»Löst du mich mal ab?«, bat er, »ich muss mich dringend mal in die Koje hauen.«

»Klar Mann«, antwortete Tim, »mir ist warm, ich hatte es mir unter Deck ein bisschen gemütlich gemacht, als du hier offensichtlich lieber allein sein wolltest.«

Jan wurde rot unter seiner Kapuze und trotz der Kälte traten Schweißperlen auf seine Stirn. Schließlich stieg er den Niedergang hinunter.

»Brauchst du noch was?«, fragte er verunsichert.

»Positionslichter würden helfen, auch wenn um diese Jahreszeit garantiert keine anderen Verrückten durch die Gegend fahren. Und gib mir doch bitte den Tee rauf.«

Bevor Jan sich endgültig nach unten begab, setzte er sich quer auf die oberste Niedergangsstufe und schaute nach vorn. Der Himmel im Osten war bereits tief dunkel, die roten und grünen Positionslampen im Bugkorb hatten einen leichten Schleier aus Gischt und Nieselregen um sich. Jan drehte sich zu Tim.

»Sag mal, Tim …«

»Mal Tim!«, sagte Tim.

»Witzig!«, fing Jan noch einmal an, »wenn wir in Travemünde sind, ist Freitag. An diesem Wochenende trifft sich das Kartell auf der PASSAT. Was hältst du von einem kleinen Informationsbesuch?«

Das Kartell, wie alle es nannten, war eine Interessengemeinschaft von Firmen aus dem Wassersport. Nicht eben die ganz ehrenwerten Firmen, zudem wurden keine weiteren aufgenommen, sodass der ausgeschlossene Rest schon immer von verbotenen Absprachen munkelte.

»Und du meinst, unser Freund Golori könnte zufällig auch dort sein?«, fragte Tim.

»Könnte sein«, antwortete Jan, obwohl Tim ihm letztes Jahr selbst erzählt hatte, dass Golori der Vorsitzende wäre.

»Könnte es auch sein, dass wir deswegen ganz zufällig mit einer Yacht in einer eiskalten Nacht auf der Ostsee unterwegs sind?«

»Auch das«, erwiderte Jan, »ich hab mir gedacht, dass wir morgen ganz heimlich einmal von der Wasserseite dort hineinschauen könnten. Vielleicht fällt uns irgendetwas auf. Was meinst du?«

»Aussteigen ist jetzt wohl schwierig«, beschwerte sich Tim, »hab ich 'ne Wahl?«

»Geht immer nur vorwärts«, antwortete Jan, »danke und gute Wache.« Er grinste Tim an, Tim zeigte ihm die geballte Faust und grinste ebenfalls.

Im Schlafsack lullten Jan die gleichmäßigen Bewegungen und Geräusche trotz der kalten Matratzen schnell ein. Er träumte von sich und Rita an Bord der SILVER GOOSE, die in seiner Phantasie riesige Ausmaße hatte. Sie rasten zu zweit auf hellblauen Wellen mit wahnsinniger Geschwindigkeit auf Raumschotkurs Richtung Sonnenuntergang. Aber anstatt die Sonne kleiner wurde, wurde sie immer größer und füllte bald den Horizont in kreischendem Orange. Plötzlich stand Rita mit Peer zusammen am Bugkorb, während vor ihnen die rote Scheibe immer größer wurde. Peer lächelte ihn an und hielt Rita im Arm. Jan stand am Rad, und jedes Mal, wenn er nach vorn zu Rita wollte, lief das Schiff aus dem Ruder und er musste korrigieren. Idiotischerweise trug er einen hautengen, silbernen Anzug und einen silbernen Helm, der ihm auf die Stirn drückte. Er hatte das Gefühl, dass Peer über ihn lachte. Trotzdem er das Ruderrad wie verrückt festhielt, legte sich die silberne Yacht immer weiter auf die Seite, die Fock stand back und der Lärm der Segel wurde infernalisch. Er hielt wie verrückt das Ruder, das schon lange am Anschlag war, vor ihm baumelte der leere Rettungsgurt von Thomas, die Kenterung war fast nicht mehr aufzuhalten.

Jan wachte auf. Er lag gemeinsam mit dem Spinnaker zusammengequetscht in der Ecke der achteren Koje, seine

Segeltasche drückte auf seine Stirn und nahm ihm die Sicht. NOMAD legte sich immer weiter über. Nicht schon wieder!, schoss es ihm durch den Kopf, nicht noch einmal!, als er Tim schreien hörte.

»Verdammter Schwachkopf! So ein Idiot! Das kann doch nicht wahr sein!«

Jan schob sich seinen silbernen Helm in Form seiner Segeltasche vom Kopf, befreite sich aus seinem Astronautenanzug und hechtete zum Niedergang. Tim war bereits dabei, die Yacht wieder auf Kurs zu bringen. Das Schlagen der Segel wurde langsam leiser und die Krängung ging auf ein normales Maß zurück. Tim fluchte immer noch vor sich hin: »So ein Idiot!«, wiederholte er, »fährt hier in der Dunkelheit ohne eine Lampe spazieren. Bring mal die Taschenlampe mit raus!«

Jan griff die riesige amerikanische Maglite, die in der Ablage des Kartentisches lag, und kletterte wieder nach oben.

»Wo?«, fragte er.

»Backbord achtern! Dieser Schwachkopf!«, brüllte Tim.

Jan schaltete die Lampe ein, drehte den Strahl auf maximale Reichweite zusammen und leuchtete nach hinten. Schemenhaft konnte er das gereffte Großsegel erkennen und den kleinen, weißen Spiegel, der eine nach IOR-Formel gebaute Rennyacht ausmacht, genau wie NOMAD. Ansonsten war nichts zu sehen, keine Nationalflagge und keine Lichter, auch nicht in der Kajüte. Jan glaubte, die Umrisse des Schiffes schon einmal gesehen zu haben.

»Noch so eine Aktion und ich geb das Segeln auf«, schimpfte Tim, als sie geschockt nebeneinander im Cockpit saßen. Die Yacht hatte sie fast gerammt. Sie kam auf Backbordbug hart am Wind aus dem Fehmarnsund, erzählte er. Offensichtlich war niemand auf Wache. Sonst hätte er sie auf jeden Fall sehen müssen. Zwar hätte das andere Schiff Vorfahrt gehabt, aber es hätte mindestens seine Lichter einschalten müssen. Ohne Lampen fahren nur Leute durch die Nacht, die weit weg wollen und Energie sparen müssen. Oder verrückt sind, oder beides, vor allem wenn keiner an Bord kontrolliert, wohin das Schiff fährt.

Jan war wieder hellwach. Gemeinsam verbrachten sie die Nacht im Cockpit, philosophierten über Schiffskollisionen und darüber, welche Segler um diese Jahreszeit mitten in der Nacht noch unterwegs sind. Bei beiden blieb ein merkwürdiges Gefühl: Ihre Leben war immer relativ friedlich verlaufen, bestimmt durch Freunde und Segeln. Jetzt wurde es immer rätselhafter – erst die Kenterung, dann die Geschichte in der Werft und nun kollidierten sie auf der winterlichen Ostsee beinahe mit einer unbeleuchteten Yacht.

15

In der ersten Morgendämmerung erreichte NOMAD die Travemünder Hafeneinfahrt. Schon lange vorher hatten Jan und Tim die Kennung des Leuchtfeuers auf dem Maritim-Hotel als leitenden Fingerzeig durch die Nacht gesehen und konnten nahezu direkt auf ihn zuhalten. Die Großschifffahrtsroute zwischen Travemünde und Skandinavien verlief einige Meilen weiter östlich, sodass sie zumindest von der Berufsschifffahrt nicht gestört wurden. Mehrmals sahen sie die in der Ferne vorbeiziehenden und wie Christbäume beleuchteten Fähren. Wasserfahrzeuge wie ihre Segelyacht, aber eine gänzlich andere Welt. Eine ruppige See machte die Fahrt durch die Nacht bei abflauenden Winden zu einer anstrengenden Reise, obwohl der Wetterbericht etwas anderes prophezeit hatte.

Aber Wetterberichte und vor allem die Voraussagen waren so eine Sache, das wusste Jan. Während im Sommer in einer stabilen Hochdrucklage die Vorhersage für bis zu fünf Tage kein Problem war, glich sie in einer unsicheren Wetterlage wie jetzt einem vagen Ratespiel. Für ihre letzte Reise mit NOMAD, den Weg Nach Edinburgh über die Nordsee, hatten sie sich eine Routenplanung machen lassen. Die sollte verhindern, dass sie gleich am Anfang die falsche Route nehmen würden. Letztlich war es aber egal gewesen, wie der Meteorologe am Telefon sagte: Sie würden sowieso Sturm bekommen und er würde an ihrer Stelle nicht losfahren – Regatta hin oder her. Im Nachhinein wäre Jan auch lieber an Land geblieben.

Gegen Mitternacht hatte Tim das zweite und gegen zwei Uhr morgens das erste Reff aus dem Großsegel genommen. Die Geschwindigkeit war trotzdem teilweise weit unter fünf

Knoten gesunken. Zwar hatten sie über ein größeres Vorsegel nachgedacht, aber jedes Mal, wenn sie sich dazu durchgerungen hatten, hatte der Wind wieder kurzfristig zugelegt, oder es war ihnen jedenfalls so erschienen. Der Vorsegelwechsel auf NOMAD war nichts für eine kleine, übermüdete Mannschaft. Die Fock musste von achtern aufs Vordeck gefiert werden, einer von beiden hätte den neuen Segelsack aufs Vordeck schleppen, die alte Fock zusammenpacken und die Neue in die von der Kenterung beschädigten Nut des Vorstags einfädeln müssen. Also hatten sie es gelassen und die verlängerte Reisezeit in Kauf genommen.

Der Travemünder Hafen ist nicht künstlich angelegt, sondern besteht eigentlich aus der beiderseits befestigten Trave, die nur wenige Kilometer nördlich in der Holsteinischen Schweiz entspringt, in einem weiten Bogen erst Richtung Hamburg und schließlich durch Lübeck zurück in die Ostsee fließt. Ihre Mündung wäre durch wandernde Dünen und Versandungen geprägt, wären nicht die Ufer seit Jahrhunderten mit Steinböschungen gesichert worden. So entstanden rechts und links der Einfahrt breite Sandstrände, und aufgrund der Sandstrände wurde aus dem kleinen Fischerdorf ein florierender Urlaubsort. Außer der Steilküste im Westen und dem riesigen Maritim-Hotel an der Promenade gibt es bei der Ansteuerung nichts Markantes, sieht man einmal davon ab, dass die Ostsee hier schlicht zu Ende ist.

Mit einem leichten Schlagen der Propellerwelle schob sich NOMAD um den Kopf der gewaltigen Mole auf der Steuerbordseite, die den Strand vom Eindringen in die Fahrrinne abhielt. Geschafft. Auf der Travemünder Seite kam eine Reihe bei Nordostwind schlecht geschützter Liegeplätze zum Vorschein. Die andere Seite des Hafens wurde von der PASSAT geprägt, einem der legendären viermastigen Flying P-Liner der Hamburger Laeisz-Reederei. Nach dem Untergang des Schwesterschiffes PAMIR vor den Azoren in den Fünfzigern hatte die PASSAT hier ihren letzten Ruheplatz als

Ausbildungsschiff gefunden. Zwar wurde das Schiff im Zuge einer Grundüberholung vor einigen Jahren noch einmal demonstrativ mit dem Bug zur See gedreht und ein ausgerechnet in München ansässiger Verein bemühte sich darum, den riesigen Segler wieder flott zu machen, aber letztlich blieb die PADUA, die als KRUSENSTERN unter russischer Flagge lief, der letzte segelnde P-Liner.

Jan hätte sich von dem Verein vor allem mehr Einsatz gewünscht, als das Vorhaben schließlich abgeschmettert wurde. Seiner Meinung nach hätten sie das Schiff nachts kapern können und einfach lossegeln. Mit Hubschrauberverfolgung durch die Lübecker Bucht und einem Fernsehteam an Bord, das die Geschichte live übertragen hätte. Das hätte Eindruck gemacht und vielleicht noch etwas bewirkt, stattdessen hatten sie sich einfach so geschlagen gegeben und das Projekt aufgegeben.

Wenigstens umdrehen könnten sie die PASSAT wieder, dachte Jan, als sie an dem Großsegler vorbei in den fast völlig leeren Hafen glitten. Vorher gehörte sie mit ihren gewaltigen Ankerketten, dem Bugspriet und der geschnitzten Verzierung mit dem roten »FL« für die Reederei von Ferdinand Laeisz über der Einfahrt zum Passathafen einfach mehr dazu. Jetzt lag sie ohne Anker zwischen vier eigens gerammten Dalben, die ihre schöne Linie für den Betrachter von der Travemünder Seite störten, und sah immer ein wenig so aus, als würde sie sich an ihrem Liegeplatz nicht mehr wohl fühlen. Das war vorher anders, wenn sie beim Vorbeifahren einer der großen Fähren vom Skandinavienkai ihre Ankerketten straffte und damit zeigte, dass sie noch lebte. Jetzt wirkte sie irgendwie tot und konserviert wie ein ausgestopfter Vogel. Ein Schicksal, dass sie mit anderen Museumsschiffen teilt, für die extra Liegeplätze geschaffen werden. Liegt ein Schiff erst einmal zwischen eigenen Dalben oder hat gar noch angeschweißte Halterungen dafür am Rumpf, ist das freie, aktive Leben vorbei, das ein Schiff verkörpert, wenn es sich lose zwischen seinen Festmacherleinen bewegen kann. Zum Anschweißen war es bei der PASSAT bestimmt auch nicht mehr weit, auch wenn es den einkommenden Seglern sicher erfreute, sich dem Schiff jetzt von vorne zu nähern.

Vorher lag sie mit dem Heck zum Land, was eher ungewöhnlich für deutsche Verhältnisse ist, mehr eine mediterrane Art des Festmachens – vielleicht war das auch das Sympathischere daran. Denn auch das wirkte leichter, lebendiger. Den Bug gen Land oder zum Steg zu richten, fand Jan, hatte immer auch etwas von unfreiwillig gegen die Wand fahren, zumindest für das Schiff. Ein Schiff wirkt glücklicher, wenn es mit dem Bug herausschaut. Jan argumentierte in solchen Momenten damit, dass man ja auch keinen Hund vorwärts in seine Hütte schiebt.

Bis zum Abend wollten sie sich ausruhen und dann mit der Yacht außen an der PASSAT längsseits gehen, damit sie von den Wachleuten auf der Pier nicht überrascht wurden, wenn sie sich auf dem Schiff umsahen. Eigentlich hatten sie sich in der Pötenitzer Wiek verstecken wollen, einer kleinen Bucht weiter oben an der Trave, die durch die Halbinsel auf der anderen Uferseite, dem des Passathafens, gebildet wurde. Der Wind hatte jedoch auf Südwest gedreht, sodass das Liegen dort extrem ungemütlich werden konnte. Deswegen entschlossen sie sich hinter einer der Seebrücken für die Butterschiffe festzumachen, die hier auf die Busladungen mit Senioren warteten, um dänische Kekse und englische Bonbons in garantiert lebensverkürzenden Mengen an den Mann zu bringen.

»Nur den Mast sieht man noch von drüben«, sagte Tim, als sie NOMAD festgemacht hatten, »leider fast der einzige im ganzen Hafen, hoffentlich fällt das keinem auf.«

»Das Kartell soll ja erst nach Sonnenuntergang hier eintrudeln«, antwortete Jan, »außerdem werden die ja wohl hoffentlich Besseres zu tun haben, als die Masten im Hafen zu zählen.«

»Dein Wort in Gottes Ohr. Willst du noch 'n Bier vorm Schlafengehen?«

Jan nickte versonnen, während er das Morgendämmern über der Travemünder Altstadt beobachtete. Halb sieben erschien ihm keineswegs zu früh für ein Bier.

Das als Wecker gestellte Handy quiekte in seinen unangenehmsten Tönen mit einer undefinierbaren Melodie und weckte Jan, als die Welt sich am Abend schon wieder in tiefes winterliches Schwarz gehüllt hatte. Unter Deck herrschte bis auf den schwachen Schein der Molenbeleuchtung absolute Dunkelheit. Jan stand auf, zog sich seine Jeans, Faserpelzpullover und Segelschuhe an und weckte Tim.

»Aufstehen Mister, Plan Kartell Alpha geht in seine entscheidende Phase«, polterte Jan.

»Kannst du das nicht alleine machen? Wahrscheinlich hat das alles keinen Zweck – völlig unnötiger Aufwand!«, brummte Tim verschlafen zurück.

»Wie das letzte Mal auch, oder? Bei Golori im Hafen hatte ich nicht ganz unrecht.«

»Schon gut, schon gut, ich steh ja auf!«, knurrte Tim.

«Und heute wird er uns doch förmlich frei Haus geliefert. Kann doch nichts passieren!«

»Wie das letzte Mal auch«, Tim drehte sich im Schlafsack um, »das letzte Mal sind wir im letzten Moment im Hafenbecken gelandet, nachdem wir uns vorher ordentlich eine eingefangen hatten!«

»Ach komm, da hatten wir uns ja über den Rückzug auch keine Gedanken gemacht«, Jan verfiel in geheimnisvolles Flüstern, »aber heute, heute bringen wir unseren Fluchtwagen ja mit!«

»Tolles Fluchtfahrzeug! 20 Meter hoch und sechs Knoten schnell. Da kannst du ja gleich mit einem rot leuchtenden Elektro-Rollstuhl 'ne Bank überfallen und hoffen, dass dich keiner kriegt.«

Jan merkte, dass Tim dabei war abzuspringen. Irgendetwas hatte sich an seinem Elan geändert, wenn es um Imperial ging. Er hatte aber nicht die geringste Ahnung, was das war.

Er beschloss, Tim auf jeden Fall bei Gelegenheit einmal danach zu fragen. Aber nicht jetzt.

»Komm schon«, sagte er schließlich, »wir fahren ja da nicht rüber, um uns kriegen zu lassen. Sagst du doch selber immer. Außerdem können wir's ja sein lassen, wenn wir sehen, dass es nicht geht.«

»Du und etwas sein lassen, tolle Vorstellung!« Tim drehte seine Beine aus der Koje und fing an sich seine Segelsachen anzuziehen. Bis auf die Farben hatten beide fast das gleiche an, das war bei Seglern so: Man trug das, was am besten funktionierte. Wie bei Bergsteigern kam dabei eine gewisse Uniformiertheit heraus, mit der man sich aber auch von den Nichtseglern unterschied.

Das Butterschiff war ausgelaufen, Jan und Tim kletterten vorsichtig auf die feuchte und rutschige Holzpier, um die Lage noch einmal zu sondieren. Die PASSAT lag mit ihren festlich angestrahlten Masten ungefähr 250 Meter entfernt auf der anderen Hafenseite.

»Hinten ist sie am flachsten, ich tippe mal auf fünf Meter«, Tim zeigte auf die Stelle unterhalb des Besanmastes, wo sich ein schwarzer Dalben vor dem weißen Wasserpass abzeichnete. Ansonsten war der Rumpf schwarz. Eindeutig: Tim war jetzt richtig wach und hatte wieder seine Anführerrolle übernommen.

»Am besten legen wir uns mit dem Bug direkt an den Dalben. Mit unserer Rumpfhöhe bleiben noch zweieinhalb Meter bis zu dessen Oberkante. Vom Bugkorb sollten wir da eigentlich 'raufkommen. Und von da dann schnell über die Schanz an Deck. Die Veranstaltungsräume liegen irgendwo mittschiffs.«

Zwischen den beiden mittleren Masten stieg der Rumpf noch einmal einen guten Meter an und war in diesem Bereich deutlich sichtbar weiß abgesetzt. Hinter den Bullaugen brannte Licht.

»Alles klar!«, stimmte Jan zu.

Tims anfängliches Zögern war Entschlossenheit gewichen. Er zog den Reißverschluss seines North-Blousons bis übers Kinn und den Klettverschluss seiner Segelhandschuhe fest.

»Auf geht's!«, versuchte er deutlich unter dem Kragen zu sprechen.

Jetzt wo er einen Weg sah, war er wild entschlossen ihn auch zu gehen. Dass der Weg nur bis an Deck der PASSAT und nicht weiter führte und alles andere im Ungewissen lag, war dabei scheinbar unwichtig. Auch von dem, was sie dort suchten, hatten sie beide eigentlich keine Vorstellung. Nur dass man nachts eigentlich nicht fremde Schiffe entert, wussten sie sicher.

16

Tim hatte den Motor von ›nomad‹ abgestellt, gleich nachdem sie sich rückwärts aus ihrem Versteck herausgezogen und mit einem Gasstoß das Schiff noch einmal in Schwung gebracht hatten. Der kräftige, raume Wind schob sie jetzt auch ohne Motorunterstützung den Hafen entlang Richtung passat. Ablandiger Wind bedeutet für den Hafen auch immer ablaufendes Wasser, obwohl die Ostsee eigentlich kein Tidenrevier mit Ebbe und Flut ist wie die Nordsee. Das Wasser war schon fast einen Meter gefallen und auch die passat war dadurch zwischen ihren Pfählen nach unten gerutscht. Das machte zwar das Aufentern der Pfähle nicht einfacher, wohl aber das An-Bord-Kommen, wenn sie erst einmal auf den Pfählen waren. Auf halber Strecke zwischen dem vorderen und hinteren Dalben legte Tim Ruder auf den genieteten Stahlrumpf zu und ließ nomad durch den Aufschießer Fahrt verlieren.

Jan stand mit einer Festmacherleine am Bugkorb, bereit, die Yacht gegen den Wind am Dalben festzumachen. Tim hatte die Restfahrt von nomad unterschätzt und so prallten sie deutlich hörbar mit dem Bug gegen den Stahlpfeiler. Mit einem unangenehmen Knirschen zerbrach die Buglaterne an einem für die dicken Festmachertrossen des Großseglers an die Dalben geschweißten Auge.

»Scheiße!«, hörte Jan ihn von hinten schimpfen. Er zog den Bug gegen die als Fender für die passat aufgehängten Reifen und machte die Vorleine an der Stahlkausch fest.

Oben an Deck war alles ruhig geblieben, obwohl der Anleger nicht so gelaufen war – vor allem nicht so unauffällig und lautlos –, wie eigentlich geplant. Leise Musik drang zu ihnen herunter, wahrscheinlich aus einem zur Lüftung geöffneten Bullauge.

Jetzt, wo Jan direkt an der Bordwand des Viermasters stand, löste sich dessen Bild in Details auf: Unter der recht neuen Farbschicht bestand die Bordwand aus genieteten Stahlplatten mit einer durch Rost vernarbten Oberfläche. Der einzelne Pfahl, den er von der anderen Hafenseite zu sehen gemeint hatte, entpuppte sich als Zwillingsdalben, der in der Mitte durch Stahlstege verbunden war. Der Abstand zwischen Dalben und Schiff betrug etwa einen Meter; da die Bordwand senkrecht nach oben ging, war es auch in Höhe der Wanten nicht mehr.

»Zum Aufentern ideal«, murmelte Jan, als er merkte, dass Tim unterdessen hinter ihm stand.

»Sollte gehen!«, antwortete Tim leise und fuhr mit der Hand eher nebensächlich über die zertrümmerte Buglaterne, »dann man los!«

Jan kletterte vom Bugkorb auf die zu einer Trommel zusammengebundenen Reifen und schob den rechten Fuß auf einen der Stahlstege zwischen den Pfählen um daran hochzuklettern. Lieber hätte er jetzt Wanderstiefel angehabt, statt der leichten Segelschuhe, durch die der Stahl in die Fußsohle drückte und die er fast zu verlieren drohte. Mit beiden Armen konnte er sich zwischen den Pfählen auf die Dalben drücken und stand schließlich oben drauf. Schon der Drei-Meter-Turm im Schwimmbad behagte ihm nie so recht und jetzt stand er auf einem rutschigen Stahlpfahl von gerade einmal 50 Zentimetern Durchmesser in fünf Metern Höhe. Unter sich hörte er Tim kämpfen, der sich schließlich ebenfalls mit einem kräftigen Schwung zu ihm hochzog. Tim richtete sich auf und sah sich um. Die Höhe schien ihm absolut nichts auszumachen.

»Netter kleiner Sprung«, sagte er und blickte auf die PASSAT. Zwar lag die Kante des Sülls nicht einmal einen halben Meter über ihnen, der Rumpf war oben aber doch schmaler und der Abstand zum Schiff größer, als Jan es sich hätte eingestehen wollen. Der Gedanke, dort rüberzuspringen, ließ ihm das Blut aus dem Kopf fahren. Er schwankte.

»Ruhig Blut«, beschwichtigte Tim, während er sich schon mit seinem linken Fuß eine gute Position zum Abspringen suchte.

»Wenn ich drüben bin, kommst du nach, ich kann dich dann halten.«

Jan nickte und nach zweimal Vor- und Zurückschaukeln sprang Tim wie ein Affe an die Bordwand. Mit einem Knie war er bereits auf dem Süll, der andere Fuß suchte noch an der Außenhaut nach Halt. Er hatte einen der armdicken Wantenspanner zu fassen bekommen und zog sich an Bord.

»Alles ruhig hier«, wisperte er, »mach schon, damit wir hier wegkommen.«

Jan zwang sich, nicht noch einmal auf das Vordeck von NOMAD zu sehen, die unter ihm lag. Er konzentrierte sich nur auf die Deckskante und sprang. Mit seinen Händen hatte er haarscharf die Wanten verpasst und prallte ziemlich unsanft gegen die Außenwand. Beide Arme lagen auf dem stählernen Süll, er merkte, wie Tim ihn an der Jacke kräftig nach innen zog. Schnaufend hing er schließlich auf der Nagelbank an den Wanten. Hier hinten lag das Deck nahezu in völligem Dunkel, Gäste oder Wachen waren entweder weiter vorn oder auf der Steuerbordseite der PASSAT, wo die Gangway vom Steg hinauf zum Süll führte. Von der Hafenseite wurde kein Besuch erwartet.

Sie ließen sich hinter den Wanten auf das nasse, fast schwarze Holzdeck fallen. Links von ihnen stand ein großes Spill für die frühere, harte Decksarbeit, dahinter eine der Ladeluken und schließlich der mittlere Aufbau mit den Kajüten für Kapitän und Offiziere und dem hölzernen Kartenhaus samt Hauptruderstand oben drauf. Schweigend schoben sie sich an der stählernen Wand entlang und kauerten sich hinter den hüfthohen Rand der Ladeluke. Musik und Gesprächsfetzen wurden langsam deutlicher, Goloris dröhnende Stimme war zwischen den anderen klar auszumachen. Neben der hölzernen Tür mit Messingbullauge gab es vier weitere Bullaugen, von denen das mittlere geöffnet war. Hier musste der Kapitäns-Salon sein. Jan und Tim schoben sich steuerbords um die Ladeluke herum und unter das Bullauge. Vorsichtig stand Jan auf und sah hinein.

Der Raum teilte sich in eine kleine und eine große Sitzgruppe mit in grünem Leder gepolsterten Mahagonisesseln. Auch Wände und Decken waren aufwändig mit Mahagoni vertäfelt, der Boden bestand aus hochglanzlackiertem Teak. Von der ihm zugewandten Sitzgruppe hätte man ihn in seinem Bullauge sehen können, aber die beiden, die sich dort in den Armen lagen und intensiv küssten und betasteten waren genug mit sich selbst beschäftigt. Jan wunderte sich nicht: Es waren Junior und Gerlind, Goloris Empfangsdame, die hier unter den Augen des Vaters ihren Hormonspiegel erhöhten.

Golori und dessen Gäste saßen mit dem Rücken zur Bordwand auf einem langen, U-förmigen Sofa um den hölzernen Tisch. Bier- und Sektflaschen, die offensichtlich nicht abgeräumt wurden, bildeten kleine Inseln auf dem Tisch, der riesige Messing-Aschenbecher war unter der Last von brennenden Zigarren fast vollständig begraben.

Jan rutschte nach unten.

»Guck da auch mal rein«, flüsterte er Tim zu, »und sag mal, wen du da noch kennst.«

Tim schob sich unter das Bullauge und stand langsam auf. Nach kurzer Zeit war er wieder bei Jan. »Ich kenn da nicht alle«, flüsterte er, »aber der ganz rechts ist Goloris Produktionsleiter und der daneben ist van Williks, ein holländischer Händler, von dem Imperial das Harz und die Fasermatten für den Bootsbau bezieht. Der Schwarze links in der Ecke gehört zu irgendeinem Charterunternehmen in der Karibik, den kenn ich von einer Pressereise. Und jetzt halt dich fest: Der neben Golori ist Gernot!«

»Das glaub ich nicht«, stöhnte Jan und stand auf. Aber tatsächlich war es definitiv Gernots Hinterkopf und auch seine Bewegungen waren unverkennbar. Jan wurde schlecht. Er konnte gerade noch zur Seite huschen, als Golori sich umdrehte und das Bullauge schloss. Jan sah wieder herein, der Schwarze hatte einen Koffer unter der Bank hervorgezogen, legte ihn auf den Tisch und verteilte verschieden große Umschläge. Auch Gernot bekam einen und schob ihn ohne ihn zu öffnen fast widerwillig in seine Jacke. Offensichtlich fühlte er sich in dieser Gesellschaft nicht wirklich wohl.

Golori setzte sich zurück und fing an zu blättern. Tausender!, staunte Jan. Jede Menge Dollarnoten und Gernot mit von der Partie! Gerade als er sich wieder zu Tim hinunterlassen wollte, wurde er von einer kräftigen Hand mit Gewalt umgedreht und bekam augenblicklich eine Faust direkt ins Gesicht, ein zweiter Schlag in seine völlig entspannte Bauchgegend folgte. Jan sackte zusammen, sein Blick wurde ein schwarzer Tunnel, an dessen Ende er Tim auf dem Deck liegen sah: Sein Mund war mit Gewebetape verklebt, das eine Auge zugeschwollen, das andere weit aufgerissen. Auch Jan wurde der Mund verklebt, während er an Deck kniete, dann drehte jemand seine Arme nach hinten und begann die Handgelenke mit etwas zusammenzuschnüren, das sich anfühlte wie ein Kabelbinder, wie sie auch von der Polizei statt Handschellen verwendet werden. Das feine Sirren beim Festziehen gab ihm Recht.

Unsanft wurde Jan auf seine Beine gestellt. Warmes, nach Eisen schmeckendes Blut lief ihm im Mund zusammen. Da er es nicht ausspucken konnte, musste er es herunterschlucken. Das Atmen fiel ihm schwer, offensichtlich hatte auch seine Nase etwas abbekommen und drückte unangenehm auf seinen Schädelknochen. Grob wurden beide durch die hölzerne Tür hindurch und einen langen Gang im Aufbau entlang geschoben. Die Türen auf der rechten Seite waren zu, bei den linken waren wie bei Stalltüren nur die oberen Teile geöffnet, damit die Besucher einen Blick in die Offizierskabinen des Museumsschiffes werfen konnten.

Niemand sprach, roh drängte man sie nach draußen, über

ein weiteres Deck, wieder durch eine Tür, eine Treppe hinunter, wieder eine Tür und eine Treppe mit Absätzen hinunter, die nicht enden wollte. Jan fühlte sich, als müsste er auf dem Grund der Trave angekommen sein. Ihre Angreifer warfen sie rückwärts gegen einen Stahlpfeiler. Die Fesseln wurden mit einem Messer geöffnet, Jan schöpfte Hoffnung. Aber im nächsten Moment drehte jemand seine Arme nach hinten um den Pfeiler, wieder sirrte ein Kabelbinder. Die Männer ließen sie los und stiegen die stählernen Stufen hinauf. Jan versuchte so gut es ging mitzuzählen, er kam auf ungefähr 15 Stufen je Treppe und drei Absätze. Bei 20 Zentimetern pro Stufe war der Raum mindestens 9 Meter hoch, sie mussten also ganz unten im vorderen Laderaum sein.

Die Tür war oben ins Schloss gefallen, es war absolut dunkel und absolut leise, die Kälte kroch von dem Stahlträger, auf dem er saß, langsam seinen Körper hoch. Wo war Tim? Er drehte sich mitsamt seinen Fesseln einmal um den Pfeiler und berührte schließlich etwas Weiches. Tim zuckte zusammen. Jan versuchte Geräusche zu machen, die sich anhören sollten wie »Alles Okay?«, obwohl das in der jetzigen Situation eher einem Witz glich. Tims Antwort war entsprechend: »Hm!«, brummte er zurück. Jetzt konnten sie nur warten. Das Gefühl von Tims Nähe an seinen Beinen beruhigte Jan ein wenig; nach einigen Versuchen sich von seinen Fesseln zu befreien, verfiel er in eine Art Dämmerschlaf. Die Kälte, der gestrige Nachttörn und die Schläge taten ihre Wirkung.

17

Er hasste sich selber. Seit Wochen war er jetzt schon an Bord, das Segeln allein, die Einhandsegelei, machte ihn fertig. Seit Tagen hatte er nicht mehr gesprochen, vorher hatte er zur Kommunikation immerhin noch einige Male das Radio angeschaltet und der Moderation geantwortet. Aber schnell fing er an auch die Moderatoren zu hassen, die in ihrem beneidenswert einfachen Leben einfache Witze über einfache Menschen machten, die ein normales, einfaches Leben führten.

Er war neidisch: Seins war dagegen schwierig, extrem schwierig und auch immer so gewesen. Wenn er sich recht entsann, kam er schon in seiner Kindheit und Jugend nicht richtig mit seinen Klassenkameraden und den Mädchen klar. Immer musste er den großem Mann markieren und immer fühlte er sich kleiner als die anderen, obwohl es dafür keinen Grund gab. Er war schon früher nicht hässlich gewesen und war es auch heute noch nicht wirklich. Wenn er mal einige Tage nichts trank, schwoll auch das Gesicht relativ schnell wieder ab, und das verräterische Rot verschwand, das jeden Trinker schon von Ferne auszeichnet.

Wahrscheinlich war es sein Verhältnis zu seiner Mutter gewesen, das ihn in seinem Leben so in Schwierigkeiten gebracht hatte, das und sein Hang zum Leiden. Aber auch den hatte er von seiner Mutter. Ihr Motto war: Wir hatten nie etwas und werden auch nie etwas haben! Aber wir sind glücklich dabei, oder? Das »oder« war dabei von ganz entscheidender Bedeutung, denn glücklich war sie mit ihrem Leben nie. Sie sah zwar so aus und war über die Jahre eine perfekte Schauspielerin geworden, aber Glück gab's erst, wenn es von anderen bestätigt wurde. Deswegen immer: »oder?«. Reiner hatte das zum Teil übernommen, vor allem aber das sich-dem-Schiksal-ergeben. Deswegen hatte er auch nicht gekämpft, als es mit seinen Konstruktionen bergab ging, sondern sich fast dankbar in sein Elend gefügt: »Habe ich doch schon immer gewusst, wir kommen halt nie zu etwas«, hörte er seine Mutter sagen, »aber Hauptsache, wir sind glücklich, oder?«

Dieser Hass auf alles und jeden verschliss seine Kraft weit über Gebühr. NEVER GIVE UP bolzte unter Selbststeueranlage gegen die kurzen Seen an, und obwohl es manchmal ein oder zwei Stunden nichts Unmittelbares zu tun gab, ließen ihn der Hass und die Selbstgespräche nicht schlafen. Innerlich löste das Schmerzen aus, sein Herz hämmerte permanent mit über 100 Schlägen pro Minute, er wollte weinen, konnte aber nicht, wollte sich die Pulsadern aufschneiden, hatte aber nicht den Mut, brauchte ein Bier um seine Nerven zu beruhigen, hatte das letzte aber schon vor Tagen getrunken. Nur sein Laptop tröstete ihn noch über einige einsame Stunden. Danach war das schlechte Gewissen aber umso schlimmer, seine Mutter stand in Gedanken neben ihm, wie früher, als er noch zu Hause wohnte und sich nie zu Hause fühlte und lieber bei einem der Mädchen aus seiner Klasse gewesen wäre und sich nicht traute. Er wollte Geborgenheit und sich auf etwas freuen, eine lebenswerte Zukunft haben, Glück haben, aber seine Mutter hielt ihn innerlich zurück. Jetzt waren sie alle hier, die Mädchen, und die Augenringe und die Müdigkeit nahmen zu. Die Gedanken aber, die ihn versuchten zu zerfleischen, blieben hellwach und aktiv. In seinen Träumen erschien auch immer wieder Rita, die so lange neben ihm hergelebt hatte, hatte leben müssen. Nach Peers Tod wuchs die Hoffnung in ihm auf eine gemeinsame Zukunft. Aber sie hatte ihn als ihren Feind angesehen, ihn zurückgewiesen, als er ihre Nähe suchte. Neben der Macht über Kinder, die er suchte, war sie die Liebe, die er brauchte. An Schlaf war daher nicht zu denken, schon seit Tagen nicht. Er schaute aus dem

Niedergang: Armes Schiff, dachte er, hast so glückliche Tage gesehen, früher.

Jetzt war es von dem harten Törn mehr als gezeichnet, die Müdigkeit ließ Reiner manchmal in eine Art Koma fallen, egal, ob er gerade eine Schifffahrtsroute kreuzte oder nicht. Dann klappte er einfach zusammen und konnte nur hoffen, dass er beim Aufwachen wieder einmal einigermaßen heil aus der Geschichte herausgekommen war. Manchmal lag NEVER GIVE UP dann beigedreht oder mit hart gelegtem Ruder auf Gegenkurs, was seine Etmale schmelzen ließ wie seine Kraft. Diese Nacht war wieder so eine, er musste ausruhen, wollte sich mit jemandem unterhalten, setzte seinen Kurs auf einen Hafen ab. Erst schob ihn der Wind darauf zu, dann drehte er wieder gegenan, oder drehte die Kompassanzeige? »Nie geht für uns irgendetwas leicht!«, hörte er seine Mutter sagen. Er schrie sie an, sie solle ruhig sein, aber sie ließ sich nicht zum Schweigen bringen.

Reiner war sich nicht mehr sicher, was feststand und was nicht, er wusste nicht mehr, was er glauben sollte. War die Kennung des Feuers am Horizont Wahrheit oder Fiktion? In seinem Wahn hielt er darauf zu, erst unter Segeln und jetzt unter Maschine, bloß an Land, sprechen, Menschen treffen, Ruhe. Das Koma holte ihn ein, NEVER GIVE UP suchte sich unter Autopilot wieder alleine ihren Weg durch die Nacht und schob Reiner sachte hin und her, der erschöpft im Cockpit lag.

18

Jan erwachte, als das Licht im Laderaum anging. Er hatte keine Ahnung, wie spät es war, versuchte sich zu bewegen und erinnerte sich wieder, wo er sich befand und wie er hierher gekommen war. Das Stahlrohr in seinem Rücken vibrierte, als jemand schweren Schrittes die Treppe hinunterkam. Eindeutig nur eine Person, dachte er. Er hatte Angst vor dem, was jetzt passieren könnte. Zwei Sicherheitsschuhe mit Stahlkappen kamen vor ihm zum Stehen, der Lichtkegel einer Taschenlampe leuchtete zuerst in sein Gesicht, dann über seinen Körper und suchte danach offensichtlich Tim. Die Taschenlampe ging aus, Jan gewöhnte sich an das Licht und konnte seinen Gegenüber erkennen. Der Mann lehnte sich mit einer Hand im Rücken gegen den gegenüberliegenden Stahlpfeiler, in der anderen hielt er eine Zigarette.

»Vor euch beiden brauch ich wohl keine Angst zu haben!«, sagte er und grinste.

Er hatte ein freundliches Gesicht mit braunen Augen und einem buschigen Schnauzer, der neben seinen Mundwinkeln lustig zur Seite abstand. Die Fältchen neben seinen Augen zeigten, dass er gern lachte und die leicht aufgedunsenen Wangen deuteten auf regelmäßigen Alkoholkonsum. Sein dunkelgrüner Overall war mit Stickern von Ferrari, Castrol und Liqui Moli verziert und mit einem Ledergürtel an der Taille zusammengeschnürt. Am linken Ohr baumelte ein kleiner goldener Anker.

Er grinste wieder: »Wollt ihr auch mal was reden?«

Jan nickte erstaunt.

»Aber nicht hier rumbrüllen«, mahnte er, »ich hab ’nen guten Job, und den will ich auch behalten!« Jan nickte wieder: Ein Engel im Overall!, ging es ihm durch den Kopf, wahrscheinlich hat der auch noch Flügel unter seinem Kombi. Sein Gegenüber kam auf ihn zu und versuchte erst sanft, das Tape auf seinem Mund zu lösen, und riss es schließlich mit einem schmerzhaften Ruck herunter. Jan dehnte knackend seine Kiefermuskeln und hörte Tim hinter sich stöhnen, als auch er sein Tape los wurde.

»Wer bist du?«, fragte Jan mit rauer Stimme.

»Ich bin hier Bootsmann auf dem Schlitten«, erzählte der Engel, »auch ein Schiff, das still liegt, braucht schließlich immer irgendjemanden an Bord, der sich um alles kümmert. Und ihr? Seid bestimmt nicht freiwillig hier?«

Jan schüttelte den Kopf. Zu einer koordinierten Antwort war er noch nicht fähig. Die Stille in seinem Rücken bedeutete, dass selbst Tim sprachlos war.

»Also machen kann ich nichts, wenn ihr nichts sagt«, fuhr der Engel geduldig fort. »Und auch wenn ihr irgendwie normaler ausseht als die da oben, werd ich euch garantiert nicht losknoten. Kann ich nicht. Erzählt man erst mal, wie ihr hier hergekommen seid.«

Jans Mut begann wieder zu sinken, er sah Tim an und fragte: »Alles?«

Tim nickte: »Ist wohl unsere einzige Chance!«

Also erzählten sie Andi, wie sich der Bootsmann vorgestellt hatte, die ganze Geschichte. Erst stockend und dann immer schneller, als bräuchten sie einen Mitwisser. Angefangen von der Nordsee über die Polizei, die Ruderanlagen und schließlich Peer und Rita. Andi lehnte an seinem Pfeiler, hörte sich alles an und unterbrach sie nicht. Das Grinsen war aus seinem Gesicht gewichen, er zündete sich eine neue Zigarette an.

»Den Mädelsdampfer kenn ich«, sagte er schließlich, »die fahren ja im Sommer hier immer um meine PASSAT rum. Und den Rest der Geschichte glaub ich euch einfach mal. Schon deswegen, weil ich die Typen da oben nicht leiden kann und mir die Schläger auf dem Steg zuwider sind. Deswegen bin ich jetzt mal Christ.«

Während Jan noch darüber nachdachte, was das wohl heißen sollte, holte Andi ein Leatherman-Multiwerkzeug aus seiner Gürteltasche, beugte sich hinter ihnen runter und schnitt die Kabelbinder auf.

»Danke Andi, du bist wirklich Rettung in letzter Sekunde«, seufzte Tim, »ich weiß nicht, was sonst noch passiert wäre.«

»Schon gut, Leute«, brummte er mit einer neuen Zigarette im Mundwinkel, »jetzt müsst ihr hier erst mal verschwinden.«

Das Grinsen war nicht in sein Gesicht zurückgekehrt. Schlagartig wirkte er, als wäre er etliche Jahre gealtert. Auch die rosige Gesichtsfarbe wirkte jetzt eher fahl. Offensichtlich machte ihm dieses Eindringen in die heile Welt seines Schiffes mehr Schwierigkeiten, als er zugeben wollte. Wahrscheinlich hätte er sie am liebsten einfach gefesselt hier liegen gelassen und nichts gesehen. Aber das ging natürlich nicht. Jan stand mühsam auf und versuchte seine kalten Muskeln zu dehnen. Die Handgelenke taten weh und das Laufen machte ihm Schwierigkeiten.

»Ihr wollt wohl am liebsten von dem Dampfer runter, oder?«, fragte Andi.

Jan nickte.

»Möglichst schnell!«, fügte er hinzu.

»Auf der Landseite braucht ihr das nicht zu versuchen, da stehen mindestens vier Leute auf der Pier, die die Veranstaltung hier bewachen«, sinnierte Andi.

»Müssen wir nicht«, brummte Tim aus dem Hintergrund, »wir haben unser Boot auf der Backbordseite liegen.«

Andi schüttelte den Kopf: »Wär mir aufgefallen. Wenn da mal was lag, ist es jetzt auf jeden Fall nicht mehr da.«

Jan und Tim sahen sich an. Irgendwie konnte doch immer noch alles schlimmer werden, dachte Jan. Zwar blieb ihm nun der Weg zurück über den Pfeiler erspart, aber das wäre wenigstens ein Ausweg gewesen. Jetzt hatten sie gar nichts mehr und mussten auf Andi vertrauen, hoffen, dass ihm etwas einfiele. Nacheinander stiegen sie die Treppe aus dem Laderaum hinauf, die offensichtlich nachträglich hier hineingeschweißt worden war, um den Besuchern einen Ausflug in den Bauch des alten Seglers zu ermöglichen. Oben kamen sie auf eine Art Zwischendeck, das sich zwischen Vordeck und Laderaum befand. Der genietete Stahlboden war grün gestrichen. An den Wänden standen ringsherum Glasvitrinen, die Originalteile der PASSAT aus ihrer aktiven Fahrenszeit enthielten. Darüber hingen unter Glas große, vergilbte oder bräunliche Schwarz-Weiß-Fotografien. Auf ihnen sah man die Seeleute der Zwanzigerjahre in ihren geölten Baumwollmänteln mit Südwestern. Zumeist lag das Schiff schwer über und die See brandete über die niedrigen Decks, während die Mannschaft versuchte sich gleichzeitig festzuhalten und zu arbeiten.

Leise stiegen sie die hölzerne Treppe zum Deck hinauf und traten ins Freie. Aus dem mittleren Aufbau hörten sie Stimmen und Schritte. Jan sah Andi an. Der hatte eindeutig Angst, und das nicht nur um seinen Job. Er deutete unter das Vordeck.

»Versteckt euch hinter der Ankerwinde, ich versuch das hier glatt zu ziehen«, sagte Andi, »schließlich ist das hier mein Schiff!«

Er versuchte ein Grinsen, wollte sich und ihnen damit Mut machen, doch es geriet zur Grimasse.

Jan klopfte ihm auf den Oberarm.

»Danke Mann!«, raunte er und kroch zu Tim hinter die Ankerwinde. Das dumpfe Klingen von Stahl ließ vermuten, dass ihre Angreifer gut bewaffnet waren. Jan lugte hinter der riesigen Ankerwinde hervor: Drei Mann kamen auf Andi zu, jeder hielt eine massive Eisenstange in der Hand.

»'N Abend die Herren«, sagte er, »kann ich irgendwas für Sie tun?«

»Du warst nicht zufällig grad unter Deck im Laderaum?«, fragte der größte von ihnen, während sich die zwei anderen an ihm vorbei in den Zugang zum Laderaum drängten. Jan konnte die Angst in Andis Augen sehen, während er sich wieder umdrehte.

»Ich mach hier nur meinen Gang über Deck«, versuchte er leutselig, »mal gucken, dass hier die Möwen nichts mitgehen lassen.« Andi lachte und versuchte sich eine Zigarette anzuzünden. Das Feuerzeug wollte in seiner Hand nicht funktionieren.

Die beiden anderen kamen aus der Tür hervor.

»Sie sind weg!«, schnaufte einer. Offensichtlich waren sie die Treppe etwas zu schnell heraufgestiegen.

»Da liegen nur noch die Fesseln und das hier.« Er hielt eine von Andis ausgetretenen Kippen hoch, die er im Laderaum zurückgelassen hatte.

Der Anführer sah ihn an.

»Nehmt ihn mit!«, wies er die beiden anderen an.

Die vier verschwanden durch die Tür im mittleren Aufbau. Andi sah sich nicht mehr um. Die Eisenstangen hatten offensichtlich Jan und Tim gegolten, vermutlich wollte man sie wie Einbrecher aussehen lassen. Der Gedanke an die Schmerzen schnürte Jan die Kehle zu.

»Viel Glück Andi, und danke«, sagte er leise und blickte zu Tim, der schon zu der Treppe geschlichen war, die aufs Vordeck führte.

Vorsichtig kam er hinter der Winde hervor und folgte Tim, der langsam die Treppe hinaufstieg. Sie gingen auf die Steuerbordseite und sahen über das Süll. An der Gangway und am Ende des Steges oben an der Uferbefestigung standen jeweils zwei Männer, die nicht so aussahen, als würden sie sie einfach so vorbeilassen. Sie schlichen sich nach Backbord: Hier ging es mindestens acht Meter senkrecht in die Tiefe. An den Festmacherdalben vorbei konnte man nicht weit nach achtern sehen, aber der Mast von NOMAD hätte zumindest hervorschauen müssen: Er war fort.

Im Hintergrund schimmerte ein schlafendes Travemünde. In den meisten Fenstern war es dunkel, nur die Hafen- und Straßenbeleuchtung war noch an, die Autofähre überquerte mit einem einzigen Fahrzeug die Trave. Von je zwei Scheinwerfern angestrahlt ragten die Masten des gewaltigen Riggs der PASSAT in den nächtlichen Himmel. Sie sahen sich auf dem Vordeck um.

»Keine Sackgasse!«, sagte Tim und klang etwas erleichtert, »nach achtern?«

Jan nickte. Eine Art Steg verband das Vordeck mit dem Deck auf dem mittleren Aufbau und von dort wieder mit dem erhöhten Achterdeck. So konnten die Seeleute früher bei überkommenden Wellen einigermaßen ungefährdet nach vorn oder achtern gelangen, ohne fortgespült zu werden. Irgendwie hatte Jan noch immer die Hoffnung, dass NOMAD doch noch irgendwo da hinten herumschwamm und sie mit ihr fliehen könnten. Zumindest war aber achtern die Gangway der letzte Strohhalm. Das Schiff würden sie vermutlich in jedem Winkel nach ihnen durchsuchen.

Als sie auf dem mittleren Deck ankamen, hörten sie Stimmen. Direkt unter ihnen musste die Kapitänsmesse sein, auf dem dahinter liegenden Deck war Golori zu hören, während er sich mit den drei Wachen unterhielt. Zwischendurch meinten sie leise Andi zu hören. Schläge, wieder Stimmen, Golori wurde lauter, verstehen konnten sie ihn nicht. Schließlich Schritte, dann wurde es ruhig, bis das raue *Poff-Poff-Poff* einer schallgedämpften Waffe Andis Leben ein Ende setzte. Sie hörten ihn röcheln, es folgte ein dumpfer Aufschlag. Hätten sie ihm nichts erzählt, wäre vermutlich nichts passiert, dachte Jan, armer Kerl. Ihm wurde schlecht, wieder fing er an zu taumeln. Das war alles zu viel für ihn. Seine Beine gaben nach und er rutschte mit dem Rücken an der hölzernen Wand des Ruderhauses auf den Boden. Mit starren Augen und offenem Mund blieb er sitzen.

Tim hingegen ließ diese Situation wieder klar und rational denken. Er wollte näher an das Geländer, das sie von dem Geschehen unter ihnen trennte. Wollte sehen, was vor sich ging und welcher Ausweg ihnen blieb. Als er fast dort war, stolperte er über eines der Scheinwerferkabel für die Masten. Zwar hielt er sich auf den Beinen, aber sein Ausfallschritt ließ das mit Pitchpine belegte Stahldeck unter ihnen dröhnen.

Wenige Augenblicke später schoss Golori aus dem Aufbau und brüllte seine Leute an.

»Da oben sind sie, los schnappt sie euch!«

Jan rappelte sich auf, sein Gehirn schaltete auf Automatik und gemeinsam fingen sie an wieder Richtung Vordeck zu laufen, hinter ihnen hörten sie die Wachen die Treppe heraufpoltern. Der schmale Steg unter ihnen bebte, als sie fast im Gleichschritt nach vorn rannten. Das Laufen fiel Jan schwer, mit jedem Schritt spürte er die Kälte, die über Stunden in seine Beine gezogen war. Er lief wie ferngesteuert, wartete förmlich darauf, dass die Beine nachgaben, umknickten oder einfach keine Kraft mehr in den Muskeln war. All das passierte nicht. Tim drehte sich um und sah, wie ihre Verfolger am Anfang des Verbindungssteges auf sie anlegten.

»Die Lampen!«, schrie er und riss einen Belegnagel aus der Nagelbank. Es klirrte, die Steuerbordseite des Mastes wurde dunkel. Jan griff ebenfalls einen Nagel und das Vordeck war schwarz.

»Und nun?«, fragte er Tim, der neben ihm stand.

»Runter!«, zischte der, rannte zur Backbordseite, setzte sich aufs Süll und sprang. Jan konnte es kaum fassen, als er das ferne Platschen hörte. Nie im Leben würde er aus dieser Höhe springen können. Er blickte nach unten. Im Wasser schwamm Tim.

»Komm schon, du Dussel!«, brüllte er, während er von Land weg ins Fahrwasser schwamm. Die Wache am Ende des Steges hatte schon ihren Platz verlassen und versuchte am Bug des Schiffes zum Wasser zu gelangen, hinter sich hörte Jan die Männer aufs Vordeck stürmen. Durch das glatte Deck waren sie nicht wirklich schnell. Sie waren noch gut 20 Meter von ihm entfernt. Ohne sich umzudrehen setzte er sich aufs Süll. In der Hafeneinfahrt, eine halbe Meile entfernt, sah er einen Mast. Wahrscheinlich NOMAD, die Goloris Männer abgeschnitten hatten und die mit dem Wind auf die See trieb. Dann machte er die Augen zu und sprang.

Der Aufprall war wesentlich härter, als er erwartet hatte. Seine Beine waren nicht ausgestreckt, sondern angewinkelt, und die Arme hatte er rechtwinklig vom Körper abstehen. Der so abrupt abgebremste Fall raubte ihm fast den Atem, wenigstens tauchte er aber nicht tief ein. Das Wasser war wahnsinnig kalt und pechschwarz. Neben sich hörte er eine der Eisenstangen einschlagen, die ihm hinterhergeschleudert worden war, auch das *Poff-Poff* an Deck galt offensichtlich ihm. Er schwamm die wenigen Meter hinter den vorderen Dalben, hier war er von Deck aus nicht zu sehen. Auch Tim hatte sich hierher geflüchtet und hing mit einer Hand über sich an dem schmalen Zwischensteg, zwischen den doppelten Pfählen. Jan hielt sich an ihm fest.

»Wenn die uns nicht mehr sehen, werden die denken, wir sind abgesoffen«, flüsterte Tim.

»Das tu ich auch so gleich – vor Angst!«, antwortete Jan.

Nach wenigen Minuten entfernte sich das Gemurmel an Deck, stattdessen wurden die Männer am Ufer zahlreicher. Offensichtlich glaubten sie, dass die beiden den kürzesten Weg an Land nehmen würden.

»Scheiße, das geht nicht mehr«, sagte Jan leise.

»Aber das geht vielleicht«, flüsterte Tim und deutete mit dem Kinn Richtung Mole. Der Mast, den Jan gesehen hatte, gehörte nicht zu NOMAD, sondern bewegte sich ganz langsam in den Hafen hinein.

»Wir müssen die Jacken und die Schuhe ausziehen, sonst schaffen wir's nie«, sagte Tim und schob seinen North-Blouson von den Schultern. Mit den Füßen gelang es ihnen, sich auch von den Schuhen zu trennen. Jan bekam langsam Panik. Dieser Ausweg aus der Situation war für ihn fast fürchterlicher, als sich an Land zusammenschlagen oder erschießen zu lassen. Beides kannte er nicht wirklich, es erschien ihm aber besser als sich nachts durchs Hafenbecken zu bewegen. Trotzdem schwamm er langsam los, als auch Tim es tat. Alleine hätte ich das nie gemacht, dachte er.

Durch die unendlich schwarze Tiefe des Wassers kam seine

alte Angst wieder durch, er spürte förmlich, wie etwas von unten heraufkam, ihn an den nackten Füßen oder dem ungeschützten Bauch berühren würde. Es würde ihn nicht fressen, es war eher ein rostiges Wrack, das auftauchte, voll mit Leichen und Schlick. Er fühlte seine alte Angst, die Angst davor, in so einer Situation eher an einem Herzanfall zu sterben als an einer realen Gefahr. Er sah nach vorn, Tim war ihm ein, zwei Körperlängen voraus. Jan legte an Geschwindigkeit zu, das half. Er sah auf die Häuser von Travemünde und dachte kurz an Rita. Wenn das hier vorbei war, würde er mit ihr in die Berge ziehen, weit weg von der See. Auch dieser Gedanke half.

19

Die einlaufende Yacht war so langsam, dass sie einige Zeit vor ihr ihren Kurs kreuzten. Die Segel lagen unordentlich an Deck herum, gerade mal eine Leine um den Baum hielt das Großsegel davon ab herunterzuwehen. Das Schiff führte kein Licht, die Fenster waren dunkel und der Motor schob es, lediglich eingekuppelt, im Standgas durch den Hafen. Gegen den Wind konnten es nicht mehr als 1,5 Knoten sein, die das mysteriöse Schiff lief. Das Kühlwasser blubberte in kleinen Schüben unregelmäßig aus dem Auspuff.

»Wir müssen uns direkt von dem Schiff überfahren lassen«, prustete Tim, sichtlich angestrengt durch die Kälte und das Schwimmen. Zwischen den Sätzen machte er lange Pausen. »Dann lassen wir uns an der Bordwand entlang treiben und können klopfen oder rufen. Vielleicht bekommen wir etwas zu fassen, an dem wir uns festhalten können. Nur die Füße dürfen wir nicht in die Schraube kommen. Die treiben hoch.«

Durch Tims Nähe ließ Jans Angst nach, er bekam langsam wieder Oberwasser. Die Yacht vor ihm wirkte trotz ihres desolaten Äußeren tröstlich und vertraut. Tim wartete nicht auf eine Antwort, sondern schwamm einen weiteren Meter, bis er direkt in der Kurslinie lag. Als die Yacht näher kam, konnten sie das Ausmaß der Unordnung erkennen: Das Schiff musste mit irgendetwas sehr Großem kollidiert sein, der Bugkorb war auf die Steuerbordseite gedrückt, die Relingsstützen an Backbord waren stark nach innen gebogen, eine war abgebrochen und der Relingsdraht hing durch wie eine nasse Gardine. Sie ließen sich an Backbord an dem beschädigten Rumpf vorbeitreiben, ihr Klopfen wurde eher ein zweimaliges, kraftloses Gegen-den-Rumpf-schlagen.

»Hilfe!«, rief Tim, »sofort aufstoppen! Hilfe, hier im Wasser!«

Niemand reagierte auf ihr Rufen.

»Scheiße!«, fluchte Tim kurzatmig und stieß sich von dem vorbeiziehenden Rumpf etwas ab, um nicht darunter zu geraten. Die Deckskante über ihnen war eingedrückt und der ehemals strahlend gelbe Rumpf mit blauer und roter Farbe verschmiert. An Deck war niemand zu sehen, fast wirkte die Yacht wie ein Geisterschiff. In Höhe des Cockpits begann Tim mit letzter Kraft neben dem Schiff herzuschwimmen. Fast wäre es ohne eine Hilfe zu sein an ihnen vorbeigefahren, aber er bekam die letzte Stufe der nachgeschleppten, heruntergeklappten Badeleiter zu fassen. Mit einem kräftigen Ruck zog sie ihn durch das Hafenwasser eine Zeit hinterher, bevor er sich zwei weitere Stufen herangezogen hatte und schließlich an Bord stieg.

Über dem Ruder hing ein Mann im Ölzeug. Tim schob ihn zur Seite, legte den Rückwärtsgang ein und fuhr zu Jan zurück. Mit letzter Kraft zog Jan sich an Bord, am Spiegel konnte er als Heimathafen Hamburg lesen, darüber die Reste des abgeschürften Schriftzuges NEVER GIVE UP. Auf dem Cockpitboden lag Reiner.

Zu dem unsäglichen äußeren Zustand der Yacht kam das Chaos hinzu, das Reiner hinterlassen hatte. Die Cockpitwanne war total verdreckt, zerdrückte Bierdosen und Verpackungen von Mars und Snickers schwammen in der Brühe. Die Lenzer mit den von oben eingelassenen, feinmaschigen Sieben waren dadurch fast verstopft. Das Kompasslicht war jetzt aus, Tim hatte es gelöscht, als er das Schiff um 180 Grad gedreht und wieder gen Hafenausfahrt gerichtet hatte. Ihren Verfolgern war es offenbar nicht entgangen, dass sie sich hier an Bord gerettet hatten, mit laufenden Motoren standen ihre Autos hilflos am Ufer und leuchteten mit den Scheinwerfern Richtung Fahrrinne. Wenn sie in den Hafen hineinführen und irgendwo festmachten, egal wo, wären jene schon da und würden sie erwarten. Als Ausweg blieb also die offene, spätherbstliche See. Der Wind war ablandig, aber es wehte mit guten sechs Beaufort, viel für eine kleine Mannschaft, von der einer ohnmächtig war und die beiden anderen ohne Schuhe und Jacken frierend und nass im Cockpit kauerten.

Der Autopilot hielt das Schiff mit fünfeinhalb Knoten Speed auf einem kerzengeraden Kurs. Die kleine Mole an Steuerbord, die zwei verlassen wirkenden Angler und das Ufer blieben bereits zurück, und auch die Spitze der langen Mole an Backbord war keine zweihundert Meter mehr entfernt.

Warme Kleidung und Reiner waren die Hauptprobleme. Reiner war nahezu nicht ansprechbar, ob er getrunken hatte oder krank war, ließ sich nicht mit Sicherheit sagen. Verletzt war er nicht. Sie legten ihm eine Schot unter den Armen hindurch um den Brustkorb und schoben ihn über den Travellerschlitten im Cockpit auf das Brückendeck. Die Konstruktion war ähnlich der von NOMAD: Auch hier führte die Niedergangstreppe durch das Luk fast zwei Meter nahezu senkrecht nach unten. Sie legten seine Beine in den Niedergang, nahmen die Schot und gaben Reiner einen letzten Stoß mit den Füßen. Sein kraftloser Körper rutschte nach unten. Schwer war er nicht und sie konnten das Aufschlagen seines Hinterkopfes auf jede Stufe hören, bis er unten angekommen war und die Schot lose bekam.

»Freiwillige vor!«, sagte Jan.

»Dann man los! Ist doch deine Verwandtschaft«, antwortete Tim. Der Neid um Jans Verhältnis zu Rita war nicht ganz spurlos an Tim vorüber gegangen. Nicht, dass er unbedingt mit Rita zusammen sein wollte, aber es passte anscheinend nicht in sein Bild, dass ausgerechnet Jan derjenige war.

»Neidisch?«, fragte Jan.

»Hä?«

»Neidisch? Wegen Rita?«

»Schon«, er sah ihn ausdruckslos an, »aber ich weiß nicht, ob mir's das wert wäre.«

»Arschloch!«, sagte Jan und schob sich ohne ihn anzusehen rückwärts in den Niedergang.

Seit sie die PASSAT verlassen hatten, hatten sie kaum ein Wort miteinander gesprochen. Sie konnten nur noch reagieren, jede Situation ließ offensichtlich nur noch eine Handlung zu, und die konnten sie nicht einmal selbst bestimmen. Jan hörte, wie Tim dem Autopilot einen neuen Kurs eingab. *Piep-piep-piep*, bestätigten die Tasten die Eingabe: dreißig Grad Backbord. NEVER GIVE UP legte sich in einem Bogen einige Grad nach Steuerbord. Jan blickte aus dem Aufbaufenster, er sah das in einigen Fenstern erleuchtete Hotel Maritim und die Uferpromenade. Tim blieb erst mal unter Land und ging auf Kurs Richtung Neustädter Bucht, damit sie sich klar werden konnten, wohin sie eigentlich wollten.

Jan schaltete an der Schalttafel über dem Kartentisch die Innenbeleuchtung an. Unter Deck sah NEVER GIVE UP aus, als hätte eine Bombe eingeschlagen. Vor knapp vier Wochen hatten sie Reiner während der Trauerfeier zuletzt gesehen, seitdem musste er an Bord hausen. Überall lagen leere Bierdosen, aufgeweichte Böden von Papppaletten, vollgestopfte Mülltüten und dreckiges Geschirr. Wo man hinguckte, dreckiges Geschirr und leere Konservendosen. Mittendrin, auf dem weiß gestrichenen Fußboden, lag Reiner direkt vor der Spüle. Jan nahm den Spinnaker aus seinem Sack, schob das Segel in die vordere Segellast und stopfte sämtlichen Müll in den Segelsack. Hinter dem Schlafsack auf der Backbordkoje stutzte er: Unter dem Laptop lagen die Reste von 15, vielleicht 20 zerbrochenen CDs. Die kleinen Splitter hatten sich bis in die letzte Ritze des Sofas geschoben, fast wie weihnachtliches Glitzern lag die abgeplatzte silberne Beschichtung tausend Sternen gleich auf dem Bezug. Jan klappte den Laptop auf: Die Tasten waren offensichtlich mit einem Hammer aus ihren Verankerungen geschlagen, die wenigen, die noch übrig waren, hingen schief im Rechner. Der Flachbildschirm hatte große Einstiche von einem Schraubenzieher. Reiner hatte sich viel Mühe gegeben, alles zu zerstören. Jan ließ den Rechner mit in den Sack fallen, nahm ein herumliegendes Handtuch und schob damit die Splitter hinterher.

Inzwischen bewegte Reiner sich zwar, war aber nach wie vor nicht ansprechbar. Jan legte ihn auf die Koje und zog ihm Ölzeug und Stiefel aus. Reiners Körper stank entsetzlich, aber Jan brauchte irgendetwas Trockenes zum Anziehen.

Erst jetzt merkte er, wie sehr ihm die Kälte zugesetzt hatte. Seine Haut war eiskalt und seine Gelenke bewegten sich nur widerwillig. In Reiners Sachen wurde Jan langsam warm. Er würgte von dem säuerlichen Geruch, der aus seinem Halsausschnitt strömte. Instinktiv hätte er sich die Kleidung am liebsten wieder vom Leib gerissen, aber er zog die Jacke bis oben zu und stieg anschließend hinaus ins Cockpit. Nachdem er sich umgesehen hatte, ging auch Tim nach unten, um sich umzuziehen. Die Maschine lief mit 2000 Umdrehungen. Tim war ebenfalls nicht untätig gewesen und hatte hier oben so gut es ging Ordnung gemacht, die Leinen aufgeschossen, den Müll in die Backskiste gestopft und die Aluminium-Relingsstützen einigermaßen gerade gebogen. Die Genua war bis zur Größe der Fock 1 ausgerollt und stabilisierte das Schiff. Als Tim im Niedergang erschien, stockte Jan der Atem: Er sah aus wie die jüngere Reinkarnation von Reiner, er trug seine roten Hosen, die roten Schuhe und den Parka.

Tim ignorierte Jans Blick und kauerte sich gegen die Kälte ins Cockpit.

»Irgend 'ne Idee?«, fragte er.

»Nicht wirklich«, gab Jan zu, »Kiel ist zu weit, Grömitz und Neustadt zu groß und leer, da fallen wir sofort auf. Fehmarn vielleicht.«

»Auch zu weit. Niendorf würde ich vorschlagen.«

Tim schob die Hände in die Parkataschen.

»Da gibt es neben dem Yachthafen ein Mini-Hafenbecken vor dem Gebäude des Yachtclubs, in dem immer mal Schiffe überwintern. Da fällt ein Mast nicht auf.«

Jan nickte müde. Er war am Ende seiner Kraft, Niendorf

klang verlockend, das war in knapp zwei Stunden zu schaffen, er würde Rita anrufen und dann in ein schönes weiches Bett fallen und alles vergessen.

Der Diesel kam noch dreimal auf Touren, bis er endgültig ausging. Jan sah auf die Instrumente: Der Tank war leer, deswegen hatte Reiner sich wahrscheinlich so langsam gegen den Wind nach Travemünde reingeschlichen. Wäre ihm der Kraftstoff ausgegangen, hätte er alleine kreuzen müssen, das hätte er nie geschafft.

»Scheiße!«, fluchte Jan, »wenn's dick kommt, dann aber richtig.«

»Hat meine Oma auch schon immer gesagt«, nickte Tim.

Die Fahrt von NEVER GIVE UP ging auf unter zwei Knoten zurück. Kaum waren sie mit dem einen Wrack heil in Travemünde angekommen, waren sie mit dem nächsten schon wieder auf See. In Jan stiegen Wut, Ärger und Verzweiflung auf. Warum ich, wollte er gerade sagen, immer noch mehr Mist!, aber Tim war schon auf dem Weg zum Mast.

»Los schon, hoch die Tüten! Scheiße, ich will auch irgendwann mal wieder an Land.«

Tim hatte Recht, Jan machte die Großschot los, stieg auf den Traveller und löste das hintere Bändsel, mit dem Tim das Segel auf dem Baum fixiert hatte. Während Tim am Mast an der Winsch zog, machte Jan das Lee-Backstag los und setzte das in Luv durch. Damit wird bei 7/8-geriggten Schiffen das Vorstag gespannt, das erst ein Achtel unterhalb des Masttopps und damit unterhalb Achterstags angreift. Obwohl sie das Schiff nicht kannten, brauchten sie für so ein Manöver nicht einmal miteinander zu reden. Als Jan sah, dass das Großsegel oben war, holte er die Großschot dicht und NEVER GIVE UP legte sich auf die Seite. Der breite IOR-Rumpf hatte eine unmittelbare Luvgierigkeit zur Folge, das Schiff wollte mit dem Bug in Richtung Wind ausbrechen. Jan setzte sich auf die Luvkante des Cockpits, nahm sich den Pinnenausleger und schaltete den Autopiloten aus. Er fuhr den Travellerschlitten nach Lee und nahm damit ein wenig Druck aus dem Groß. Zudem öffnete er mit dem hydraulischen Achterstagspanner das Achterliek. NEVER GIVE UP lag jetzt samtweich mit leichter Luvgierigkeit auf dem Ruder, der Speed stabilisierte sich auf knapp sieben Knoten. Das war Jans Welt, hier kannte er sich im Schlaf aus.

Der kräftige Südwest stürzte sich in teilweise grimmigen Böen die Steilküste hinab und ließ das Boot immer wieder stark überliegen. Doch die Vorteile der Windrichtung überwogen: Es waren die im Winter verhältnismäßig warme Luft und die niedrigen Wellen unter der Küste. Das Thermometer fiel in dieser Nacht kaum unter acht Grad.

Über die Ankunft in Niendorf zerbrachen sich beide die Köpfe, sie war eine Gratwanderung: Am sichersten war es im Schutz der Dunkelheit in den Hafen einzulaufen, damit man sie von Land aus nicht als einzigen Segler auf der riesigen Wasserfläche identifizieren konnte. Außerdem kannten weder Jan noch Tim die Einfahrt von der Wasserseite. Karten für diese Ecke der Ostsee hatte Reiner nicht an Bord, entweder kannte er sich hier prächtig aus, oder er wollte hier eigentlich gar nicht her.

Die Nacht zog sich hin wie schwarzes Gummi. Seit die Steilküste hinter ihnen lag, waren die Böen verebbt und auch der Wind hatte insgesamt nachgelassen. Jan saß die ganze Zeit bewegungslos am Ruder und hielt das Schiff auf Kurs. Immer und immer wieder zogen die Bilder der letzten Tage an seinem inneren Auge vorbei. Er sah Andis Lächeln im Laderaum, wie er genüsslich an der Zigarette zog und hörte seine weiche, gutmütige Stimme. Dann hörte er die Schüsse, das Röcheln und den dumpfen Aufschlag an Deck. Leise begann er zu weinen. Lautlos liefen ihm die Tränen die Wangen herunter, verteilten sich auf seinen Lippen. Von Zeit zu Zeit leckte er sie ab, sie schmeckten salzig und warm. Wenn er sich über das Gesicht wischte, wurde er sich seiner eigenen Verletzungen bewusst. Die Gedanken an Andis Tod kamen wieder und damit auch die Tränen. Irgendwie halfen sie ihm durch die Nacht und auch, das Brutale, Unbegreifliche zu verarbeiten. Jeder Tränenschub wurde schließlich ein wenig kürzer, stellenweise wich die Trauer der Wut, aber nicht wie anfänglich auf sich selbst und Tim, sondern auf ihre Gegner, die offensichtlich vor nichts zurückschreckten und für die der Tod eines anderen Menschen normal zu sein schien. Dieser Tod hatte vielleicht auch ihnen gegolten, hätte Andi sie nicht befreit.

Die Gedanken an die Schuldigen reihten sich in seinem Kopf langsam aneinander: Wussten Golori, Junior oder gar Gernot davon? Warum hatte er ihnen nicht erzählt, was da lief? Gernot wusste in der Werft von Golori doch offensichtlich viel besser Bescheid, als er zugeben wollte. Oder war er es doch nicht gewesen, den Jan auf der PASSAT mit Golori hatte sitzen sehen? Wo waren die Zusammenhänge? War Jan vielleicht der Einzige, der so wenig wusste? Selbst Tim schien sich sicherer zu sein als er. Er konnte es nicht fassen. Jetzt mussten sie auf jeden Fall weitermachen. Tim hatte Recht gehabt, auch wenn Jan es nicht wahrhaben wollte. Was wusste Tim genau? Manchmal zögerte er, sich überhaupt einzumischen, dann schlug er wieder zu, als wäre er sich 150-prozentig sicher. Verschwieg er ihm irgendetwas? Schließlich kannte er ihn kaum, auch wenn sich ihr Verhältnis anfühlte, als wären sie ein Leben lang Freunde gewesen. Tim war ein merkwürdiger Mensch, so viel stand für Jan fest. Zwar mochte er ihn, aber richtig einschätzen konnte er ihn nie. Und was wusste Rita? Warum hatte sie versucht sie von ihrem Unternehmen abzubringen? War es tatsächlich nur die Sympathie für ihn gewesen, oder hatte sie mit der ganzen Geschichte doch auch etwas zu tun? Als er bei ihr an Bord war, hatte er eine unglaubliche Nähe gespürt, fast so, als wäre etwas Böses von ihr abgefallen. Als er sie jedoch später anrief, war wieder diese geheimnisvolle Distanz da gewesen, die ihn in ihrer Nähe immer etwas unsicher werden ließ.

Es dämmerte und er konnte Niendorf einigermaßen ausmachen. Auch hier thronte eine Beton-Hotelburg über dem flachen Ufer. Er schaltete den Autopilot ein, streckte sich und suchte noch einmal den Horizont ab. Außer einem kleinen Boot vor der Steilküste war nichts zu sehen, wahrscheinlich ein Fischer, der jetzt seine Netze auslegte. Er ging unter Deck, um das Fernglas zu holen. Reiner schlief auf der Salonbank, Tim hatte sich am Kartentisch in die Ecke gelegt und döste vor sich hin.

Als Jan nach unten kam, machte er die Augen auf und hob den Kopf.

»Und, alles im Lack?«, fragte er gedehnt.

»Alles ruhig, Niendorf kann man jetzt sehen, ich will mal mit dem Fernglas gucken, wie man da reinkommt.«

»Lass mich mal machen«, gähnte Tim und schälte sich langsam hinter Kartentisch hervor, »mach dir man erst mal was Warmes zu trinken.«

Er stand auf, griff sich wortlos das Fernglas aus der Ablage hinter dem Kartentisch und machte sich auf den Weg nach oben. Jan hörte ihn über Deck gehen, während er mit der Fußpumpe Wasser in den Kessel pumpte und den Kocher anzündete. Typisch Tim, dachte er: Ringsherum explodiert die Welt und er muss nicht einmal ein Wort darüber verlieren. Die Bugwelle plätscherte leise am Rumpf entlang. Auf einem Urlaubstörn hätte es nicht ruhiger wirken können. Jan sicherte den Kessel mit zwei Metallbügeln, damit er nicht verrutschte und wollte sich gerade an den Kartentisch setzen, als er ein Motorboot hörte. Zwar waren der Motor und die Bugwelle noch nicht wahrzunehmen, doch unter Deck kann man stets zuerst das feine Sirren der Propeller hören, ähnlich dem hochfrequenten Tauchbad, mit dem beim Optiker die Brillen gereinigt werden. Jan steckte unter der kleinen Sprayhood den Kopf aus dem Niedergang. Es war eins von diesen französischen Freizeitbooten mit hohem, verglastem Aufbau, einer kleinen Schlupfkajüte und einem riesigen Arbeitscockpit, aus dem sich sowohl angeln wie auch semiprofessionell fischen lässt. Was der wohl wollte? Die Annäherung sah jedenfalls nicht wie eine Attacke aus.

Tim stand mit dem Parka und jetzt tief ins Gesicht gezogener Kapuze am Mast. »Bleib unten!«, zischte er.

Das weiße Boot kam in voller Gleitfahrt von achtern auf, der Rumpf war bis in Höhe der Windschutzscheibe ausgetaucht. Der Fahrer war in der Kajüte hinter dem grün getönten Glas gerade eben auszumachen, im Cockpit standen zwei Männer, einer von ihnen winkte. Das Motorboot nahm Fahrt weg, der Rumpf tauchte ein und die Hecksee lief unter ihm hindurch, sodass die Männer sich festhalten mussten. Mit langsamer Fahrt kamen sie auf einige Meter heran. Jan kannte die zwei im Cockpit: Es waren die beiden Schläger, die sie aus dem Laderaum der PASSAT holen wollten. Zeitgleich mit Einsetzen dieser Erkenntnis begann Jan am ganzen Körper zu zittern. Ob vor Angst oder Wut war ihm nicht ganz klar, und eigentlich auch egal: Alles was er wollte, war, dass die beiden wieder verschwänden.

»Na, Kumpel«, rief einer von ihnen, »nach der Beschreibung vom Boss bist du ja einfach zu erkennen. Ich wusste gar nicht, dass man solche Klamotten auch auf See trägt!«

Er lachte und sah den zweiten Mann Beifall heischend an.

»Du hast nicht zufällig zwei Typen aufgesammelt, die in Travemünde im Hafenbecken rumschwammen?«, fragte der Zweite.

»Ich hab Gott sei Dank anderes zu tun, als mich um irgendwelche verrückten Schwimmer zu kümmern!«, antwortete Tim und versuchte dieselbe unausgeglichene Aggressivität in der Stimmlage zu finden, wie sie Reiner eigen war. Er macht seine Sache nicht schlecht, dachte Jan.

»Das glaube ich auch!«, sagte der Erste, »zum Beispiel müsstest du dein Boot mal wieder polieren!«

Er lachte seinen Kumpel wieder an und schlug ihm auf die Schulter, als hätte er einen super Witz gemacht.

»Hatte ich mir schon gedacht, dass du damit nichts zu

tun hast. Auf jeden Fall solltest du dir mal wieder ein wenig Ruhe gönnen«, sagte der Zweite, »und der Boss würde sich bestimmt auch freuen, dich mal wieder zu sehen.«

Tim winkte ihm zu.

»Kriege ich schon hin«, sagte er, »war 'ne anstrengende Nacht gestern.«

Der Erste zeigte nach vorn.

»Gibt auch ein paar super Kneipen in Niendorf!«

Jetzt konnte er sich vor Lachen kaum noch halten. Der Zweite schob ihn zur Seite, gab dem Fahrer ein Zeichen und winkte zum Abschied. Tim winkte zurück. Der Fahrer legte den Gashebel nach vorn, unwillig ließ der Einbaudiesel eine schwarze Wolke aus den Auspuffrohren kriechen, bis er die nötige Drehzahl für den Turbo erreicht hatte und das Boot nach Nordwesten davonjagen ließ. Der Erste musste sich gegen die plötzliche Beschleunigung festhalten, damit sie ihn nicht von den Füßen riss. Dann hob er noch einmal die rechte Hand, als würde er Tim zuprosten.

»Glück gehabt mit den Vollidioten!«, schnaufte Jan, »das war ultraknapp.«

»Allerdings, ich hätte nie gedacht, dass es irgendwann einmal ein Vorteil sein könnte, wie Reiner auszusehen«, antwortete Tim.

»Mit dem echten Reiner müssen wir, glaube ich, mal ein paar Worte wechseln«, sagte Jan.

Die Sonne war dabei, den morgendlichen Dunst niederzuringen, der Wind hatte unter Land stark nachgelassen. Wenigstens würde das Segeln auf den letzten Meilen bis Niendorf für einiges entschädigen. Jan setzte sich wieder an die Pinne, lehnte sich mit dem Rücken an den Relingsdraht und genoss das leise Dahingleiten von NEVER GIVE UP. Willig folgte die Yacht mit wenig Lage den kleinen Ruderausschlägen. Wenn der Wind ein wenig zulegte, knarrten die Schoten und der Traveller, und von unten hörte er das vertraute Verrutschen von lose in den Schränken liegendem Proviant. Unter dem

Heck gurgelte das Kielwasser, die Yacht zog eine glatte Spur durch die leicht gekräuselte Ostsee. Trotz der bekannten Geräusche konnte Jan sich nicht entspannen. Er kam sich vor, als würde er in einem Spiel mitspielen, wo er der Einzige war, der die Regeln nicht kannte – und leider vor allem auch die anderen Mitspieler nicht – und die entpuppten sich zunehmend als gefährlich.

20

Sie waren fast eine Nacht überfällig. Mit dem Taxi waren sie direkt nach Travemünde zurückgefahren, nachdem Jan Rita am Morgen kurz angerufen hatte. NOMAD hatte man gerade gefunden und Rita war kurz davor gewesen eine Vermisstenanzeige aufzugeben. Jan war froh ihre Stimme zu hören, und auch sie war erleichtert, dass er sich meldete.

Ritas Wohnung sah noch immer aus, als hätte Peer sie erst vor kurzem verlassen, dabei lagen das Unglück auf See und Peers und Thomas' Tod schon etliche Wochen zurück. Peer und Rita hatten in dieser Wohnung über zwei Stockwerke in den oberen Etagen eines Altbaus gelebt. Die Räume waren klein, eine enge Holztreppe verband das untere Stockwerk, in dem sich Küche, Esszimmer und Bad befanden, mit der oberen Etage, dem Wohn- und Schlafzimmer. Fast die gesamte Einrichtung gehörte Peer, Rita hatte sich, was das anging, nie engagiert. Zwar teuer eingekauft, aber geschmacklos, wie sie früher unter Lachen und jetzt sehr ernst zu sagen pflegte.

Jan und Tim hatten sich auf die Couch gesetzt, auf der neulich noch die Polizisten saßen – sie sah so aus, als würde sie geschmacklich mit den anderen Möbeln in einem nie endenden Wettstreit liegen. Der grau melierte Teppich hätte auf Kiefernmöbel schließen lassen, stattdessen waren die Türrahmen Eiche natur, das Ergebnis langer Winterabende, wenn es an NOMAD einmal nichts zu tun gab oder es schlicht zu kalt war. Das Sofa versuchte den Raum mit seinem schwarz-weiß-gefleckten Kuh-Bezug zu erobern, wirkte stilistisch aber merkwürdig fehl am Platz und nahm die gesamte Ecke unter der Dachschräge in Anspruch. Auf der einen Seite hatte es eine normale Sitzfläche, der lange Schenkel jedoch lief als Chaiselongue aus und war mithin zum Sitzen nahezu ungeeignet. Gegenüber wurde die restliche Fläche annähernd komplett von einem schlichten, unlackierten Holzregal eingenommen, das eigentlich eher in einen Keller gehörte, hier aber Bücher und Fernseher beherbergte.

Der Gewinner in diesem eigenwilligen Kabinett war jedoch der mächtige, runde Speckstein-Kaminofen, der auf einem gefliesten Estrich-Sockel gleich neben der Tür thronte. Alles vielleicht nicht hässlich, aber eben jeweils nur für sich. Jan versuchte sich einen Raum vorzustellen, in den das Sofa passen würde, musste innerlich grinsen und sich sehr beherrschen, seine Fantasien nicht zu erzählen. Also verwarf er den Gedanken. Rita wohnte hier mit stoischer Ruhe, als würde sie auf irgendetwas warten, und Jan würde einen Teufel tun, sie darauf anzusprechen.

»Entzückend hier«, sagte Tim ohne eine Ahnung, auf welches Glatteis er sich gerade begab, und versuchte aus dem hoch angebrachten Dachfenster zu sehen.

Rita sah in finster an: »Tim, bitte! Ihr kommt hier wohl nicht her, um mit mir über die Einrichtung zu diskutieren, zumal man über dieses Sammelsurium«, sie machte eine weit ausholende Armbewegung, »sowieso besser kein Wort verlieren sollte. Außerdem ist das hier Peers Andenken.«

Tim schwieg. Aus dem Küchenradio dudelte Abba im Hintergrund: *Building me a home, thinking I belong there* … Wie passend, dachte Jan. Tim sah ihn aus den Augenwinkeln mit zusammengezogenen Brauen an, der Vorwurf, dass Jan ihn nicht gewarnt hatte, war deutlich zu spüren.

»Watt nu?«, fragte Jan.

»Entschuldigung«, sagte Rita.

»Tschuldigung«, sagte Tim und blickte Jan an.

»Tut mir auch Leid«, erwiderte Jan, woraufhin Rita ihn fragend ansah, aber Tim entspannte sich, also wich er ihrem Blick aus.

»Was ist eigentlich passiert?«, fragte Rita, »ich hab mir echte Sorgen um euch gemacht, nachdem ihr hier mit NOMAD nicht ankamt. Stattdessen hat die Küstenwache sie jetzt gefunden, wusstet ihr etwas davon?«

Sie schüttelten den Kopf.

»Hauptsache, euch ist nichts passiert«, fuhr sie fort, »sie lag auf einer Sandbank hinter der ehemaligen DDR-Grenze.«

»Ist sie schwer beschädigt?«, fragte Jan.

»Scheinbar war sie irgendjemandem im Weg: Die Festmacherleinen lagen an Deck und die Seeventile waren aufgedreht, sie sollte sinken. Irgendwie ist sie aber Richtung Priwall getrieben und auf der Sandbank vollgelaufen. Die Arbeit mit der Überführung hättet ihr euch wohl sparen können. Jetzt ist sie fast endgültig hinüber. Habt ihr irgendwas damit zu tun?«

Jan fing an zu schwitzen, irgendwie hatte er gehofft, dass die Yacht einfach wieder irgendwo auftaucht. Was sie jetzt präsentiert bekamen, war bei weitem die unangenehmste Variante.

»Das war so nicht geplant«, versuchte Jan eine Antwort, »wir hatten sie außen an der PASSAT festgemacht und wollten mit ihr wieder abhauen, wenn wir oben alles gesehen hatten.«

»Ihr habt was gemacht?«, fragte Rita sichtlich überfordert, wobei ihre Stimme, leicht schrill werdend, wie Jan ebenso erstaunt wie zerknirscht feststellte, zwischen Staunen, Unglauben und Unverständnis schwankte.

An ihrer Reaktion sah er, dass seine Erklärung nicht ganz ausreichte. Schließlich hatte er für das Schiff die Verantwortung übernommen und ihr außerdem versprochen kein Risiko einzugehen. Tim hatte seine Ellbogen auf die Knie gelegt und sah zwischen seinen Beinen hindurch auf den Teppich.

»Außen an der PASSAT, was sollte das?«, fragte sie mit Tränen in den Augen.

Grob schilderten sie Rita, was auf dem Großsegler passiert war. Rita stand wie angewurzelt im Türrahmen und schüttelte immer wieder fassungslos den Kopf. Schließlich kamen sie zu dem Punkt, an dem der Bootsmann erschossen wurde. Ausgerechnet hier zeigte Rita keine Reaktion.

»Weißt du das schon?«, fragte Jan erstaunt.

»Ganz Travemünde redet über nichts anderes«, gab Rita leise zurück. »Natürlich hab ich nicht gewusst, dass ausgerechnet ihr etwas damit zu tun habt. Die Leiche des Mannes wurde heute Morgen im Hafenbecken gefunden. Da drüben.«

Rita ging zum Fenster und zeigte auf den Hafen. Ihre Schultern hingen kraftlos herab und sie ließ ihnen den Vortritt. Jan und Tim stellten sich neben sie, von hier oben konnte man sehen, was ihnen vorhin entgangen war, als sie mit dem Taxi aus Niendorf kamen: Hinter den Seebrücken mit den Bäderschiffen war die Promenade mit rot-weißem Flatterband abgesperrt, und eine Handvoll Leute war dabei das Ufer zu untersuchen. Zwei Polizeiwagen und ein grüner Passat mit aufgesetztem Blaulicht ließen die Enten und die Schaulustigen in sicherer Entfernung zur Fundstelle bleiben. In kleinen Tütchen sammelten Männer jedes Teilchen auf der Uferbefestigung ein, das eventuell mit dem Mord in Zusammenhang gebracht werden könnte. Tim nahm das Fernglas, mit dem Peer immer die einlaufenden Schiffe beobachtet hatte, aus dem Regal und stellte es auf die Fundstelle scharf.

»Uih!«, sagte er beinahe tonlos, »den kennen wir auch schon.« Er gab Rita das Fernglas: »Der mit dem beigefarbenen Anorak ganz links.«

Rita antwortete sofort, fast hastig, ehe Tim noch mehr sagen konnte: »Das ist der Herr Schmudlach von der Mordkommission. Er war neulich auch bei mir, als es um Peers Tod ging.«

»Das ist ja interessant«, pfiff Tim durch die Zähne, »aber vor allem«, langsam drehte er sich zu ihr um, »ist das der Kerl, der Andi erschossen hat.«

Rita starrte ihn an.

»Bist du sicher?«, fragte Jan.

»Hundertprozentig«, antwortete Tim, »als ich auf der

PASSAT fast gestürzt bin, war ich ja zum Geländer unterwegs. Zwei von den Kerlen haben wir heute im Morgengrauen getroffen und das ist der Dritte von gestern Nacht, der mit der Waffe. Der war keine fünf Meter von mir entfernt.«

»Ich weiß ja, dass ihr einen Schuldigen sucht«, sagte Rita gehetzt, »aber glaubst du nicht, dass du jetzt ein wenig zu weit gehst?«

»Ganz und gar nicht!«, empörte sich Tim, »es war zwar dunkel, aber das konnte ich gerade noch sehen.«

»Bernd Schmudlach versucht den Tod an Peer aufzuklären und macht dabei, soweit ich es beurteilen kann, eine sehr gute Arbeit«, antwortete Rita.

Ihr Ton war hart geworden. Irgendetwas schien sie extrem zu beunruhigen. Jan beobachtete ihre Hände: Der Nagel des Mittelfingers grub sich in schnellen Bewegungen neben dem Daumennagel ins Fleisch. Die Stelle war bereits stark zerschunden, aber der Schmerz schien ihr nichts auszumachen.

»Willst du etwa sagen, dass ich lüge?«, fragte Tim.

»Das hast du gesagt! Ich sage lediglich, dass Schmudlach versucht herauszufinden, wer Peer auf dem Gewissen hat«, gab sie mit bebender Stimme zurück.

Jan sah sie an: »Und natürlich den Tod von Thomas.«

Rita ließ den Blick nicht von Tim und sagte etwas ruhiger: »Und natürlich den von Thomas.«

Jan schwieg.

Tim war aufgestanden und zur Tür gegangen. Während er sich wütend umdrehte, zischte er mit vor Zorn vibrierender Stimme: »Nett, dass ihr zwei euch so einig seid, müsst ihr ja wohl auch, nach dem, was so bei euch in den letzten Tagen gelaufen ist. Aber ich kann euch beiden, und vor allem dir, Jan, bloß sagen: Nehmt euch in Acht! Nicht vor mir, aber vor Schmudlach. Der kennt kein Pardon und seine Männer auch nicht. Wir haben erlebt, was da an Bord passiert ist, haben die Schläge selber abbekommen, und Andi ist tot, verdammt, kaltblütig abgeknallt, nur weil er uns helfen wollte.«

Es trat eine Pause ein, keiner wollte nach diesem Ausbruch der Nächste sein, der etwas sagt. Rita zündete sich eine Zigarette an. Durch die Nase atmete sie den Rauch aus, während sie mit dem Mund schon wieder den nächsten Zug zu nehmen schien. Nach dem dritten Zug wurde sie ruhiger und streifte die Asche am Rand des Messing-Ankers auf dem Tisch ab. Sie blickte zu Tim, der immer noch mit verschränkten Armen im Türrahmen stand.

»Pass mal auf«, fing sie an, »dein Suchen nach dem Täter in allen Ehren …«

Weiter kam sie nicht, Tim hatte die Arme heruntergenommen und war mit zwei langen Schritten vor ihr.

»Pass du mal auf, Lady«, unterbrach er sie, »ich weiß nicht, was du hier für eine Nummer abziehst, mach das meinetwegen mit Jan, aber nicht mit mir! Ich weiß sehr genau, was ich gesehen habe und ich habe keine Idee, was du hier vorhast. Wir beide, Jan und ich, sind aber wohl auf der richtigen Spur, auch wenn ich keine Ahnung habe, wie das alles zusammenhängt. Aber ich werde das bestimmt herausfinden.«

»Hey, ihr zwei! Vielleicht sollten wir uns nicht auch noch untereinander streiten. Wir haben auch so schon genug Probleme«, versuchte Jan zu schlichten.

»Allerdings«, sagte Tim und sah wieder aus dem Fenster.

»Kennst du den Schmudlach besser?«, fragte Jan.

Rita zögerte.

»Nicht wirklich«, fing sie an, »wie man sich halt kennt in so einem Dorf. Aber in erster Linie ist er Polizist. Man kann doch nicht einfach jeden verdächtigen.« Sie war nervös, der Fingernagel hatte wieder begonnen, den Daumen zu malträtieren und kleine Hautstücken herauszureißen.

»Tu ich auch nicht«, warf Tim ein und sah sie an, »aber ich habe ihn auf der PASSAT gesehen, ich schwör's.«

Jan sah sie fragend an, sie nahm den letzten Zug der Zigarette, die schon bis zum Filter abgebrannt war.

»Wir müssen doch auch irgendjemandem vertrauen können«, sagte sie unsicher, »und ich mach mir Sorgen um euch!«

Jan sah zu Tim. Das waren zwei Punkte, die offensichtlich nicht in sein Schema passten. Er dachte anders und nach dem, was sie zusammen erlebt hatten, konnte er ihn auch nur zu gut verstehen. Wieder spürte er die Distanz zwischen sich und Rita. Er ging zu ihr hinüber und wollte ihre Hand nehmen, aber sie wich ihm aus.

»Bitte lasst mich allein«, sagte Rita, ging aus der Tür und begann die Treppe hinabzusteigen.

Jan nahm seine Jacke und folgte ihr. Auf der Treppe hörte er, dass Tim ebenfalls auf dem Weg nach unten war.

»Warte mal eben draußen, ich komm gleich«, sagte er zu Tim und ging in die Küche, aus der er hörte wie ein Korken aus einer Flasche gezogen und ein Glas eingeschenkt wurde.

Er stand im Türrahmen und hatte die Hände in die Taschen gesteckt. Seine Jacke hatte er über den Stuhl gelegt und Rita eigentlich in den Arm nehmen wollen, aber sie hatte ihn weggeschoben und sich rückwärts an die Küchenplatte unter dem Fenster gelehnt. Sie hatte die nächste Zigarette in der einen Hand und ein gut eingeschenktes Wasserglas Rotwein in der anderen. Ihrer Schönheit tut das absolut keinen Abbruch, dachte Jan, und vergaß beinahe, warum er eigentlich in die Küche gegangen war. Rita trug lediglich eine verwaschene Jeans und ein weißes T-Shirt ohne einen BH darunter. Er riss sich zusammen.

»Rita«, fing er vorsichtig an, »verdammter Mist, was soll die Feindseligkeit. Wir sind alle gereizt, aber wir versuchen dir zu helfen – weil du es wolltest!«

»Ich weiß!«, sagte sie, »aber vielleicht solltet ihr die Verbrechen lieber der Polizei überlassen, im Moment wird doch alles nur immer schlimmer.«

Freudscher Versprecher, dachte Jan und biss sich auf die Zunge, während Rita weitersprach.

»Natürlich wollt ihr helfen, aber siehst du denn nicht, was hier passiert? Ihr demoliert die NOMAD vollständig, Andi ist wahrscheinlich euretwegen umgebracht worden und jetzt verdächtigt ihr schon die Polizei! Ich habe Angst, dass ihr einfach zu weit geht.« Ihre Stimme war kraftlos geworden.

Jan sah auf seine Schuhspitzen, sie hatte ihn an einer empfindlichen Stelle getroffen. Tatsächlich hatte er den Gedanken ja auch schon gehabt und wollte zur Polizei gehen. Sie hatte vermutlich Recht: Er konnte hier nicht alles und jeden verdächtigen, die Polizei und jetzt auch noch Rita.

Er blickte sie mit traurigem Gesicht an.

»Okay!«, seufzte er, »vermutlich hast du Recht. Ich sprech mit Tim darüber und wir halten uns da raus.«

»Glaub mir, wahrscheinlich ist es besser«, sagte Rita und machte zwei Schritte auf ihn zu, »und ungefährlicher. Am besten geht ihr morgen zur Polizei und erzählt die ganze Geschichte, die ihr mir auch über die PASSAT erzählt habt.«

Sie sah ihm tief in die Augen und senkte dann schnell den Blick. Die gewohnte Sicherheit fehlte in ihrem Gesicht. Sie legte den linken Arm um seinen Hals, zog ihn zu sich heran und legte den Kopf an seine Schulter. Er umarmte sie ebenfalls und spürte am leichten Zucken ihrer Schultern, dass sie weinte.

Jan wusste nicht, wie lange sie dort gestanden hatten. Irgendwann löste sie sich von ihm und hinterließ eine warme, feuchte Stelle auf seiner Brust. Sie öffnete die obere Schublade des Küchenschranks und legte die Visitenkarte von Schmudlach heraus.

»Lass Tim nicht zu lange warten, sonst stellt er noch was an.«

Jan wollte sie wieder in den Arm nehmen, aber sie war schon an ihm vorbei und auf dem Weg nach oben.

Bernd Schmudlach, Hauptkommissar, las Jan auf der Karte, bevor er sie in die Gesäßtasche seiner Jeans schob. Zerknittert ging er zur Tür und wollte gerade ins Treppenhaus treten, als er merkte, dass er seine Jacke vergessen hatte. Er drückte die Tür ins Schloss und ging zurück in die Küche. Als er mit seiner Jacke wieder an der Haustür angekommen war, hörte er, wie Rita oben telefonierte. Offensichtlich ging sie umher, sie klang verzweifelt und wütend.

»Verdammt noch mal … was machst du mit mir … hattest versprochen, dass …« Dann war sie vermutlich im Schlafzimmer angekommen und von dem Gespräch war nur noch ein entferntes Murmeln zu hören. Jan war verwirrt. Vielleicht war es besser, einfach Gras darüber wachsen zu lassen und zu hoffen, dass Rita es ihm schon erzählen würde, wenn sie etwas verschwieg. Vielleicht ging das Gespräch auch um etwas ganz anderes und er hatte viel zu viel in das alles hineininterpretiert. Vielleicht klärte sich auch irgendwie einfach alles auf, auch wenn er, was das anging, nicht allzuviel Hoffnung hatte.

21

Als Jan auf die Strasse trat, war Tim bereits fort. Sie wollten heute Nacht auf Blue Goose schlafen, damit sie nicht nach Hamburg zurückmussten. Wahrscheinlich saß Tim schon drüben in der Seglermesse und genehmigte sich ein paar Weizenbier, also machte sich Jan entlang der Vorderreihe zur Autofähre auf, die um diese Jahreszeit von Travemünde aus die einzige Verbindung zum Priwall war. Nebelschwaden zogen durch den Hafen und versuchten die Stadt in ein zeitgemäß herbstliches Grau zu tauchen. Der mäßige Südwind sabotierte dieses Vorhaben jedoch derzeit noch erfolgreich, sodass nur zeitweise ein kalter Hauch Jans Gesicht traf.

Er nahm den Weg entlang der Pier. Das Ausflugsschiff Baltic Star lag an seinem vertrauten Liegeplatz, die Augen der Festmachertrossen waren zweimal um die Poller geschlungen, offensichtlich war es selbst den Rentnern in Hamburg zu kalt für eine Kaffeefahrt. Jan ging langsam hinter der Gangway auf die Bordwand zu, unter sich konnte er das Wasser an den Baumstamm plätschern hören, der als Schutz zwischen Schiff und Kaimauer lag. Ohne Tim hatte er beim Gehen die Möglichkeit, endlich mal die Dinge vernünftig Revue passieren zu lassen. Bis jetzt hatten sie tatsächlich mit vielem falsch gelegen, da hatte Rita Recht. Sie wussten weder, wer die Steuerseile sabotiert noch den Lifebelt angeschnitten hatte, stattdessen war Andi getötet worden. Irgendwie waren sie daran tatsächlich nicht ganz unschuldig. Hätten sie bloß die Finger davon gelassen.

Seine Gedanken eilten genauso schnell wieder in die andere Richtung: Hatten sie nicht merkwürdige Dinge entdeckt, die so gar nicht zueinander passen wollten? Was war mit

Golori und seinen Yachten, was mit den eigenartigen Ruderkonstruktionen? Und warum sollte Tim lügen, wenn er sagte, Schmudlach gesehen zu haben, nachdem Andi starb? Jan war derart in sein Nachdenken vertieft, dass er fast über zwei Angeln gestolpert wäre, die mit gespannter Sehne und aufgepflanztem Alarmglöckchen von der Pier in die Trave ragten.

»Pass doch auf, wo du hintrittst!«, maulte der Angler und schob mit seinen dicken, roten Fingern und dreckigen Fingernägeln einen sich wie verrückt wehrenden Tauwurm auf den Haken einer dritten Rute.

»Ach, halt's Maul!«, antwortete Jan leise und ging weiter. Er war unglücklich. Hinter sich hörte er, wie die Angel mit hohem Sirren weit in die Fahrrinne ausgeworfen wurde, das *Tschupp* links von ihm kündete vom Aufschlag des Bleis ins Wasser, mit leisem Klickern wurde die Sehne stramm durchgesetzt. Das Glöckchen bimmelte, als es auf der Rutenspitze befestigt wurde. Danach war es wieder leise bis auf seine Schritte und das entfernte Jaulen der Hydraulik, mit der die Autofähre ihre Klappe vom Ufer hob, bevor sie über das Fahrwasser auf die andere Seite übersetzte. Jan schaute auf, die Fähre war auf dem Wege zum Priwall, und kurz hinter dem vorderen Poller erkannte er Tim, der, immer noch in Reiners Parka, starr nach vorne schaute.

Bis die Fähre wieder zurück war, die wenigen Autos und Personen ent- und beladen waren und die Fähre erneut Richtung Priwall abfuhr, hatte er jetzt eine viertel Stunde Zeit. Der Weg wich von der Pier ab, die Uferbefestigung war flacher und lediglich einige verwaiste Liegeplätze kündeten von den Motoryachten, die hier im Sommer auf ihre spärlichen Ausfahrten warteten.

Jan blieb stehen und blickte aufs Wasser. Er konnte die Yachten förmlich vor sich sehen. Den meisten Besitzern der Schiffe war wohl mit den blonden und brünetten Schönheiten auf dem Vordeck der Prospektfotos deutlich zu viel versprochen worden, sodass die Yachten nach einigen ernüchternden, anfänglichen Ausfahrten mit der Familie immer seltener benutzt wurden. Wie auch viele Segelyachten verkamen sie zu schwimmenden Wochenendhäusern, deren Maschinen nur noch für den Weg zum Kran angelassen wurden. Jan konnte die Besitzer verstehen: Wo sollte man auch hin mit so einem Schiff? Die angrenzenden Häfen hatte man alle bereist und für lange Törns fehlte meist die Lust oder das Benzingeld oder beides.

Sogar ein bisschen Neid kam in ihm hoch, wenn er an die alten Ehepaare dachte, die auf riesigen, herrschaftlichen Holzmotoryachten aus den Sechzigern ihren Lebensabend im Hafen verbrachten. Als Segler war das deutlich schwieriger, vor allem war dem Hafenleben mehr im Weg, nämlich der Mast, Schoten, Winschen, Segelsäcke … Langsam Jan, sagte er zu sich selbst, erst mal hast du noch ein paar Jahre Zeit bis dahin, zum anderen wirst du im Alter ja wohl nicht auf einem Motorboot enden. Mit einem innerlichen Grinsen musste er an einen Cartoon von Mike Peyton in einem englischen Yachtmagazin denken, auf der ein junger, offensichtlich sehr aktiver Segler nach einem Wochenende neben seinem Seesack am Bettrand kniet und betet: »Oh God, forgive my poor soul! I went cruising on an speedboat – and I liked it!«

Als Jan im Passathafen ankam, hockte Tim erwartungsgemäß in der Seglermesse, ein Glas Hefeweizen vor sich und starrte aus dem Fenster. Am Tresen saß lediglich ein älterer Mann, in dem gesamten Raum war weder hinter noch vor dem Tresen eine Bedienung zu sehen. Jan öffnete die Jacke, nahm sich den Stuhl neben Tim und setzte sich. Mit einer Hand griff er in seine Gesäßtasche und legte die Visitenkarte auf den Tisch. Tim starrte ihn an, in seinem Blick lag zu gleichen Teilen Unverständnis und Enttäuschung.

»Was willst du?«, fragte er, »hat Rita dich wieder um den Finger gewickelt?«

»Hör mal, Tim …«

»Nein«, unterbrach ihn Tim, »ich weiß absolut nicht, was hier vorgeht. Aber mit dem hier will ich garantiert nichts zu tun haben!«

Verächtlich schnippte er Schmudlachs Karte über den Tisch.

Jan zog sie zu sich heran und nahm sie vorsichtig zwischen zwei Finger. »Aber er ist Polizist, oder? Ich habe gelernt, dass man zur Polizei geht, wenn Sachen schief laufen, vor allem, wenn sie derart schief laufen!«

Tim sah ihm in die Augen.

»Vielleicht ist er Polizist, aber die Sache ist unterdessen viel komplizierter geworden. Sie hat eine gehörige Eigendynamik entwickelt. Schmudlach ist nicht nur Bulle, er ist auch ein Mörder, ich habe es mit eigenen Augen gesehen. Was glaubst du, können wir jetzt noch machen? Zu ihm gehen und sagen, was wir alles wissen? Damit liefern wir uns selbst ans Messer. Oder wir gehen zu jemand anderem von der Polizei und beschuldigen Schmudlach des Mordes. Erst mal glaubt uns das keiner und außerdem erfährt er wieder alles, was wir wissen. Und für die PASSAT-Geschichte und die NOMAD-Strandung müssten wir uns außerdem verantworten.«

»Gut, Mister«, antwortete Jan nach einigem Nachdenken, »und nun? Soweit ich verstanden habe, glaubst du weder der Polizei noch Rita. Letzteres tut mir natürlich persönlich weh. Aber mal angenommen, du hast Recht, was sollen wir deiner Meinung nach jetzt machen? Nichts machen geht nicht, schließlich suchen die uns noch ...«

Sein Blick wanderte zur PASSAT: Wenn die wüssten, dass wir ausgerechnet hier sitzen, dachte er bei sich.

Tim lehnte sich zurück und grinste ihn schief an.

»Stimmt, machen wir auch nicht. Wir machen es allen recht, aber nicht vollständig, sondern so wie wir möchten, und dann schaun wir mal, was passiert!«

Er hielt inne, deutete auf sein Bier und hob zwei Finger. Offensichtlich war die Bedienung wieder aufgetaucht.

Jan hörte, wie sich zwei Männer am Tresen über das herbstliche Wetter und die Folgen für kranke Gelenke unterhielten, während zwei Kronkorken geöffnet und zwei Weizenbiere eingeschenkt wurden. Das Gespräch in seinem Rücken verstummte, leise scharrte das Tablett über die Tresenkante und der Wirt stellte die Biere vor sie auf den Tisch.

»So die Herren! Wohl bekomm's!«, sagte er und ging wieder.

Wortlos nahmen sie die Gläser auf und stießen zögernd mit den dicken Glasböden an.

»Weitermachen?«, fragte Tim.

Jan wartete unentschlossen. Irgendwann musste er sich einmal für eine Richtung entscheiden.

»Weitermachen!«, stimmte er schließlich zu.

Unsicher lächelte er etwas. Tim grinste zurück.

»Was meintest du damit, es allen recht zu machen?«, fragte Jan.

»Ich meine, wir gehen morgen zu Schmudlach und erzählen ihm eine Super-Geschichte. Und wie die genau aussehen soll, das überlegen wir uns jetzt.«

Wieder grinste er, aber diesmal über das ganze Gesicht.

»Glaub mir, auch wenn es manchmal nicht so aussieht, mach ich mir auch gewaltige Sorgen um das Ganze. Ich glaube auch, dass das alles eine Nummer zu groß ist. Aber außer uns scheint keiner ein Interesse an der Aufklärung zu haben. Und schließlich waren es unsere Freunde.«

Er sah Jan an, sein Gesicht war wieder ernst geworden. Das erste Mal, seit Jan ihn kannte, hatte Tim von Freunden gesprochen.

»Wir lassen Schmudlach für uns arbeiten. Als Nebeneffekt erfährst du dann gleich, ob Rita mehr weiß, als sie uns sagen möchte. Irgendwie wirkt sie ja streckenweise zerstreut. Verstanden?«

Und ob Jan verstanden hatte. Er dachte an die Fetzen des Telefonates, das er aufgeschnappt hatte, und sein Gefühl für sie. Die Kombination aus allem schnürte ihm die Kehle zu. Glücklicherweise half das Bier dagegen und er entspannte langsam wieder. Er hob sein Glas.

»Verstanden«, sagte er. Diesmal wusste er, dass Tim Recht hatte.

Hinter seinem Rücken wurde das Gespräch während des Spülens von Tims letztem Bierglas wieder aufgenommen, weiterhin drehte es sich um Herbst und Gelenke, weshalb man eigentlich schon lange mit seinem Boot auf Mallorca liegen müsste. Nächstes Jahr, beteuerte der Mann am Tresen, würde er sein Schiff endgültig dorthin verlegen, dann sei Schluss mit Segeln in der Kälte – Ehrenwort.

22

DER RHYTHMISCHE, STAMPFENDE KLANG von Fitness-Musik drang aus den Kellerräumen des Altenheimes durch die Hagebuttenbüsche, die den Eingang säumten. Während die Senioren auf den Matten ihre Gelenkigkeit trainierten, heulten in den oberen Geschossen die Staubsauger des Putzgeschwaders. Das Restaurant war hell erleuchtet, die Frühstückszeit war noch nicht vorbei, und der Pianist, der auf dem weißen Flügel zu festlichen Anlässen zum Tanz aufspielte, untermalte jetzt das Frühstücksbuffet mit leichter Entspannungsmusik. Der Spieler sah kurz aus dem großen Fenster, durch das auf der anderen Seite der zweite Wohntrakt des Altenheimes zu sehen war, auf die Straße. Sein und Jans Blick trafen sich, ohne dass einer von beiden eine Reaktion zeigte. Es war nicht ersichtlich, ob er seine Musik mochte oder ihm seine Arbeit Spaß machte. Plötzlich hielt er inne und seine Augen weiteten sich. Mehr konnte Jan nicht sehen, denn wenige Zentimeter vor seinen Fußspitzen kam schwungvoll ein mächtiger Nissan-Geländewagen zum Stehen. Jan prallte zurück, während sich das Fenster öffnete.

»Mensch Jan, Tim, gut euch zu sehen! Dieses Wochenende ist Saisonabschluss, Eiszeitregatta. Ihr seid fest eingeplant, wir haben auch niemand anderen. Ich hoffe, ihr seid dabei?«

Jan trat einen Schritt näher an die heruntergelassene Scheibe, drinnen saßen Michael und Carsten und grinsten ihn an.

»Wir haben dir ungefähr zehn Nachrichten auf deinem Handy hinterlassen«, Carsten beugte sich aus dem Dunkel der Beifahrerseite hinüber, »benutzt du das Ding denn nicht mehr?«

»Na ja … das Handy hatte einen kleinen Unfall, ist ein bisschen nass geworden, aber so geht's ja auch.«

»Nett gesagt, so geht's ja auch. Wir wussten gar nicht, ob wir mitsegeln können, weil wir euch beide nicht erreicht haben«, Michael war deutlich sauer, »riggt ihr nachher mit auf?«

Jans Antwort wurde durch ein einsetzendes Hupkonzert auf der Fähre unterbrochen. Hinter Michaels Trailer mit der dänischen X-79 stauten sich weitere Mannschaften mit ihren Schiffen, der Fährmann winkte ungeduldig. Jan hob lediglich die Hand zur Bestätigung und Michael gab Gas. Der Trailer ratterte vorbei, dicht gefolgt von einem großen BMW, ebenfalls mit einem Schiff im Schlepp. Was sie von der Verzögerung hielten, machte dessen Crew mit eindeutigen Handzeichen klar. Auf dem Beifahrersitz erkannte Jan Junior. Golori, hinter dem Lenkrad sitzend, würdigte Jan und Tim keines Blickes.

»So, die Herren haben sich also zur Zusammenarbeit mit der Polizei entschieden.«

Schmudlach saß auf einem hölzernen Amtsstuhl hinter einem plastikfurnierten, abgenutzten Schreibtisch und schmatzte beinahe vor Zufriedenheit. Neben dem hohen Fenster, das einen Blick auf die Straße freigab, hielt ein stählerner Garderobenständer mit ausgestrecktem Arm den unvermeidlichen beigefarbenen Anorak.

Jan und Tim sahen sich an. Sie saßen Schmudlach gegenüber. Die thermostatlose, gusseiserne Heizung neben ihnen schickte eine schier unerträgliche Wärme in den Raum, die durch die offen stehende Klappe im oberen Teil des Fensters flirrend nach draußen strömte. Jan spürte, wie ihm der Schweiß auf die Stirn stieg, er traute sich aber nicht ihn wegzuwischen. Schmudlach war ein unangenehmer Kerl und offensichtlich nicht bereit, es den beiden leicht zu machen.

»Ich höre, meine Herren.«

Schmudlachs Ton wurde hart. Seine Unterlippe war permanent in Bewegung, während er mit seinen Schneidezähnen kleine Stücke an ihrer Innenseite abriss. Mit der rechten Hand drehte er einen Kugelschreiber um seine Achse und ließ ihn rhythmisch auf das vor ihm liegende Papier fallen. Auch nervös, dachte Jan, beruhigend.

Tim lehnte sich auf dem Stuhl zurück.

»Wir glauben, dass Ermittlungen auf eigene Faust nicht weiterhelfen. Mein Freund und ich hatten gedacht, dass wir vielleicht etwas zur Aufklärung beitragen können, Dinge, die sonst vielleicht übersehen werden, weil doch nach dem Unfall auf der Nordsee so gar nichts geschah.«

Schmudlach stützte seine Ellenbogen auf den Schreibtisch. Der Kugelschreiber war in seiner Faust verschwunden, der Daumen drückte ihn in ungleichmäßigen Abständen rein und raus.

»Sie müssen nicht denken, dass bei der Polizei nichts geschieht, bloß weil Sie innerhalb kürzester Zeit nichts von uns hören. Das ist ein schwieriger Fall, mit dem ich mich persönlich intensiv befasse, aber schließlich kommen auch immer noch neue Fälle hinzu. Sicherlich haben Sie beide schon von dem Toten im Hafen gehört.«

Schmudlach zog die Augenbrauen hoch und fing wieder an seine Unterlippe zu bearbeiten.

»Nur das, was man so hört«, antwortete Tim, »weiß man schon, wer der Tote ist?«

»Oh! Das hört man noch nicht?« Schmudlach machte ein erstauntes Gesicht. »Ich dachte, Ihre Kontakte nach Travemünde wären gut genug, als dass das bei Ihnen angekommen wäre.«

Sein Blick ruhte nun auf Jan, Unterlippe und Kugelschreiber hatten ungefähr das gleiche Tempo angenommen. Jan spürte, wie der Schweiß unter seinen Achseln zu laufen begann, er schwitzte am ganzen Körper, sein T-Shirt klebte an seinem Oberkörper, er fühlte sich, als hätte er seit Tagen nicht geduscht. Schmudlach sprach weiter, während er seinen Blick zwischen beiden hin- und herwandern ließ.

»Der Tote war Bootsmann auf der PASSAT – eigentlich erstaunlich, dass Sie das nicht wussten. Andreas Jensen, kannten sie den Mann?«

»Keine Idee!« Tim schüttelte leicht mit dem Kopf, während er Schmudlach direkt in die Augen sah.

»Kanntest du den?«, fragte er, an Jan gewandt.

»Nie gehört«, sagte Jan, »ich bin in meinem Leben noch nicht auf der PASSAT gewesen.«

Durch die geschlossene Tür waren aus dem Vorraum leise Stimmen und das ungeschulte Einschlagen auf die Tastatur einer Schreibmaschine zu hören.

»Schade«, sagte Schmudlach, und machte sich einige Notizen auf seinem Zettel, »da hatte ich mir mehr von Ihnen erhofft. Und wie das Schiff des verstorbenen Herrn Peer …«, er schlug einen Aktendeckel neben sich auf, »… Peer Schmidt auf die Sandbank vorm Hafen kam, wissen Sie dann vermutlich auch nicht?«

»Losgerissen wahrscheinlich, oder gestohlen«, antwortete Tim mit überzeugtem Ton, »wir hatten das Schiff gerade aus Kiel geholt, hatten es hier auf einen Liegeplatz gelegt und uns auf den Weg nach Hause gemacht. Die Frau, äh, die Witwe von Herrn Schmidt hat uns erzählt, dass es gestrandet ist.«

Das zumindest entsprach einigermaßen der Wahrheit.

»Und warum waren Sie am nächsten Tag schon wieder in Travemünde, obwohl Ihre Aufgabe doch mit der Überführung erledigt war?«

Schmudlach setzte sich auf und blickte die beiden triumphierend an. Jan spürte, wie Tim neben ihm unruhig wurde. Auf diese Frage waren sie nicht vorbereitet. Auch wenn sie wussten, dass Schmudlach sie nicht auf die Nacht auf der PASSAT festnageln konnte. Schließlich wusste das niemand offiziell.

»Weil jetzt am Wochenende Regatta ist«, schaltete Jan schnell, »Eiszeit! Da segeln wir mit. Das Schiff ist schon da.«

Er lächelte, während sich Schmudlach scheinbar unbewegt Notizen machte. Gerettet!, jubelte Jan innerlich. Das

Gespräch mit Schmudlach wandte sich anderen Themen zu, drehte sich noch einmal um die Ereignisse auf der Nordsee, was geschehen war und was die beiden vermuteten, wer es gewesen sein könnte. Einhellig gaben die beiden an, dass vermutlich Peers Bruder Reiner der Saboteur war, warum, wüssten sie auch nicht und hätten darüber nicht allzuviel in Erfahrung bringen können. Aber der Umstand seines Verschwindens spräche ja schließlich für sich, vermutlich hatte er sich schon lange ins Ausland abgesetzt.

Während Schmudlach ihre Aussage noch einmal zeitintensiv mit zwei Fingern in die Schreibmaschine hackte, starrten Jan und Tim unbeweglich nach draußen. Auf den Wartespuren der Fähre waren unterdessen weitere Gespanne angekommen, die Crews stiegen aus ihren Fahrzeugen und begrüßten sich untereinander. Gemeinsam fingen sie an, um die Schiffe herumzugehen und Details zu begutachten.

Jan tippte auf Tims Unterarm.

»Gernot«, sagte er und deutete nach draußen.

»Was sagten sie?« Interessiert blickte Schmudlach von seinem Formular auf.

»Nichts! Wir haben bloß einen Bekannten entdeckt, mit dem wir das Jahr über segeln«, antwortete Tim.

Schmudlach drehte seinen Kopf zum Fenster, sah auf den Vorplatz und machte sich wieder über sein Formular her.

Nachdem sie das Protokoll unterschrieben hatten, traten die Freunde vor die Tür. An der Fähre schloss gerade die Klappe, ein Fußgänger rannte noch die Rampe hinunter, bevor die Fähre ablegte und den Vorplatz wie leergefegt hinterließ. Sie gingen einige Schritte Richtung Hafen, bevor sie wieder sprachen.

»Meinst du, der hat uns geglaubt?«, fragte Jan.

»Nicht ein Wort, außerdem war der Bulle supernervös. Der hatte, glaube ich, mehr Angst vor dem Gespräch als wir.«

»Oder er wüsste tatsächlich gerne mehr.«

»Oder er weiß mehr und kann es nicht zugeben.«

»Weil er dann zugeben müsste, dass er es von Rita weiß?«

»Puh!«, schnaufte Tim, »das hast du gesagt, keine Ahnung. Vor allem müsste er aber zugeben, dass er in der Nacht auch auf der PASSAT war.«

»Jetzt haben wir ihm gegenübergestanden. Du bist davon immer noch fest überzeugt, oder?« Jan blieb stehen.

»Hundertprozentig! Glaubst du mir etwa nicht? Ich habe ihn gesehen, und ich habe gesehen, wie er Andi umgelegt hat.«

»Schon gut«, beschwichtigte Jan, »dann wissen wir jetzt genauso viel wie vor unserem Besuch.«

»Mehr war ja auch nicht zu erwarten. Aber wir wissen mehr von ihm, als er ahnt. Und das sind Sachen, die ihm gar nicht gelegen kommen. Jetzt werden wir mal hübsch abwarten, was er als nächstes macht. Bis jetzt hat er uns gejagt, jetzt beobachten wir ihn.«

Jan machte die Sache nervös: Die Polizei zu belügen passte nicht in sein durch und durch bürgerliches Denkschema, so war er nicht erzogen worden. In seinem Leben waren bisher stets die Bösen die Bösen und die Guten die Guten, und selbst das eigentlich meist nur in Büchern. Dass er einen Polizisten in der Realität einmal belügen und darauf warten würde, dass dieser etwas Ungesetzliches macht, brachte sein Weltbild ins Wanken.

»Und wenn die Geschichte schief geht?«, fragte er.

Tim sah ihm in die Augen, legte ihm eine Hand auf die Schulter und sagte mit dem Ton des großen Bruders:

»Da kann nichts schief gehen! Wir wissen zwar immer noch nicht, wie er da drin hängt, aber er kann uns ja nicht einfach abknallen. Irgendwann macht er jetzt einen Fehler, und zwar vor unseren Augen, weil er glaubt, wir sehen jetzt nicht mehr hin.«

Tim blickte prüfend nach oben. Die Flagge auf dem Giebel des Hauses, vor dem sie standen, wehte aus Richtung Nordost, der Himmel wurde langsam blau.

»Außerdem – was willst du? Es gibt doch bestimmt schlechtere Möglichkeiten die Wartezeit zu überbrücken, als schön ein Wochenende bei feinstem Wetter zu segeln. Da treffen wir dann auch gleich Golori und Gernot auf der Bahn und sehen mal, wie die so drauf sind. Und jetzt will ich erst mal nach Niendorf und meine Sachen wiederhaben!«, erklärte er bestimmt, weil er immer noch in Reiners Parka und der roten Hose herumlief.

Jan grinste, fast hatte er sich daran gewöhnt, dass Tim jetzt wie Reiner aussah, hatte ebenfalls Kleidung von Reiner an und war genauso begierig, sie wieder loszuwerden.

Ein Taxi brachte sie über die leeren Landstraßen zwischen den Badeorten auf die andere Seite des Steilufers. Aufgrund des guten Wetters herrschte leichter Ausflugsverkehr und sie ließen sich direkt am Hafen absetzen. Reiner hatte ihre Sachen unterdessen mit Süßwasser gespült und auf den riesigen Heizröhren der Fischhalle getrocknet. Er selbst war nicht an Bord. Überrascht und erfreut zogen Jan und Tim sich um und gingen zurück, um sich ein Taxi zu organisieren, schließlich hatten sie Michael und Carsten versprochen, das Boot mit aufzutakeln. Morgen früh war die erste Wettfahrt, da musste das Schiff segelfertig sein.

23

Reiner saß in einem Straßencafé und trank einen Cappuccino. Nicht, dass das an sich etwas Besonderes gewesen wäre, aber segeln und Bier gehörten für ihn eigentlich zusammen, weshalb er sich heute morgen, wie sollte es anders sein, zielstrebig auf die Suche nach einer Kneipe gemacht hatte. Er war erst ein Stück den Strand entlanggegangen, hatte die Möwen in ihrem Flug beobachtet und dem Wasser gelauscht, das mit kleinen, kristallklaren Plätscherwellen mit den Muschelschalen an seinen Füßen spielte. Grüner Seetang wogte im flachen Wasser gleichmäßig hin und her, schwarze und graue Steine verteilten sich auf dem gebrochenen Weiß des Strandes. Der Sand war bis auf wenige Spuren von Spaziergängern glatt und unberührt, die Luft roch nach See.

Reiner erinnerte sich an seine Kindheit, als er allein an den Strand flüchtete, um seinem Elternhaus zu entgehen. Der Strand und das Wasser waren für ihn der Ersatz eines Zuhauses gewesen. Stundenlang hatte er sich zu jeder Jahreszeit allein mit den Steinen und den plätschernden Wellen an seinen Füßen beschäftigt. Hatte dem Wind gelauscht, die Kälte gespürt und sehnsüchtig den Segel- und Motoryachten hinterhergesehen, die mit unbekanntem Ziel aus der Hafeneinfahrt am Ende des Strandes kamen. In seiner Fantasie waren sie auf dem Weg zu fernen, heilen Welten, in denen sich die Menschen vertrugen und nett zueinander waren. In seinen Träumen war er dann an Bord einer eigenen Yacht auf dem Weg in diese fernen, warmen Gestade.

Wie es an Bord sein würde, wusste er nicht, er wusste nichts von Enge und Entbehrungen. Schließlich war er nie an Bord einer Yacht gewesen, er kannte Schiffe nur von den Schwarz-Weiß-Fotos in den Weltumseglerbüchern, die er sich aus den Bücherhallen holte. Die hatte er ausgeschnitten und auf seinen kleinen selbstgebauten Kartentisch am Fußende seines Bettes geklebt. An den Rand der Weltkarte mit den Kursen von KAIROS, MAUNA KEA oder TABOO, den Yachten seiner Vorbilder.

Erst der Sonnenuntergang über dem gegenüberliegenden westlichen Ufer trieb ihn wieder vom Strand zurück zu seiner Familie, in der er sich wie ein Fremder fühlte. Warum wollen die mich nicht?, hatte er sich immer wieder gefragt. Die Frage muss in seinen Augen gestanden haben, während er seine Eltern anblickte. Die waren aber offensichtlich zu sehr in ihrer eigenen Welt gefangen, als dass sie sich um ihn hätten kümmern können. Sie waren zu sehr damit beschäftigt, sich jeweils selbst zu schützen, ohne sich dabei zu nahe zu kommen. Sie konnten für Geld sorgen, für Essen, Schule, Auto und ein vernünftiges Äußeres, aber die Seele eines kleinen Menschen hatten sie nicht verstanden, wahrscheinlich nicht mal ihre eigene. Reflektion war in ihrer Generation einfach nicht üblich. So war er zwar gut erzogen, sauber und höflich, aber am nächsten Morgen zog es ihn wieder zu seinem Strand, seinem Zuhause.

Mit der Zeit hatte er sich immer weiter von ihnen entfernt. Wenn er Sorgen hatte, hatte er gelernt, sie mit sich selbst zu besprechen. Er war zunehmend introvertiert geworden, wortkarg, wenn es um wichtige Dinge ging, und vorlaut bei Oberflächlichem. Er drohte seiner Umwelt mit seinem Auftritt und ließ niemanden mehr an sich heran. Er machte weite Reisen auf der Suche nach der heilen Welt, von der er früher träumte, nur um festzustellen, dass er auch hier ein Fremder war. Die heile Welt seiner Fantasien gab es nicht. Auch nicht an Bord der Schiffe, denen er nachgesehen hatte, nicht einmal an Bord von NEVER GIVE UP fand er sie, wenn er alleine unterwegs war. Nahe war er seinem inneren Frieden nur, wenn er sich von seiner weichen Seite zeigte und er mit jemandem zusammen war, der ihn liebte und verstand. Sein selbst aufgebautes Image und sein Schutzwall um ihn herum ließen so ein Leben allerdings nicht zu, und nach dem Vorbild seines Elternhauses zerstörte er es, sobald es zuviel Nähe versprach.

Als die Promenade anfing, wechselte Reiner vom Strand nach oben. Ein Gehweg führte, geschützt durch eine kniehohe Betonmauer, vorbei an kleinen Häusern mit Ferienwohnungen. In einigen brannte Licht, warmes Licht, die Menschen saßen beim Frühstück oder bereiteten sich auf den Tag vor. Hin und wieder begegnete er Fußgängern, die jetzt am Vormittag nach Shampoo, Deo oder Parfum rochen.

Einen guten Kilometer später stand er vor seinem Ziel. »Hartmuts Bierstube« stand über den mit dunkel getäfeltem Holz eingerahmten Fenstern. Gelbe Leuchtbuchstaben mit grünem Rand, in der gleichen Farbe wie die Jever-Zeichen, die den Schriftzug links und rechts flankierten. Fast magisch zog ihn die Eingangstür an, er ergriff die Messingstange, wich zurück und unternahm einen zweiten Anlauf. Ein Schwall von kaltem Rauch und schalem Bier waberte auf die Promenade. Reiner ließ den Griff wieder los, die Tür schlug zu. Er machte zwei Schritte rückwärts und setzte sich auf die Mauer hinter sich. Während er die Welt betrachtete, die sich klar und sauber ihren Weg zurück in seinen Kopf bahnte, öffnete sich die Tür und ein grauhaariger Mittfünfziger mit zurückgegeltem Haar schaute heraus. Sein buschiger grauer Schnauzer war unter den Nasenlöchern vom vielen Rauchen braun.

»Wir haben schon auf, du kannst ruhig reinkommen«, brummte er unfreundlich, »oder soll ich dir dein Bier nach draußen bringen?«

»Danke, ich schaff's schon alleine, ich brauch dich nicht«, sagte Reiner eher zu sich selbst, während er aufstand und langsam nach Niendorf zurückging. Gerade war etwas dabei, die Herrschaft über ihn zu verlieren. Er übernahm allein die Kontrolle. Was er jetzt zu tun hatte, wusste er, er alleine – er hatte es in seinem Leben noch nie so klar vor sich gehabt.

Langsam, fast vorsichtig ging er durch die Einkaufszone, in der das tägliche Leben erwachte. Frauen kauften ein, während die Kinder an dem großen Wasserbecken des Brunnens spielten, aus den Bistros und Bäckereien strömte der Duft frischen Kaffees. In einem Straßencafé nahm er Platz, die Bedienung lachte ihn an, während er etwas unbeholfen seinen Cappuccino bestellte. Durch die große Scheibe blickte er auf die Fußgängerzone, dahinter folgte ein kleines Waldstück, ein Hotel und dann die Ostsee. Er dachte an die vergangenen Tage zurück.

Erst nach dem Einlaufen in Niendorf hatten Jan und Tim Reiner endlich wecken können. Er war weder betrunken noch krank, sondern einfach total übermüdet vom Einhandsegeln. Mit einem frischen Kaffee, den sie von der nächsten Fischbude geholt hatten, hatten sie ihm wieder Leben eingehaucht. Gemeinsam hatten sie mit ihm das Schiff aufgeräumt. Er gab Jan einige Sachen zum Anziehen und sie hatten sich unterhalten. Anfangs noch mit Vorbehalten, wurde das Gespräch nach und nach ruhiger, fast intim. Reiner antwortete ohne Aggressivität auf ihre Fragen. Die zwei waren in Ordnung, die wollten nichts von ihm, hatten sein Schiff sicher hierher gebracht und sorgfältig festgemacht.

Wo er mit seinem NEVER GIVE UP die ganze Zeit gewesen sei, wollten sie wissen, seit er aus Deutschland weg sei. In der Zeit hätte er ja gewaltige Strecken gesegelt sein müssen.

»Ich bin nie weit weggekommen«, hatte Reiner fast schüchtern geantwortet, »die meiste Zeit habe ich in der Ostsee verbracht. Bin losgefahren Richtung Skagerrak, Norwegen, dann nach Dänemark und als es mir dort auch zu einsam war, wieder nach Travemünde.«

Hier wollte er sich seine Rückkehr allerdings vor niemandem eingestehen und hatte in der Pötenitzer Wiek, einem Blindarmfortsatz der Trave auf der anderen Seite vom Priwall, vor Anker gelegen und gehofft, dass ihn niemand fände. Dann war er wieder gestartet, durch den Fehmarnsund gekreuzt und nachts auf einer Großschifffahrtsroute fast von einem Frachter versenkt worden. Völlig übermüdet war er umgedreht, als er nur noch wenig Diesel hatte und den Rest der Strecke segeln musste. Schließlich hatte ihn die Müdigkeit wieder eingeholt.

Die beiden Jungs, die ihn aufgelesen hatten, hatten ihm die Augen geöffnet. Ihnen war es völlig egal, was er für eine Vergangenheit hatte, was man über ihn sagte. Sie hatten ihn einfach nur gepflegt, schlafen gelegt und ein wenig mit ihm gesprochen, ganz normal. Diese Normalität wollte er nicht wieder verlieren. Besieg die Vergangenheit!, rief es in seinem Inneren, es ist nie zu spät für einen neuen Anfang! Ihm war klar geworden, dass das Bild vom segelnden Macho, das er versuchte aufrecht zu halten, nicht seinem Inneren entsprach. Der griesgrämige Einzelgänger, der nie ein Blatt vor den Mund nahm, war sein Schutzmantel gewesen, der ihn vor zu viel Nähe bewahrte. Nähe, die er so dringend brauchte.

Er bezahlte seinen Cappuccino, die Bedienung hinter dem Tresen lächelte wieder, obwohl sie seinen Aufzug skeptisch beäugte: Er stand in seinem an den Knien ausgebeulten Faserpelz vor ihr, hatte seine Adidas-Badelatschen an und seine Jeantex-Ölzeugjacke darüber. Reiner schaute an sich herunter und grinste:

»Keine anderen Sachen mehr an Bord«, bemerkte er.

Die Verkäuferin nickte und lächelte verlegen. Er ging aus der Tür hinaus in die Fußgängerzone. Allzu viele Segler mochte sie in ihrem Leben noch nicht getroffen haben, sonst hätte ihr diese Kleidung etwas gesagt. Aber Niendorf war ein winziger Yachthafen, der eigentlich keine Bedeutung besaß, und die Besucher, die hier Urlaub machten, wollten an den Strand und nicht zum Segeln. Niendorf und Timmendorf ließen sich mit Sylt vergleichen: Direkt am Wasser, aber die Touristen wollten nur bis an den Strand, mit Segeln oder Surfen hatte nur ein Bruchteil etwas zu tun.

Reiner schlenderte langsam zurück an Bord. Erstaunt bemerkte er, dass in der Sackgasse zum Hafen der Boden nach Kiefernnadeln und Erde roch und einige verlorene Spatzen und Meisen auf der Suche nach Futter fiepend durch die Blätter der Buchen raschelten. Der Parkstreifen war gerade einmal zur Hälfte belegt, und während er in den kleinen Weg zum Hafen abbog, fiel ihm ein Auto am Ende der Straße auf. Ein dunkler Mercedes mit drei Männern, die bestimmt nicht zum Spazierengehen hier waren.

Ohne sie weiter zu beachten stieg er an Bord seiner treuen NEVER GIVE UP und öffnete das Schiebeluk. Unter Deck waren die Sachen der Jungs verschwunden; er war fröhlich bei dem Gedanken, wie sie wohl geguckt hatten, als sie sie gewaschen und trocken vorgefunden hatten. Reiner stellte das Radio an, legte eine Kassette ein und zog seinen Faserpelz aus. Seine rote Hose und der Parka lagen ordentlich auf dem Kartentisch, die roten Segelschuhe standen darunter.

Nachdem er sich angezogen hatte, sah er in den Spiegel und an sich herab. Die Klamotten können jetzt auch weg, dachte er. Während er über neue Kleidung nachdachte, hörte er Schritte an Deck. Eine Gestalt stand im Niedergang und fragte:

»Tim? Tim Dörner?«

Er drehte sich um und ehe er antworten konnte, rissen ihn zwei Schüsse von den Beinen. Er prallte an die Kombüse, hielt sich mit beiden Händen rückwärts an der Spüle fest und blickte ungläubig auf seine Brust. Die Kugeln hatten in dem Parka zwei groteske Löcher aufplatzen lassen, aus denen tiefrot das Blut quoll. Mit aufgerissenen Augen sah er seinen Angreifer an. Wortlos drückte der Mann noch zweimal ab. *Poffpoff!* machte der Schalldämpfer und Reiner sank leblos zusammen. Sein Schädel schlug auf die Kante der Salonbank, bevor sein Körper schließlich reglos auf dem Bauch lag.

Das Blut sickerte unter dem Parka hervor, lief das weiße Bodenbrett entlang, bildete an einem Spalt einen kleinen See, bevor es in die Bilge ablief. Aus dem Radio ertönte Musik von Reiners Lieblingskassette: … *Heute fängt ein neues Leben an, du alleine, du bist Schuld daran* … Der Mann im Cockpit sah sich um, sicherte seine Pistole und steckte sie unter die Jacke. Dann stieg er übers Deck an Land und seine Schritte entfernten sich. … *alles ist so wunderbar, dass ich es kaum verstehen kann*, tönte es ihm leise aus dem Niedergang hinterher.

24

DIE ›HERZ AUS GOLD‹ RAUSCHTE mit voller Fahrt auf die Startlinie zu, die Crew hing in den auf den Seitenbänken angebrachten Ausreitgurten um die Lage zu verringern. Die Fock war über die luvwärtige Fallwinsch auf dem Kajütdach maximal dichtgeholt, das Großsegel im Achterliek leicht geöffnet, der Traveller stand vollständig in Lee. Laut knallend setzte das Vorschiff in die Seen ein, als sich das Schiff seinen Weg hart am Wind nach Luv kämpfte. Das Startschiff glitt an Steuerbord vorbei, die Windabdeckung des hölzernen Kutters ließ die HERZ AUS GOLD sich einmal kurz aufrichten, ehe der Winddruck sie wieder mit 20 Grad Lage voranschob.

»Okay! Wende und dann abfallen, das langt«, rief Michael, der mit dem Aluminium-Pinnenausleger ganz achtern im Cockpit saß.

»Klar?«

»Klar!«, kam die Bestätigung von vorne; die kleine Yacht dreht mit dem Bug durch den Wind und fiel ab. Carsten fierte die Genuaschot und Jan ließ die Großschot langsam durch seine mit Handschuhen geschützten Finger gleiten, je raumer der Wind einfiel. Außen um das Startschiff herum waren sie wieder zu den anderen Rennyachten zurückgekehrt und fuhren jetzt in Lee der Startlinie auf und ab.

»Wir versuchen ganz am Startschiff zu bleiben, die rechte Seite der Linie ist scheinbar ein wenig im Vorteil. Zeit?«, fragte Michael.

»Sechs dreißig«, gab Jan zurück.

»Können wir die Eins halten?«

Er meinte die große Genua 1, die die Fläche zwischen Vorstag und Mast um 30 Prozent überragte und erst weit hinter den Wanten auf der Genuaschiene geschotet wurde. Als Alternative stand auf den Schiffen der X-79-Einheitsklasse die Genua 3 zur Verfügung, die das so genannte Vorsegeldreieck zu nahezu hundert Prozent ausfüllte, also wesentlich kleiner war. Würde der Wind noch etwas zunehmen, wäre es besser, schon mit der kleinen Genua loszufahren, weil man immer versuchte eine Wettfahrt, die lediglich eine knappe Stunde dauerte, ohne Segelwechsel zu Ende zu bringen. Ein Segelwechsel bedeutete immer eine Person auf dem Vordeck, damit war das Schiff aus dem Trimm, würde nicht mehr so konzentriert gesegelt werden und damit Geschwindigkeit verlieren. Würde der Wind jedoch tendenziell abnehmen, würde man das große Vorsegel lieber gleich oben lassen, weil es dem Schiff an der Kreuz sonst an Kraft fehlte, gegen die Wellen anzufahren.

Eine Böe legte das Schiff auf die Seite, weiße Kämme bildeten sich auf der Wasseroberfläche.

»Nimmt eher zu«, meinte Carsten, »ich würde für die Drei plädieren.«

»Ich weiß es nicht«, sagte Jan, Tim vor ihm war der gleichen Ansicht.

Auf der HERZ AUS GOLD gab es ein gut funktionierendes demokratisches System, das bei Abstimmungen herangezogen wurde. Früher hatte häufig keiner geantwortet, wenn es um eine Entscheidung ging. Der Rudergänger saß dann mit Taktik oder Segelwechsel alleine da. Jetzt hatten sie sich darauf geeinigt, dass alle etwas sagen mussten: Entweder man hatte es sich gut überlegt und eine eigene Meinung, dann konnte man auch eine fundierte Antwort geben. Oder man antwortete wahrheitsgemäß, dass man es nicht wusste. Und jetzt war es Carsten, der offenbar als einziger den Wind aufmerksam beobachtet hatte, die anderen waren zu sehr mit der Startvorbereitung beschäftigt.

»Dann die Drei!«, bestimmte Michael. Tim warf das Fall los, Carsten war bereits auf dem Vordeck und bändigte die Eins, während Jan den Segelsack mit der Drei heraufgab. Die große Genua verschwand ohne zusammengelegt zu werden im Niedergang, das Aufräumen könnte dann zwischen den Wettfahrten geschehen, jetzt war die rechtzeitige Startvorbereitung wichtig. Carsten hatte die kleine Genua am Vorstag angeschlagen und knotete noch die Schoten ins Schothorn, während Tim an der Fallwinsch auf seinen Auftritt wartete.

»Kann hoch!«, rief Carsten und Tim zog das Fall mit den Händen und einer Windung auf der Winsch bis nach oben, legte zwei weitere Törns um die Winsch und holte das Vorliek dicht. Knappe vier Minuten vor dem Start hatten sie das Schiff wieder im Trimm. Fast die Hälfte des Feldes hatte ebenfalls auf die Drei gewechselt, die anderen vertrauten darauf, dass der Wind nicht weiter zulegen würde. Unter ihnen auch Golori und Junior auf ihrer dunkelgrünen IMPERIAL, die sich weit an Steuerbord der Startlinie aufhielt und immer wieder halbwinds einen Anlauf auf die Startlinie unternahm, um sich mit voller Geschwindigkeit von Luv auf die Linie zu schieben. Das Risiko war groß, denn wenn dort keine Lücke war, mussten sie warten, bis alle Schiffe hart am Wind an ihnen vorbei waren, weil diese Vorfahrt hatten. Wenn die Lücke allerdings da wäre, könnten sie mit großer Geschwindigkeit an die Kreuz gehen und lägen auf Backbordbug vor dem ganzen Feld.

»Eine Minute!«, rief Tim fast gleichzeitig mit dem Hornsignal auf dem Startschiff, wo die schwarz-gelbe Flagge herunterging. Die HERZ AUS GOLD lag in Lee links des Startschiffes und machte mit killenden Segeln leichte Fahrt voraus, vor ihnen war niemand und das nächste Schiff in Lee fast drei Meter weg.

»45 Sekunden, Segel dicht! Speed jetzt!«, rief Michael und ließ sich mit dem Pinnenausleger in der Hand in seinem Ausreitgurt nach außen auf die Bordwand fallen, während Jan mit der Großschot und der Travellerleine neben ihm saß und Tim mit kritischem Blick in die Windfäden die Genua eintrimmte.

An der Kreuz musste an der Genuaeinstellung bei relativ konstantem Wind nichts geändert werden. Leichte Wollfäden auf der Luv- und Leeseite des Segels zeigten dann dem Steuermann, ob die Windströmung am Segelprofil ideal anlag: Stieg der Leefaden senkrecht auf, war dort die Strömung abgerissen und es bildeten sich bremsende Wirbel, das Schiff war also zu weit abgefallen. Luvte der Rudergänger zu weit an, stieg der Luvfaden und wies ihn darauf hin, dass er wieder einige Grad abfallen musste. Dieses Steuern war auf allen Regattayachten Usus und am Wind wesentlich genauer als das Steuern nach der Windanzeige im Masttopp, das man in der Segelschule lernte.

»13 Sekunden, zwölf, elf …«, zählte Tim herunter, während er auf seine Stoppuhr sah. Sie lagen jetzt eine gute Schiffslänge unterhalb der Startlinie auf Backbordbug und waren luvwärtigstes Schiff. Alles sah nach einem Nullstart aus, die Schiffe in Lee und hinter ihnen konnten ihnen nicht mehr gefährlich werden.

»Raum! Raum, du Irrer!«, brüllte Carsten mit Blick nach Luv, wo die IMPERIAL halbwinds mit vollem Speed auf sie zugeschossen kam. Die Lücke, mit der Golori gerechnet hatte, hatte sich nicht aufgetan, stattdessen hatte er eine Wand von Schiffen vor sich, die alle Vorfahrt hatten. Zum Abfallen war es bereits zu spät, dafür hatte er zu hoch gepokert, daher luvte er an und versuchte sich trotz allem noch zwischen die HERZ AUS GOLD und das Startschiff zu schieben. Der Startschuss ertönte, Michael versuchte verzweifelt, noch ein wenig abzufallen, um großen Schaden zu vermeiden, obwohl sie eindeutig Vorfahrt hatten. Die leewärtigen Schiffe ließen ihn allerdings nicht weiter hinunter, sodass die IMPERIAL sowohl gegen das Startschiff, als auch mit einem dumpfen Knall mit der Fußreling an das Unterwasserschiff der HERZ AUS GOLD prallte.

Golori tobte und brüllte seine Mannschaft an, die wie Junior kleinlaut zusammengekauert auf der Kante hockte. Jetzt mussten sie das Schiff einmal um 360 Grad drehen, um einer Disqualifikation zu entgehen. Mit einem Ruck entfaltete Michael die Protestflagge am Achterstag, um zu zeigen, dass er für die Berührung seines Schiffes noch einen zusätzlichen Kreis wünschte.

»Da möchte ich jetzt nicht an Bord sein!«, feixte Jan.

»Scheißegal, Konzentration jetzt«, antwortete Michael.

Zwar hatten sie die luvwärtigste Position am Start, aber an der ersten Kreuz waren die Schiffe mit der großen Genua noch leicht im Vorteil, sodass sie erst als fünftes Schiff um die erste Wendetonne gingen und unter Spinnaker mit vollem Speed wieder nach Lee rauschten. Der Wind nahm jetzt weiter zu und die flachen Schiffe kamen ins Gleiten, bis zu vierzehn Knoten Speed waren drin, wenn es richtig wehte. Auf den anderen Schiffen wurden jetzt die Genuas gewechselt, und sie arbeiteten sich durch Kreuzen vor dem Wind bis auf Platz drei nach vorn, während um sie herum die Vorschiffsleute den Bug ihrer Schiffe ins Wasser drückten und das Gleiten der Yachten verhinderten.

Die Voraussicht mit dem kleineren Vorsegel hatte sich ausgezahlt und knapp hinter LISA mit Gernot an Bord ging es wieder hart an den Wind. Auf Steuerbordbug waren die Schiffe nahezu gleich schnell und an der Kreuz blieb fast keine Chance sich gegenseitig zu überholen. Daher entschied Michael zu wenden, um von den beiden Schiffen voraus wegzukommen. Um sie abzudecken, legte LISA ebenfalls auf Backbordbug um, konnte jedoch ihre Höhe nicht halten und stand nach wenigen Augenblicken knapp in Luv von ihnen. Bevor es zu einer Berührung kam, legte LISA sich wieder auf Steuerbordbug und ein Crewmitglied begann an der Genua zu knoten.

»Das war's dann wohl«, sagte Tim mit einem guten Schuss Häme, »leider falsch rum geschotet – schade eigentlich.«

Beim Wechsel von der großen auf die kleine Genua hatten sie übersehen, die Backbordschot innen an den Wanten vorbeizuziehen, sodass sie nach der Wende nicht die volle Höhe laufen konnten. Mit dem anschließenden Klarieren hatten sie sowohl den zweiten als auch den dritten Platz verloren. Den zweiten Platz machte schließlich die HERZ AUS GOLD, der dänische Sieger war wie im Vorjahr auch diesmal wieder nicht zu schlagen.

In der zweiten Wettfahrt fuhren alle Schiffe unter Genua 3, der Wind hatte weiter zugelegt. Golori versuchte sein Glück diesmal auf der linken Seite der Startlinie, konnte aber auch mit diesem Manöver nicht über einen Platz im Mittelfeld hinauskommen. Die HERZ AUS GOLD landete erneut auf dem Zweiten, und obwohl sie sich über die Übermacht der dänischen Yacht sowohl ärgerten als auch wunderten, waren sie einigermaßen zufrieden: Von den deutschen Schiffen waren sie immerhin als Erste über die Ziellinie gegangen, die Dänen standen irgendwie auf einem anderen Blatt Papier, das ging hier wohl allen so.

Vor dem Wind liefen sie nach den Wettfahrten wieder zurück nach Travemünde. Die Crew der HERZ AUS GOLD lag wie die anderen einigermaßen zufrieden irgendwo entspannt im Cockpit, in der einen Hand ein Bier, in der anderen ein Snickers oder eine BiFi. Nicht, dass man das als kulinarische Krönung bezeichnen würde, aber nach zwei anstrengenden Wettfahrten kam es einem fast so vor. Jan genoss die bereits tief stehende, sein Gesicht wärmende Sonne und hatte die Augen geschlossen, Carsten lag auf dem Seitendeck und Michael und Tim ließen die Rennen noch einmal Revue passieren. Das erste Mal seit Tagen kamen Jan und Tim dazu, sich wirklich zu entspannen. Der Geruch der See, der Wind, das Segeln mit Freunden ließ sie wieder Kraft tanken. Aber immer, wenn sich ihre Blicke während der Wettfahrt begegneten, stand da die große Frage im Raum: Was tun?

Plötzlich hörten sie ein Rauschen an Backbord und eine sehr nahe Stimme: »Raum! Raum, ihr Penner!« Ungläubig drehten sie sich um: Ungefähr auf gleicher Höhe wie sie kam die IMPERIAL auf Backbordbug auf sie zu. Golori war nirgends zu sehen, offensichtlich war er unter Deck. Statt seiner saß Junior angestrengt an der Pinne: »Los schon, weg da!«, brüllte er.

»Wo willst du denn hin?«, fragte Michael, »du willst uns jetzt doch nicht ernsthaft zu einer Halse zwingen?«

»Ihr seid auf Steuerbordbug, also weg da!«, brüllte er zurück, während seine Crew ihnen den Rücken zudrehte, offensichtlich war ihnen die ganze Angelegenheit einfach peinlich.

»Der will uns tatsächlich rammen, los Halse, schnell!«, rief Michael.

Carsten hechtete von seinem Platz nach vorne, um den Spinnakerbaum auf die andere Seite zu bringen, während Michael Ruder legte, um eine Berührung mit der IMPERIAL zu vermeiden. Jan hatte es nicht rechtzeitig nach Luv geschafft, der Baum kam krachend über und schlug mit voller Wucht in das durchgesetzte Backstag in Lee.

Noch ehe er das luvwärtige Backstag durchsetzen konnte, fiel der Spinnaker nach unten ein, fast bedächtig senkte sich der abgeknickte Masttopp nach vorne, bis schließlich das ganze Rigg über dem Deck abbrach und vor dem Schiff ins Wasser sank. Eine andächtige Ruhe machte sich breit, das Rauschen der Bugwelle und das Geräusch des Windes im Mast waren verschwunden. Die vier hatten freien Blick nach vorne auf die Skyline von Travemünde und auf die IMPERIAL, die vor ihnen erneut gehalst hatte und auf direktem Kurs zum Hafen war. Langsam versank der Mast mit der Spitze zuerst in der Ostsee und ließ die weißen Segel unter der Wasseroberfläche gespenstisch grün schimmern. Die vier Segler an Deck saßen wie angewurzelt an ihren Positionen und blickten sprachlos auf das Geschehen. Michael sammelte sich als Erster.

»Das kann doch nicht sein!«, sagte er mit tränenersticker Stimme, »das macht doch keiner.«

Jan sah nach vorn. Über die Schulter streckte Junior ihnen den ausgestreckten Mittelfinger entgegen und drehte sich grinsend um.

25

Das Startschiff kam auf sie zu und nahm sie ins Schlepp, als bereits alle Schiffe die Mole gerundet hatten und im Hafen verschwunden waren. Sie sprachen nur das Allernötigste, während sie die Reste des Riggs einsammelten und an Deck zurrten. Zwar waren Michael und Carsten als Eigner der HERZ AUS GOLD dagegen versichert, aber die Selbstbeteiligung von einigen tausend Euro blieb an ihnen genauso hängen wie die Aufgabe, sich um einen neuen Mast und neue Segel zu kümmern. Zudem fiel für sie die zweite Wettfahrtserie aus, die am morgigen Tag gesegelt wurde, sodass sie im Gesamtklassement weit nach hinten rücken würden.

Als sie die Molenspitze im Schlepp des Startschiffes passierten, sah Jan Rita hinter der Mauer stehen, an der sie sich neulich das erste Mal unterhielten. Um sich etwas zuzurufen, war der Abstand zu groß. Jan winkte, Rita winkte zurück. Als sie vorbei waren, drehte sie sich um und ging mit gesenktem Kopf und tief in die Jackentaschen vergrabenen Händen langsam zurück zur Stadt.

»Rita?«, fragte Tim hinter ihm.

Jan nickte und fühlte, wie Tränen in seine Augen stiegen.

»Irgendetwas belastet sie unglaublich«, grübelte er, »sie hat irgendein großes Geheimnis.«

»Hast du ’ne Ahnung, was das sein könnte?«

Jan schüttelte den Kopf. »Keine Idee«, seufzte er.

Er setzte sich nach Steuerbord mit dem Rücken an den Kajütaufbau, zog die Beine an und sah hinter seiner Freundin her. Sie wanderte immer noch mit hängenden Schultern die Mole entlang. Offensichtlich wollte sie seinem Blick nicht noch einmal begegnen. Jan fühlte innerlich Trauer und Enttäuschung in sich aufsteigen. Er musste dringend ernsthaft mit Tim reden, so konnte es nicht weitergehen.

Je näher sie dem Hafen kamen, desto unruhiger wurde Tim. Seine Wut war ihm deutlich anzumerken und jeder, der ihn kannte, wusste, dass Junior am besten schon im Auto säße, wenn sie festmachten. Die Schiffe, die die morgige Regatta segeln wollten, lagen an Steg F einträchtig nebeneinander, das sogenannte Molepils, das gemeinsame Biertrinken auf dem Steg und die Kultveranstaltung der X-79 Klassenvereinigung, war bereits in vollem Gange. In Grüppchen standen die Crews beieinander und unterhielten sich über die Wettfahrten, das Fortbestehen der Klasse und natürlich Ausrüstung, Segel und Schiffe.

Die Lachsalven hallten durch den ganzen Hafen, wahrscheinlich war schon die eine oder andere Kiste Bier leer. Die Crews waren einander grob zuzuordnen, entweder trug man an Bord das gleiche Ölzeug oder die gleichen Blousons oder hatte Sweatshirts im Einheitsdesign für den Landgang. Normalerweise waren sie immer mit von der Partie und lagen relativ weit vorn am Steg, ein Zeichen dafür, dass sie auch einen vorderen Platz gemacht hatten. Heute hingegen kamen sie als Letzte. Als die Segler auf dem Steg sie sahen, drehten sich die meisten um und es wurde ruhig, der eine oder andere versuchte noch einen lustigen Spruch zu machen, aber an der mangelnden Reaktion auf der HERZ AUS GOLD war zu sehen, dass hier Scherze fehl am Platz waren.

Goloris IMPERIAL lag bereits unter dem Kran, bis auf die Oberwanten war schon alles abgeschlagen, Baum und Segel lagen auf dem Steg. Also wollten sie wohl die Wettfahrten am Sonntag nicht mehr mitsegeln und schienen heute Abend noch Kranen zu wollen. Das Startschiff gab der HERZ AUS GOLD mittels der Schleppleine einen letzten Schwung und drehte dann zu seinem Liegeplatz ab. Carsten sammelte auf dem Vorschiff die Schleppleine ein und machte daraus gleich eine Vorleine.

Der Schwung reichte gerade eben bis zur Steganlage unter der Kranbahn, wo neulich noch Ritas BLUE GOOSE gelegen hatte. Kaum lag des Schiff am Steg, sprang Tim auch schon an Land und war mit einigen großen Schritten bei Junior, der auf der Steuerbordseite der IMPERIAL gerade die Wanten löste. Mit einem Ruck warf Tim ihn rückwärts auf den Steg. Verdutzt krabbelte Junior wie ein Krebs seitwärts davon.

Tim sprach kein Wort, während Junior stammelte: »Hey, was soll denn das?«

Er ließ ihn aufstehen und versetzte ihm sofort einen Schlag in die Magengrube. Junior taumelte zurück und hielt sich an der Betonwand fest.

Die anderen Crews hatten ihre Aufmerksamkeit unterdessen ebenfalls der ungleichen Auseinandersetzung zugewandt. Golori und Junior gehörten hier nicht unbedingt zu den beliebtesten Seglern, sie galten als unfair und unberechenbar, deswegen gönnte jeder Junior die Abreibung. Er sammelte sich, sah sich um, fasste nach dem nächstbesten Bootshaken und stocherte damit in Tims Richtung. Das schien den nur richtig anzustacheln: Mit einem Hieb schlug er den Aluminiumstab beiseite, der nächste Schlag landete in Juniors Gesicht und mit einem weiteren mächtigen Schwung verfrachtete er ihn ins Hafenbecken. Das Gejohle auf dem Steg machte klar, wem hier die Sympathien galten. Durch den Lärm neugierig geworden, blickte Golori oben über die Kante der Betonbefestigung und brüllte Junior an: »Was machst du da, verdammt noch mal! Wehr dich gefälligst!«

Das brachte ihm ein zusätzliches Jubeln auf dem Steg ein: »Wehr dich doch!«, riefen alle zusammen und lachten.

»Verständlich, aber nicht so wahnsinnig diplomatisch, würde ich sagen«, begrüßte Jan Tim, als er wieder an Bord stieg.

»Gut gemacht«, lobte Michael und Carsten stimmte ein.

Golori war unterdessen erstaunlich schnell die Treppe zum Steg nach unten gerannt, hatte Junior aus dem Wasser geholfen und baute sich jetzt vor der HERZ AUS GOLD auf.

»Ihr wisst wohl nicht, wen ihr hier vor euch habt!«, brüllte er los, »euch mach ich alle, wenn ich euch in die Finger bekomme!«

»Nur zu«, sagte Tim, stellte sich mit verschränkten Armen an die Deckskante und grinste ihn an.

»Man trifft sich immer zweimal«, knurrte Golori und stapfte davon. Unter seinen wütenden Beschimpfungen baute die Crew das Schiff auseinander und verlud es mit dem Kran auf den wartenden Trailer.

Obwohl sich die Party auf dem Steg schon fast aufgelöst hatte, machten sich Jan und Tim trotzdem noch einmal dorthin auf. Michael und Carsten wollten lieber an Bord bleiben und schauen, was sich von ihrem Rigg noch retten ließ. Als sie auf den Steg hinabstiegen, kam ihnen Gernot entgegen.

»Der hat mir gerade noch gefehlt«, stöhnte Tim, Jan schwieg.

»Gut, dass ihr da seid, ich muss mit euch reden«, sagte Gernot, während er an ihnen vorbeieilte, »wir treffen uns gleich hinter der Winterlagerhalle.«

»Rendezvous mit Gernot? Verlockend!«, frotzelte Tim als sie weitergingen, »vielleicht ist sein Geld alle.«

»Vielleicht will er wirklich etwas Wichtiges von uns«, wiegelte Jan ab.

Tim antwortete nicht. Während sie die Tuborg-Flaschen öffneten, die sie in dem letzten halbvollen Kasten gefunden hatten, dachte Jan, dass er gern etwas von Tims Draufgänger-Mentalität hätte. Scheinbar konnte er mit dem Druck, der auf ihnen lastete, wesentlich besser umgehen als Jan. Steigt einfach an Land und verdrischt Junior. Okay, das hilft natürlich niemandem weiter, aber beruhigen tut es bestimmt. Das Mutigste, was er bisher getan hatte und woran Jan sich erinnern konnte, war, dass er die Steuerleute auf anderen Schiffen wüst beschimpft hatte, und das auch nur während einer Wettfahrt, als seine Gegner durch viel Wasser von ihm getrennt waren.

»Wie fahrt ihr eigentlich eure Backstagen?«, fragte jemand

neben ihm. Jan drehte sich zur Seite, das Gespräch mit der anderen Crew war vollständig an ihm vorbeigegangen, so sehr war er in Gedanken versunken.

»Wir? Ach so – äh – unten, und ihr?«, versuchte er eine Antwort.

»Wir auch«, sagte sein Gesprächspartner und wandte sich wieder den Umstehenden zu. Jan war ihm wohl zu abwesend. Als sie ihr Bier ausgetrunken hatten, verabschiedeten sich die anderen und Jan und Tim stiegen die Treppe zur Straße hinauf.

»Die haben das Manöver zwar gesehen«, sagte Tim, »aber sie meinen, das war in Ordnung. Da können wir einfach nichts machen.«

»Welches Manöver?«, fragte Jan.

»Ach, schon gut.«

Oben, entlang der mit großen Betonplatten gepflasterten Hafenstraße, befanden sich drei rot geklinkerte Winterlagerhallen. Zahlreiche Schiffe standen bereits aufgepallt und teilweise mit stehendem Mast auf dem Gelände daneben und dahinter, und viele Wohnwagen waren von den umliegenden Campingplätzen zum Überwintern hierher gebracht worden.

Die Saison ging deutlich ihrem Ende entgegen. Die weiten Rasenflächen des Hafens würden sich innerhalb der nächsten Wochen immer mehr in ein Winterlager verwandeln, während die Lücken an den Stegen zunähmen. Schließlich lägen nur noch ein, zwei schwere Stahlyachten im Wasser, die dem Eis trotzen konnten und für die ein Liegeplatz an Land zu teuer wäre.

Als sie um die Hallenecke bogen, sahen sie Gernot, der bereits unruhig an der Mauer lehnte.

»Da seid ihr ja endlich. Ich dachte schon, ihr kommt nicht«, begrüßte er sie nervös.

»Ich finde, wir haben auch keinen besonders guten Grund«, stichelte Tim.

»Ich weiß nicht, wovon du sprichst«, erwiderte Gernot unsicher.

»Ich meine dein geschäftlich sehr gutes Verhältnis zu Golori.«

»Was meinst du damit?«, fragte er.

»Ich meine, dass du offensichtlich Abende mit der ganzen Familie Golori verbringst und dafür auch noch Geld bekommst.« Gernot wurde blass.

Tim hatte sich zur Offensive entschlossen. Jan war das eigentlich ganz recht. Endlich würde sich vielleicht einmal eins zum anderen fügen.

»Was machst du für Golori?«, fragte er, als Gernot schwieg.

»Scheiße!« Gernot blickte sich gehetzt um.

Tim feixte. »Das glaub ich auch ..., aber uns ist es sehr ernst.«

»Na gut«, fing Gernot an, »ich arbeite für Imperial.«

Jan und Tim sahen sich an.

»Nicht so, wie ihr vielleicht denkt.«

»Wie denken wir denn?«, unterbrach ihn Jan.

»Ääh ...« Einen Moment war Gernot aus dem Konzept geraten.

»Ich helfe auf der Werft aus, fahre die Schiffe hin und her, setze Masten und so.«

»Und lädst nachts Yachten aus Frachtschiffen aus«, ergänzte Tim.

»Was wisst ihr davon?« Gernot war sichtlich erschüttert.

»Was man halt so weiß«, sagte Jan geheimnisvoll.

»Golori lässt die Dinger aus der Karibik zurückkommen. Er hatte sie für eine Charterfirma dahin geliefert, nur für diese eine. Aber irgendwie hat es da Schwierigkeiten gegeben und jetzt kommen sie eine nach der anderen wieder zurück in die Werft. Warum das ausgerechnet nachts stattfindet, weiß ich auch nicht. Auf jeden Fall zahlt er gut dafür und in der Laminierhalle ist dann immer der Teufel los.«

»Hast du gesehen, dass sie irgendetwas an den Rudern machen?«, wollte Tim wissen.

»Ich bin meist draußen«, erklärte Gernot, »ich kümmere mich nur ums Aus- und Einladen. Aber ich hab einmal in der Halle gesehen, wie an einem Schiff gearbeitet wurde. Das war tatsächlich an den Ruderfundamenten.«

»Hat Golori etwas mit NOMADs Kenterung auf der Nordsee zu tun?«, fragte Jan.

»Niemals!« Gernot war ehrlich entrüstet, »das ist nicht sein Stil. Golori ist ein Bluffer.«

Jan dachte an den toten Andi und die Schüsse. Wer so etwas zulässt, konnte kein Bluffer sein.

»Und was ist mit Schmudlach?«, bohrte er weiter.

Gernot sah ihn an. »Wer?«, fragte er zurück.

»Bernd Schmudlach, wie hängt der da drin?« Jan wurde ungeduldig.

»Den kenn ich nicht. Ehrlich, nie gehört«, Gernot zuckte mit den Schultern.

»Das kann doch nicht sein!« Auch Tim wurde spürbar ungehalten, »Bernd Schmudlach, euer Kettenhund. Beigefarbener Anorak und immer darauf bedacht, dass nichts nach draußen dringt.«

»Ehrlich, keine Ahnung«, Gernot war eingeschüchtert, »aber ich weiß ja auch nicht alles.«

»Auch egal erst mal«, sagte Jan und warf Tim einen warnenden Blick zu, »was wolltest du uns eigentlich sagen? Und warum hast du uns das nicht erzählt, als wir zur Reportage in die Werft gefahren sind? Warum hast Du da so ein Geheimnis draus gemacht?«

»Ich hatte Angst, auch um meinen Job. Ich hab da zwar nichts Verbotenes gemacht, aber dass die Geschichte nicht ganz sauber war, war mir schon klar. Die Abende mit Golori waren schon merkwürdig, er vertraut mir und ich stell keine Fragen. Ich hab gedacht, wenn ich nicht hinsehe und nichts erzähle, komm ich da irgendwie raus.« Er blickte zu Boden.

»Feigling!«, sagte Tim verächtlich, »und was willst du jetzt von uns?«

»Na ja«, Gernot war kleinlaut, »ich hab ein schlechtes Gewissen und möchte euch helfen. Jetzt, wo ihr's sowieso schon wisst: Morgen kommt wieder ein Schiff, deswegen packt Golori auch schon ein. Gleich in der Nacht fangen wir dann an auszuladen, das geht dann drei, vier Tage. Vielleicht könnt ihr damit was anfangen.«

»Was weißt du von Reiner?«, fragte Jan.

»Peers Bruder? Die Werft hatte ihn wohl beauftragt, sich um die Nachrüstung der Schiffe zu kümmern, wenn sie in der Werft lagen. Aber genau weiß ich das nicht. Ich hab ihn zwar ein paar Mal auf dem Gelände gesehen, aber nie mit ihm gesprochen. Ihr wisst ja, wie krank der ist, mir ist er immer ausgewichen.«

Jan wandte sich ab, er wollte sich auf diese Diskussion nicht einlassen. Er hatte Reiner jetzt auch anders kennen gelernt. Dass sich Reiner damit, wie er sich gab, keinen besonders großen Gefallen erwies, und dass jeder, der ihn traf, ihn dadurch als verschroben und unsympathisch empfand, war eine andere Geschichte.

»Außer natürlich bei der Lifebelt-Sache«, fing Gernot noch einmal an, »da hatte er natürlich Recht.«

Jan rauschte das Blut in den Ohren: Welche Lifebelt-Sache? Langsam drehte er sich zurück. Tim war einen Schritt zur Seite getreten.

»Was meinst du damit?«, hakte Jan mit bebender Stimme nach.

»Hat Tim dir das nicht erzählt?«

»Was?« Jan sah Tim an, der zu Boden blickte und betreten schwieg.

»Worum geht's hier zum Teufel, vielleicht klärt mich jetzt mal einer auf?«, schrie Jan die beiden an, »was gibt's hier, das ich nicht wissen soll?«

Als Tim nicht antwortete, ergriff Gernot wieder das Wort. »Reiner arbeitete ja bis zum Frühjahr beim Hamburger Yachtservice. Er hatte Tim vor seinem Lifebelt gewarnt, als er ihn zur Kontrolle zu ihm gebracht hatte. Der Gurt war schon zu alt und er hat ihm die Prüfplakette verweigert. Tim hat ihn schließlich so wieder mitgenommen.«

»Und deswegen ist Thomas gestorben?« Jan stürzte auf Tim zu, »das ist nicht dein Ernst, sag, dass das nicht wahr ist!«

Tim ließ die Arme an beiden Seiten hängen und reagierte nicht auf die Schläge, die Jan ihm verpasste. Jan stiegen vor Wut die Tränen in die Augen. Mit beiden Fäusten schlug er so fest er konnte auf Tim ein. Gernot packte ihn schließlich von hinten und zog ihn mit Kraft zur Seite. Er legte einen Arm um Jans Schulter.

»Und ihr beide habt davon gewusst?«, schluchzte er, »deswegen musste Thomas sterben?«

»Thomas hatte es auch gewusst«, sagte Gernot leise, »er wusste, worauf er sich einließ. Tim hatte ihm gesagt, dass er keine Prüfplakette mehr bekommen hatte.«

»Aber du hast doch gesagt, dass die Nähte angeschnitten waren?«, sagte Jan kraftlos.

»Hatten wir auch anfangs gedacht«, antwortete Tim, »als wir das erste Mal mit Rita zusammensaßen, nach Peers Trauerfeier, war ich mir dessen auch noch absolut sicher. Ich hatte tatsächlich gedacht, irgendjemand hätte es auf mich abgesehen. Ich hatte auch Reiner in Verdacht. Nachdem sie ihn dort rausgeschmissen hatten, war ich dann noch einmal beim Hamburger Yachtservice und die haben mir bestätigt, dass die Nähte durch den irren Druck gerissen sind. Der Lifebelt war einfach zu alt.«

»Und warum hast du mir das nicht erzählt?«

Tim zögerte.

»Ich hatte Angst, dass du abspringst«, sagte er leise.

Inzwischen dämmerte es bereits. Schweigend gingen die beiden am Hafen entlang. Die meisten Segler der Regatta hatten sich in die Seglermesse zurückgezogen und feierten sich und die Wettfahrten. Michael und Carsten waren mit der HERZ AUS GOLD auf dem Weg nach Hause, ebenso Gernot, der bei

Imperial seinen Job machen wollte. Zwar hatte er nach dem, was Jan und Tim ihm erzählt hatten, Skrupel, aber vielleicht könnte er ihnen sogar nützlich sein, wenn sie sich dazu entschlössen, noch einmal in Goloris Werft einzusteigen. Aus dem Fahrwasser war das leise Tuckern eines kleinen Fischerbootes zu hören, und der Wind rauschte gleichmäßig wie ein ferner Güterzug in den blätterlosen Bäumen des Wäldchens, an dem sie entlanggingen. Bei kurzen Böen kam das leise Rascheln der Espen hinzu.

»Ich wollte dich nicht täuschen«, begann Tim, als sie am Ende der Uferbefestigung angelangt waren und auf die Lübecker Bucht sehen konnten, »ich dachte, es wäre einfacher für dich, wenn du nicht die ganze Geschichte weißt.«

Jan blickte den Strand entlang, in der aufziehenden Dunkelheit verlor er sich schnell in bedrohlichem Schwarz.

»Ich wär auch abgesprungen«, bestätigte er, »und mein Gefühl sagt mir, dass es schlau wäre, es spätestens jetzt zu tun. Ich bin für dieses Spiel nicht geschaffen, das ist mir zu viel.«

Tim schwieg eine Weile, er hatte die Hände tief in den Hosentaschen und schob mit seinen Schuhspitzen kleine Steinchen hin und her.

»Wir beide haben in unserem Leben noch nicht allzu viel bewirkt. Die meisten Leute schaffen das sogar ihr ganzes Leben nicht. Jetzt haben wir die Chance, einmal etwas richtig Gutes zu tun. Wenn wir's nicht machen, macht es diesmal keiner. Und wenn Rita da mit drinhängt, kannst du ihr vielleicht sogar helfen.«

»Du hängst dich immer noch an diese Geschichte mit Golori und Schmudlach!«

Jan spürte den trockenen, kalten Ostwind in seinem Gesicht. Seine Wut auf Tim war einer grenzenlosen Enttäuschung gewichen, die sich fast vollständig seines Denkens bemächtigt hatte.

»Ich hatte das alles nur wegen NOMAD angefangen«, sagte er, »aber da hast du die Voraussetzungen vorhin geändert. Ich will nicht mehr. Und ich habe Angst. Auch vor dir!«

»Verstehen kann ich dich. Ich habe das so nicht gewollt. Ich dachte, ich mache das Richtige.« Traurig blickte Tim Jan an. »Kann ich noch etwas tun?«

»Nichts. Ich will nicht mehr.«

»Angst habe ich auch, aber ich werde es zu Ende bringen, auch wenn es zu zweit leichter wäre.«

Tim war entschlossen. Sie gaben sich die Hand.

»Viel Glück!«, sagte Jan und ging.

»Danke!«, hörte er Tim leise antworten.

26

Schnell bog der Wagen von der Landstraße nach rechts ab. Die Vorderreifen rutschten während des Bremsens auf dem Feldweg stark nach außen. Mit einem letzten Scharren auf dem Sand kam der Wagen in einer feinkörnigen Staubwolke zum Stehen. Der Motor ging aus. Gleichzeitig erlosch das Licht bis auf die Standbeleuchtung auf der rechten Seite, die an blieb, wenn der Blinker gesetzt war. Der andere Wagen stand etwa zwanzig Meter vor Rita. Ihr Gegenüber war als Umriss zu erahnen, die Glut von Schmudlachs Zigarette erleuchtete sein Gesicht bei jedem Zug ein wenig. Rita schloss die Tür ihres Wagens, zog den Reißverschluss ihrer Jacke gegen die Kälte bis unters Kinn und ging den kleinen Feldweg hinunter bis zu dem grünen Passat.

Als sie direkt vor ihm stand, konnte sie sein Gesicht und seine Augen sehen. Er lächelte.

»Du bist ein Schwein, Schmudlach!«, sagte sie voller Verachtung und spuckte vor ihm auf den Boden, »der letzte Dreck.«

Sein Lächeln verschwand, er trat seine Zigarette aus und blieb an seinen Wagen gelehnt.

»Hast du mich hierher bestellt, um mir das zu sagen?«

»Ich habe dich hierher bestellt, um dir zu sagen, dass ich genug habe«, sagte sie und suchte nach einem festen Ton in ihrer Stimme, »genug von dir und deinen Machenschaften!«

Er machte zwei Schritte in das abgeerntete Maisfeld.

»Och Gott, wie niedlich«, sagte er und drehte sich um, »Madame möchte nicht mehr!«

Rita fühlte die Wut in sich aufsteigen und versuchte sich mühsam zu beherrschen. Sie ballte ihre Fäuste.

»Ganz genau! Du sprachst von einem kleinen Gefallen in einer unbedeutenden Angelegenheit. Ich habe gesehen, wie unbedeutend die ist: Jetzt sterben hier Menschen, und du bist dafür verantwortlich.«

»Wenn diese Trottel sich an ihre Aufgaben halten würden, würde nichts geschehen. Reiner hatte selbst Schuld, er hätte sich halt nicht einmischen sollen.«

Rita wurde blass. Sie starrte ihn an, ihr Mund blieb halboffen stehen.

»Was ist mit Reiner?«, fragte sie mit tonloser Stimme.

»Oh, du bist nicht auf dem letzten Stand? Reiner ist tot. Meine Leute haben ihn verwechselt. Eigentlich wollten sie den Freund deines neuen Liebhabers erwischen, die hatten zufällig die gleichen Klamotten an. Mit Rücksicht auf dich hätte ich diesen Jan Larssen sogar in Ruhe gelassen«

Rita taumelte und hielt sich mit einer Hand am Wagen fest.

»Das glaube ich dir nicht!«, krächzte sie leise, ihre Stimme versagte.

»Vielleicht solltest du einen kleinen Ausflug nach Niendorf planen. Wahrscheinlich ist er noch an Bord. Er hatte den beiden bei der Flucht geholfen. Damit hatte er sich deutlich auf die falsche Seite gestellt.«

»Ihr habt ihn umgebracht? Einfach so?« Rita versuchte sich zu fassen.

»Naja, so groß ist der Verlust nicht«, sagte Schmudlach hämisch, »oder hängst du neuerdings so stark an der Verwandtschaft deines Gatten? Entschuldigung, deines Ex-Gatten.«

Rita sah ihn hasserfüllt an.

»Reiner war ein Trottel, schon immer. Bei mir hat er wenigstens Geld verdient, nicht mal zu knapp. Und dafür hat er mit seinem alten Kahn einfach nur Kurier gespielt zwischen der Werft und Travemünde. Aber so ist das, wenn man Gutes tut: Die Leute wollen immer mehr!«

Er grinste Rita an.

»Nimm es als kleine Warnung an dich und deine Freunde«,

fuhr er fort, »du hängst da genauso mit drin wie ich. Und dass auch du nicht ganz unschuldig am Tod von Menschen bist, brauche ich dir wohl nicht zu sagen.«

»Es war ein Unfall«, sagte sie bitter, »das weißt du genau.«

»Wen interessiert das? Den Richter interessiert nur, dass Menschen gestorben sind und dass dafür jemand zur Verantwortung gezogen werden kann. Und so schön eindeutig wie bei dir ist die Geschichte ja wohl selten.«

»Ich werde mir einen Anwalt nehmen und mich stellen«, erklärte sie, »und ich werde die ganze Geschichte publik machen, die du da mit meiner Hilfe aufgezogen hast.«

Schmudlachs Gesichtszüge wurden hart, er kniff die Augen zusammen.

»Nichts wirst du tun!«, zischte er, »der Deal ist fast gelaufen. Noch eine Lieferung und ich bin ein gemachter Mann. Dann ist mit der Polizisten-Scheiße endgültig Schluss. Schluss mit kleinen Geständnissen von kleinen Verbrechern und Witwen. Das hat mich noch nie interessiert. Das Einzige, was mich interessiert, ist, wie ich aus meinem Job so viel Geld wie möglich machen kann. Jetzt habe ich es fast geschafft und du wirst mir dabei nicht im Wege stehen.«

Er machte zwei Schritte auf Rita zu und versuchte sie am Handgelenk zu packen. Sie konnte ihren Arm gerade noch zurückziehen und lief auf die andere Seite des Wagens. Schmudlach lachte sie über das Dach hinweg an.

»Komm her du kleine Hure«, zischte er, »dich stört doch sonst ein kleiner Fick nicht, obwohl dein Mann gerade erst unter der Erde ist?«

Mit wenigen Schritten war er um das Auto herum. Rita stand jetzt auf der Fahrerseite. Die Tür war offen.

»Du bist dir wohl für gar nichts zu schade«, sagte sie mit schneidender Kälte in der Stimme, »du Schwein!

»Hab dich nicht so, wir sitzen in demselben Boot. Da können wir doch ein bisschen Spaß miteinander haben.«

»Mörder!«, keifte sie.

»Zwei Mörder«, gab er zurück und lachte, »du vergisst

es immer wieder. Wir spielen in einer Liga. Wir sollten uns besser vertragen.«

»Niemals!«, knurrte sie.

»Wir können gemeinsame Sache machen. Ich habe das nötige Geld für eine sorgenfreie Zukunft und du bist eine attraktive Frau. Dir hat es doch bis jetzt auch nichts ausgemacht mit jemandem ins Bett zu gehen, den du nicht liebst!«

Er machte Anstalten um den Wagen herumzukommen. Auf der Beifahrerseite sah sie Schmudlachs Dienstpistole. Rita beugte sich durch die offene Tür und versuchte die Pistole zu fassen. Ehe sie jedoch mit der Waffe wieder aus dem Auto heraus war, stand er bereits hinter ihr und packte sie an der Jacke. Mit kräftigen Griffen zog er sie aus dem Wagen. Rita hatte die Waffe in der Hand. Sie hatte keine Ahnung, wie so ein Ding funktionierte. Auf der linken Seite war ein kleiner Hebel, ein roter Punkt kam beim Umlegen zum Vorschein.

In diesem Moment drehte Schmudlach sie um. Sie hielt die Pistole in seinen Bauch und drückte ab. *Klick!* machte die Waffe, mehr nicht. Schmudlach grinste sie an.

»Du glaubst doch nicht ernsthaft, dass ich hier eine geladene Waffe herumliegen lasse? Ich wollte nur einmal sehen, wie weit du gehen würdest. Du hast mehr Mut, als ich dir zugetraut hätte! Ich mag das.«

Er hatte einen Arm von ihr nach hinten gebogen und sich von vorn fest an sie gedrückt.

»Los, jetzt kannst du mir zeigen, was du kannst. Wie treibst du's mit deinem neuen Freund?«

Er hatte seine linke Hand an dem Reißverschluss ihrer Jacke und wollte ihn gerade aufziehen, als sie zubiss. Er zog seine Hand zurück, der Griff in ihrem Rücken lockerte sich ein wenig, gerade genug, dass sie sich bewegen konnte. Schmudlach stand immer noch breitbeinig vor ihr. Sie riss ihr rechtes Bein hoch und traf mit voller Wucht seine Hoden. Schmudlach stöhnte leise auf und ließ sie los. Leise wimmernd sackte er auf die Knie und rang um Luft. Immer noch kam nur ein leises, fast tonloses Zischen aus seinem Hals.

Rita rannte los, startete den Motor ihres Wagens und ihre Scheinwerfer tauchten den Polizisten in grelles Licht, während er sich immer noch vor Schmerzen nicht bewegen konnte. Mit durchdrehenden Reifen raste das Auto rückwärts auf die Straße und im Vorwärtsgang davon. Auf dem dunklen Feldweg blieb eine Staubwolke zurück.

Schmudlach war auf die Seite gefallen und hatte die Beine angezogen.

»Warte nur!«, stöhnte er, »du bist auch noch dran. Du Miststück.«

Dann blieb er liegen und rührte sich nicht mehr.

27

Tim nahm denselben Weg, den sie auch das erste Mal genommen hatten. Er stellte seinen Wagen auf den Ausflugsparkplatz hinterm Deich und zog sich seine dunkle Jacke und seine schwarzen Handschuhe an. Es war zwar erst kurz vor sieben, aber dennoch bereits stockdunkel. Es regnete leicht, in einer unangenehmen, leisen Art, die alle Bekleidung und die Haare unmittelbar durchweichte. Außer seinem Auto war kein anderes Fahrzeug auf dem Parkplatz, die Beleuchtung schien für ihn alleine. Der Wald, der ihn von Goloris Hafen trennte, rauschte im Wind, ebenso, wie er es beim letzten Mal getan hatte, doch diesmal war Tim allein, als er hineinging. Sein Mut war kurz davor ihn zu verlassen, aber seine Wut über die Dinge, die geschehen waren, trieb ihn an. Es konnte einfach nicht sein, dass Polizisten und Werftbesitzer gemeinsam Leute umlegten und dafür nicht einmal belangt wurden. Es durfte nicht sein, und wenn Tim der Einzige war, der es ändern konnte, dann wollte er es jetzt auch tun.

Schon nach der halben Strecke hatten die Äste ihm sein Gesicht zerkratzt, es schmerzte und er hatte das Gefühl, als würde er bluten. Alleine fiel ihm die Geschichte doppelt schwer, er hatte sich daran gewöhnt, Jan voranzutreiben, was seine eigene Angst in den Hintergrund treten ließ. Jetzt war er alleine mit sich: Wenn er jetzt jemanden überzeugen musste, dann sich selbst, und das war schwerer, als er gedacht hatte.

Fast genauso unvermittelt wie beim ersten Mal prallte er gegen den Zaun der Werft, nahezu automatisch warf er seine Jacke darüber und stieg mit Hilfe der Bäume auf Goloris

Gelände. Den Geräuschen von quietschender Mechanik und dem Jaulen der Hydraulik war zu entnehmen, dass die Entladearbeiten in vollem Gange waren – genauso, wie Gernot gesagt hatte. Er wollte am Zaun entlanggehen, bis der Wald zu Ende war, das würde ihm möglichst lange Schutz gewähren. Längs des Eisengitters hatten sich Büsche und Schlingpflanzen fest verwurzelt, die ihm das Vorwärtskommen über die letzten 50 Meter schwer machten. Jedes Mal, wenn er in die Büsche trat, rutschte seine Hose ein wenig hoch und die Brombeerdornen und Brennnesseln malträtierten seine Knöchel und Waden. Wie immer trug er keine Socken.

Der Wald endete dort, wo auch der Hafen zur Werft hin zu Ende war. Zu seiner Linken lag der große, dunkle Platz mit in Folie eingeschweißten Schiffsrümpfen, die auf ihre Auslieferung warteten, schräg links befanden sich die drei mächtigen neuen Werkshallen. Zwei von ihnen standen nebeneinander mit der Schmalseite zum Hafen, die große dritte quer dahinter. Die Halle, die ihm am nächsten war, verfügte auf ihrer Stirnseite über ein Tor, das fast so breit wie die mächtige Slipbahn aus Marinezeiten war. Hier konnten die Schiffe direkt aus der Endmontagehalle abgeslippt werden. Anfangs hatte Imperial das noch mit jedem Schiff gemacht, um die Qualität unter Beweis zu stellen, jetzt sparte Golori diesen Arbeitsgang ein. Die Werft verkaufte auch so genug.

Die zweite Halle stellte die Verlängerung der Pier da, an der der grüne verbeulte Frachter lag, den sie schon das letzte Mal beobachtet hatten. Hier wurden die Rümpfe und die Decks in den Negativformen laminiert, bevor sie in die quer stehende Halle zu den Fertigungsstraßen zum Ausbauen transportiert wurden. Das Tor zur Laminierhalle stand offen. Die Schiffe, die von dem mächtigen Kran auf der Pier entladen wurden, wurden mit Transportgestellen direkt dort hineingefahren. Zu seiner Rechten erstreckte sich die Steganlage von Imperial bis zur Hafeneinfahrt. Tim zählte vier Stege und sieben Reihen Schiffe, die jeweils zu sechst nebeneinander lagen. Die Hafeneinfahrt selbst lag im Dunkeln.

Er wollte als erstes in die Laminierhalle, dort hoffte er Beweise zu finden, dass Golori tatsächlich versuchte, die doppelten Böden im Ruderbereich zu entfernen und durch haltbares Laminat zu ersetzen. Er tastete seine dunkelblaue Marinejacke ab: In der rechten Innentasche war seine Digitalkamera, in der linken Portemonnaie und Handy, links außen die Taschenlampe. Es konnte also losgehen. Er würde warten, bis das letzte Schiff für heute Nacht entladen war, vermutlich konnten in der Laminierhalle acht bis zehn Stück pro Nacht bearbeitet werden. Morgen würden sie tagsüber trocknen und dann vermutlich wieder auf den Frachter zurückgebracht. Wenn er also etwas sehen wollte, konnte er mit ruhigem Gewissen warten, bis sich die Aktivität auf der Pier gelegt hatte und die Laminierer anfingen zu arbeiten.

Er schlich sich unter den geparkten Schiffen über den dunklen Platz zur Ausrüstungshalle. Der schwarze Grand knirschte unter seinen Schuhen und mit jedem Schritt schaufelte er sich einige Steine in seine Segelschuhe. Als er an der Blechwand angekommen war, zog er zuerst seine Schuhe aus und entfernte sorgfältig die Steine, bevor er sich weiter die Hallenwand vom Wasser weg entlangtastete. Auf der dem Wasser abgewandten Seite der Halle war alles ruhig. Der Boden war für die LKWs und Gabelstapler asphaltiert, in der Schlucht zwischen den drei Hallen standen leere Negativformen, Lagergestelle für fertige Schiffe und palettenweise Harz, Holz sowie Kunststofffolie, um die Schiffe zu verpacken. Ganz an der Wand schlich er die erste Halle entlang und blickte in den Gang, der sich zwischen den beiden kleinen Hallen Richtung Wasser erstreckte.

Auch der war vollständig verwaist. Offensichtlich wurde er noch wesentlich weniger gebraucht. Hier türmten sich alte Rümpfe, Holzreste und leere Fässer neben undefinierbaren, verrosteten Stahlrahmen. Weder mit einem Gabelstapler, geschweige denn mit einem LKW gab es hier ein Durchkommen. Sehr weit hinten sah er das schwache, orange Leuchten der Lampen auf der Pier. Er schlich sich über den Gang zur Laminierhalle und wollte gerade Richtung Tor laufen, als von der anderen Seite jemand den großen Gang entlangkam.

Er schob sich wieder zurück in den schmalen Durchgang und spähte um die Ecke: In der fahlen Beleuchtung erblickte er einen Mann, der sich mit einer Taschenlampe am Tor zu schaffen machte. Er gab sich offensichtlich Mühe leise und vorsichtig vorzugehen und trug einen beigefarbenen Anorak. Das Stahltor quietschte leise, als es einen Spalt weit aufgeschoben wurde, der Typ verschwand in der Halle. Tim huschte die Wand entlang und spähte durch den offen gelassenen Spalt. Wie er es sich gedacht hatte, waren auf der rechten Seite die Laminierformen für die Serienfertigung fortgeräumt worden, stattdessen standen jetzt gebrauchte Charterschiffe hintereinander mit dem Heck zur Wand und warteten auf ihre Behandlung. Im Halbdunkel der Halle – eine einzige Reihe Neonröhren an der Hallendecke erleuchtete den Raum spärlich – sah Tim den Mann im beigefarbenen Anorak an der Hallenwand entlanggehen. In unregelmäßigen Abständen blitzte die Taschenlampe auf. Scheinbar suchte er ein bestimmtes Schiff.

Nach einigen Minuten hatte er anscheinend das Richtige gefunden. Durch das gegenüberliegende Hallentor kam ein dieselbetriebener Gabelstapler hereingefahren, der mit seinen weißen Knopfaugen den Gang erleuchtete. Auf dem Absetztrailer zog er eine weitere Yacht, die den Torausschnitt fast völlig ausfüllte. Er fuhr vorwärts bis auf die gegenüberliegende Hallenseite, legte dann den Rückwärtsgang ein und rangierte das Schiff neben die anderen. Der Fahrer stieg aus, ein durchdringendes Zischen füllte die Halle, als der Hydraulikzylinder des Gabelstaplers arbeitete, rumpelnd berührte das Gestell mit seinem Schiff den Boden. Dann ging der Fahrer wieder zu seinem Fahrzeug, zog den Transportwagen knirschend unter dem Schiff heraus und fuhr zurück auf die Pier. In der Halle war es wieder leise, lediglich ein Hauch von Diesel, der jetzt in der Luft hing, erinnerte an die letzte Lieferung.

An der Hallenwand hatte der Mann unterdessen eine Leiter an das Heck des Schiffes gelehnt und war hinaufgestiegen. Tim vergewisserte sich, dass sonst niemand in der Halle war, schlüpfte durch den Spalt im Tor hinein und lief die Wand entlang zu der angelehnten Leiter. Er zog seine Schuhe aus und schlich barfuß hinauf, die Aluminiumstufen drückten unangenehm in seine Fußsohlen. Vorsichtig schob er seinen Kopf über das Deck und blickte ins Cockpit. Das Schiff lag im Dunkeln, nur aus dem offenen Niedergang war der schwache Schein einer Taschenlampe zu sehen. Tim huschte behutsam durch das Cockpit. Unter Deck war der Mann offensichtlich stark beschäftigt, sodass die ganze Yacht auf ihrem Gestell schwankte, Tims Bewegungen fielen dadurch nicht auf. Aufmerksam sah er in den Niedergang. Auf der Steuerbordseite waren die Salonpolster entfernt worden, darunter war das unbehandelte Sperrholz einer billig gebauten Yacht zum Vorschein gekommen.

Der Mann kniete vor der Bank und stöhnte vor Anstrengung. Unter leisen Flüchen versuchte er den Servicedeckel des unter der Bank befindlichen Tanks zu öffnen. Endlich hatte er es geschafft und griff hinein. Tim zog seine Kamera heraus und klappte den kleinen LCD-Bildschirm auf, der das Cockpit leicht bläulich beleuchtete. Mit unruhigen Fingern versuchte er in den Menüs der Kamera den Blitz auszuschalten. Da hier kein Verschluss klickte, würde sie ihn nicht verraten und sollte es auch nicht durch den Blitz tun. Immer noch war nur der Hinterkopf des Mannes zu sehen. Er hatte ein weißes Paket in der Größe eines Handballs hervorgeholt, das er jetzt mit einem kleinen am Schlüsselbund befestigten Schweizer Messer aufschnitt. Mit der Klinge fuhr er hinein und nahm eine Probe des Pulvers. Tim hob die Digitalkamera, richte den Bildausschnitt aus und drückte ab. Ein greller Blitz erleuchtete das Innere des Schiffes, der Mann fuhr herum und blickte ihn an, die kleine Pulvermenge zerstäubte auf dem Sperrholz. Noch einmal drückte Tim den Auslöser – egal jetzt – Schmudlach sah direkt in seine Kamera.

Ein dritter Blitz zuckte und Tim hechtete die Leiter herunter. Für die Schuhe blieb keine Zeit mehr, barfuß rannte er zur Hallenmitte, von rechts kamen die Knopfaugen des Gabelstaplers mit einer neuen Yacht im Schlepp die Pier entlang, über sich hörte er Schmudlach durchs Cockpit poltern. Das Knarren hinter ihm deutete darauf, dass er die Leiter bereits hinabstieg. Tim wandte sich nach links und lief den Gang entlang zu dem schwarzen Torspalt, durch den er hereingekommen war. Er zwängte sich hindurch und schob das Tor zu. Die Tür der gegenüberliegenden Fertigungshalle war offen. Ohne Schuhe hatte er keine Chance über den Grandplatz oder den Zaun zu entkommen. Mit wenigen Schritten war er auf der anderen Seite und lief in die Halle. Auch hier brannte nachts nur eine Reihe Neonröhren, links von ihm erstreckten sich drei der fünf Fertigungsstraßen, in denen Inneneinrichtung, Kiele und Maschinen montiert wurden. Er duckte sich hinter den Kisten mit Ersatzteilen und schlich vom ersten zum zweiten Band. Am Ende der Halle sah er die große Glastür zum Foyer, er war dem Ausgang nahe.

Er wollte gerade weiterlaufen, als er eine Stimme hinter sich hörte.

»Sieh da, der Herr Journalist! Ich habe Ihnen doch gesagt, dass man sich immer zweimal trifft!«

28

DER AUSSENBORDMOTOR BRUMMTE leise vor sich hin, in den Wellen tauchte der obere Auspuff immer wieder aus dem Wasser: *Roarroarroar* machte der Motor, während er das kleine graue Schlauchboot das Ufer entlangschob. Das schmutzig-braune Flusswasser, das um seinen Schaft spülte, spritzte immer mal hoch und versah den Spiegel und die Motorunterseite mit kleinen Wassertropfen, die gemeinsam mit dem hier austretenden Kühlwasser wieder zurück ins Kielwasser platschten. Auf der linken Seite war der große Fluss zu sehen, dahinter die hell erleuchteten Industrieanlagen des südlichen Elbufers. Ab und zu tauchte wie aus dem Nichts eine kleine Festmacherboje auf, die im Sommer die Boote der Campingplatz-Urlauber hielten. Das Schlauchboot vollzog einen scharfen Schlenker, das Gas wurde zurückgenommen.

Der Fluss roch hier nach Schlick und Erde, ein Geruch, den Küstenbewohner nicht kennen. Ihr Meer riecht immer gleich, nach Salz und Tang und Fisch. Ein Fluss kann sich jedoch wandeln auf seinem Weg zum Meer. Ist er hier noch braun und angefüllt mit den moderigen Schwebstoffen des Binnenlandes, den hineingefallenen Blättern, Ästen und der fortgespülten Erde vom Ufer, vermischt er sich auf dem Weg zum Meer immer mehr mit dem Seewasser, wird erst hellbraun, dann grün und schließlich blau. Dann schmeckt er auch nach Salz, aber er riecht noch nicht nach Meer. Er riecht dann nach gar nichts, als würde er sich weigern zum Meer zu werden und seine Identität zu verlieren, wenn sich sein Süßwasser immer weiter verdünnt, bis es schließlich nur noch Salzwasser ist. Küstenbewohner können das nicht wissen.

Jan hingegen wusste es, er kannte den Fluss. Und er hatte Angst. Gerade hatte er das schäumende Kühlwasser des Kraftwerks hinter sich gelassen, was quer zur Elbe aus dem Ufer quoll, seinen Adrenalinspiegel stark erhöht und das Blut aus seinem Kopf hatte weichen lassen. Der rauschende, beunruhigende Schwall, den er deutlich durch den weichen Gummiboden des Schlauchbootes fühlen konnte, hatte ihn weit in das Fahrwasser geschoben. Jetzt war es vorbei und er fuhr zurück Richtung Ufer. Die Industrieansiedlungen hatte er nunmehr hinter sich gelassen. Die andere Flussseite lag jetzt in tiefem Schwarz, und gegen den im leichten Mondschein hellen Nachthimmel zeichneten sich die Wipfel des Waldes scharf ab.

Als könne er an dem Motor Halt finden, hielt er die Pinne des Außenborders fest umklammert, sodass sich seine Knöchel weiß auf der Haut abzeichneten. Warum bin ich hier jetzt so allein?, dachte er, Tim, das geht nicht gut, ich spür's. Er hatte sich das Schlauchboot in einem der Segelclubs geborgt, die hier auf der westlichen Seite der Stadt beheimatet waren. Na ja, vielleicht nicht richtig geborgt, dafür hätte man fragen müssen. In der Verzweiflung mitgenommen, traf wahrscheinlich eher den Punkt.

Nachdem er nach Hause gekommen war, wollte er vergessen, was in den letzten Wochen geschehen war. Er hatte den festen Vorsatz, sich herauszuhalten und sich auch nicht mehr hineinziehen zu lassen. Nur noch Ruhe. Er wollte versuchen sein altes Leben wiederherzustellen, obwohl er wusste, dass das nicht möglich war. Alle Hoffnungen ließen Thomas und Peer und Andi nicht wieder lebendig werden. Und auch NOMAD war inzwischen endgültig Geschichte.

Er ging durch seine Wohnung. Auf dem Anrufbeantworter war eine Nachricht. Er drückte den Wiedergabeknopf – es war Rita. Ihre Stimme klang gehetzt, im Hintergrund konnte er die Geräusche eines Flughafens oder eines Bahnhofes hören. Was sie sagte, katapultierte ihn in die Realität zurück, in eben jene Realität, die er und Tim sich die letzten Wochen geschaffen hatten, die sie so hatten haben wollen.

»Jan, ich bin's, Rita! Bitte hör genau zu: unternehmt nichts mehr gegen Schmudlach oder Golori, hörst du? Schmudlach ist gefährlich.«

Seine Finger strichen über den Lautsprecher, während er ihre Stimme hörte. »Rita!«, murmelte er leise.

»Reiner ist tot«, fuhr die Stimme auf dem Anrufbeantworter fort, »Golori hängt in der Sache auch mit drin, er ist aber nicht der Mörder. Geht zur Polizei und haltet euch raus aus der Geschichte. Schmudlach hat euch auch auf seiner Liste, wenn ihr ihm im Wege seid! Bitte sei vorsichtig! Unternehmt nichts. Bitte. Ich liebe dich!«

Dann war die Aufzeichnung zu Ende. Jan hatte sich die Kassette wieder und wieder angehört. Er wollte sie anrufen, aber ihre Telefone waren abgeschaltet. Er hatte ihr unzählige Male auf die Anrufbeantworter gesprochen, aber sie hatte sich nicht wieder gemeldet. Er wollte mit Tim reden, wollte ihn warnen, aber der hatte sein Handy nicht an.

O Gott, Tim, Rita wo seid ihr jetzt? Kommt ihr Schmudlach schon zu nahe? Ihr seid alleine, alle beide. Ich kann euch jetzt nicht helfen. Warum meldet ihr euch nicht? Wie ein Tiger in einem Käfig war er schließlich durch die Wohnung gelaufen, immer dieselben Wege, hatte wieder und wieder ihre Nummern gewählt, aber keine Antworten bekommen.

Schließlich war er rausgegangen und trotz des Regens mit offenen Fenstern an die Elbe gefahren. Hier roch es wieder nach der Sache, die noch nicht beendet war, und er fühlte sich Tim und Rita näher. Fast konnte er sie in der Dunkelheit sehen, weit waren sie nicht weg, das spürte er. Das Schlauchboot hatte ihn schließlich magisch angezogen, das Losfahren war eine logische Konsequenz, zwingend, und nicht unbedingt seine eigene Entscheidung gewesen.

Vor Jan baute sich langsam der bedrohlich schwarze östliche Wellenbrecher von Goloris Hafen auf. Ich könnte an der Steinschüttung entlangfahren, dachte er, den Kopf des Wellenbrechers runden, dann wäre ich im Hafen. Bei einigem Nachdenken war ihm das zu riskant. Würde nur ein einziger von Goloris Männern in Richtung Hafeneinfahrt sehen, würde er sofort bemerkt werden. Der Motor war sowieso zu laut und Ruder hatte er keine. Also hielt er auf den Steinwall zu, der die Spundwand von außen gegen die Wellen schützte. Er nahm das Gas des kleinen Motors zurück, der in unruhiges Brubbeln verfiel. Der Ebbstrom zog ihn fast an den Steinen vorbei, ein kleiner Gasstoß und er war am Ufer. Als er mit den Händen nach den gebrochenen schwarzen Brocken des Wellenbrechers griff, tauchte der Motor hinter ihm aus dem Wasser und röhrte aus dem trocknen Auspuff. Jan stieg aus und zog das Schlauchboot hoch, es scharrte mit unangenehmem Geräusch über die Schüttung. Er schaltete den Motor ab und schlang die dünne Bugleine um einen Stein. Das Boot würde hier die nächsten Stunden nicht verloren gehen. Das Wasser lief ab, es würde eher zu weit oben als zu weit unten liegen, wenn er wiederkam.

»Tim, wo bist du«, murmelte er halblaut vor sich hin, »ich hoffe, dir geht es gut, ich versuche dich jetzt zu finden, mach keinen Mist, hörst du?«

Alles, was sie bis jetzt zusammen erlebt hatten, kam ihm sicher und vertraut vor, fast wie in einer Familie beim Spielen im Garten. Aber hier war der Garten zu Ende, er stand draußen vor dem Zaun und die Familie war drinnen. Hoffentlich vermissten sie ihn. Der Zaun lief längs des Grundstücks entlang, knickte an der Uferbefestigung parallel zum Fluss ab und endete mit langen, überstehenden Stahlstacheln an der Kaimauer hinter dem Frachtschiff. Der Wellenbrecher war hier oben einen knappen Meter breit und aus Beton, der Aufbau des Frachtschiffes ragte weit genug auf, um die Arbeiter für Jan unsichtbar zu halten. An den mechanischen Geräuschen konnte er hören, dass die Entladearbeiten in vollem Gange waren. Irgendwo da hinten auf der anderen Seite im Wald war der Zaun, über den sie letztes Mal gestiegen waren. Wahrscheinlich hatte Tim diesen Weg auch diesmal genommen, er wiederholte Sachen, die funktionieren, gern noch ein zweites Mal.

Das Vorbeikommen an dem stachelbewehrten Zaun war leichter, als Jan es sich gedacht hatte. Die oben auf die Stacheln aufgeschweißten Zacken waren früher einmal scharf gewesen, jetzt waren sie verrostet und boten prächtig Halt, sodass er nicht in das einige Meter unter ihm liegende Hafenbecken stürzte, als er sich daran vorbeischwang. Er lief an der Innenseite des Zaunes entlang in die dunkle Ecke hinter den wellblechgedeckten Holzhallen. Der Hafen musste in den frühen Zeiten der Bundesrepublik entstanden sein, dachte er. Vielleicht war er sogar schon im Dritten Reich gebaut worden. Die verrosteten Stahllampen mit dem trüben Licht, die rötlichen Holzhallen, die aussahen wie Güterwaggons, und die verrosteten Schienen des Krans neben dem Kopfsteinpflaster erinnerten ihn an ein KZ. Ihn schauderte. Für kurze Zeit wurde das Brummen der Schiffsmaschine zum Stimmengewirr Tausender wartender Häftlinge und die Rufe der Verladearbeiter zu den Befehlen von SS-Lageraufsehern. Ruhig Blut!, mahnte er sich selbst, das was du hier machst ist zwar verboten, aber deswegen bist du noch lange nicht auf der Todesliste. Hoffentlich.

Die drei Hallen verdeckten ihn, während er mit vorsichtigen Schritten durch die Sanddornbüsche weiter Richtung Werft lief. Was er machte war illegal, obwohl er es tat, um etwas anderes Illegales aufzudecken. In der Mathematik ergab minus mal minus plus. Vielleicht sah das sein Richter genauso, wenn er in einigen Wochen vor ihm stehen würde.

»Ja, ich gestehe! Ich habe mich in einem grauen Schlauchboot auf der Elbe zu Tode geängstigt. Außerdem wollte ich meinen Kumpel Tim holen, der genauso unrechtmäßig auf dem Gelände war wie ich.«

»Gut das reicht, dreimal illegal ergibt wieder minus. Das Urteil lautet lebenslang Gulag und Zwangsarbeit. Abführen!«

Jan verdrängte die gruseligen Gedanken und spähte hinter der letzten Holzhalle hervor. Vor ihm erhob sich die Laminierhalle von Imperial. Gerade kam der Gabelstapler mit einem leeren Trailer herausgefahren und eine Seite des Hallentores wurde zugeschoben. Die Entladearbeiten für heute Nacht waren wohl beendet. Jan sah auf die Uhr: Es war kurz nach acht.

Die alten Hallen, hinter denen sich Jan verborgen hielt, wurden offensichtlich nicht mehr benutzt und dienten vor allem als Sichtschutz, um neugierige Blicke von dieser Seite des Werftgeländes fernzuhalten. Der Boden um die Gebäude herum war sandig, und helles Gras und Sanddorn wucherten bis zu den Fenstern, als ginge es darum, sie zu verstecken. Auf der Pier stellten die Hydraulikpumpen die Arbeit ein, lediglich die Lampen blieben an, und der Schiffsgenerator versorgte weiterhin hämmernd den alten Frachter mit Energie. Gerade begann der Kranführer seinen Arbeitsplatz verließ und begann, die lange, durch halbrunde Stahlbögen geschützte Leiter hinunterzusteigen.

Noch sind alle weit genug von mir entfernt, dachte Jan, und rannte los. In dem Sand sackten seine Schuhe tief ein. Der weiche Boden knirschte, aber dämpfte seine Schritte. Jan blickte sich um: Keiner nahm von ihm Kenntnis. Mit dem Mut der Verzweiflung raste er schließlich den gepflasterten Weg entlang, immer ganz am Rand, so weit wie möglich im Dunkeln und immer darauf vorbereitet nach rechts in die Büsche zu fliehen, wenn er eine Bewegung wahrnehmen würde.

Mit den Füßen stolperte er unsanft über die Stahlschiene des Hallentores. Waren seine Schritte draußen unhörbar gewesen, hatte er hier das Gefühl, dass selbst jeder Atemzug vielfach widerhallte. Vor ihm lag die Laminierabteilung der Werft, die sie neulich gemeinsam besucht hatten. Unendlich lange her kam es ihm vor, und trotz der damals erst kurz zurückliegenden Tragödie waren sie alle irgendwie auch unschuldiger gewesen. Unschuldiger – und naiver.

Jan drückte sich mit dem Rücken an die Hallenwand und hoffte, dass er unsichtbar wäre. Er hörte sein Herz wie eine

Trommel in den Ohren schlagen, seine Halsschlagadern pulsierten spürbar. Er war so aufgeregt, dass er fast das Atmen vergaß. Auf der rechten Seite standen in Reih und Glied Decksformen hintereinander, der Boden war mit Harzklecksen und verklebten Glasfaserbüscheln bedeckt. Im Halbdunkel der linken Seite standen nebeneinander ungefähr zehn Yachten mit dem Heck zur Wand – das war es, wonach sie suchten.

Jan lief auf die linke Hallenseite, alles war dunkel bis auf die eine einzelne Röhrenreihe in der Mitte des Hallendaches. Wonach sollte er hier suchen? Alle Schiffe hatten denselben Heimathafen, Tortola, BVI. Er begann die Namen durchzusehen: FAIR CHILD, dann FAIR LADY, FAIR PLAY, FAIRNESS. Alle hatten dieselbe aufgehende Sonne am Heck aufgemalt. »Sunrise Yachting – discover the beauty of sailing«, warb das Charterunternehmen. Er stolperte über Tims Schuhe. Tims Schuhe?

Die Yacht war völlig dunkel, als er über die Leiter ins Cockpit kletterte, der Niedergang war offen, unten war kein Mensch zu sehen. Lediglich die Polster lagen ungeordnet in der Gegend herum, der Boden und die Salonbank waren mit weißem Pulver bestäubt wie mit Puderzucker. Auf dem Boden lag ein Schlüsselbund mit einem winzigen Schweizer Messer daran, das kaum länger als zwei Glieder eines Fingers war. Die Klinge war ausgeklappt. Jan besah sich den Schlüsselbund: ein schwarzer Volkswagenschlüssel, das Messer, einige Haustürschlüssel und ein emaillierter Anhänger teilten sich den Ring.

GdP, Gewerkschaft der Polizei, stand auf dem Anhänger. Scheiße, Tim, du hattest tatsächlich Recht! Warum habe ich dir nicht geglaubt? Was ist hier geschehen, warum hast du deine Schuhe hier gelassen? Er klappte das Messer ein und steckte den Schlüsselbund in die Tasche. Jan ging durchs Cockpit und wollte gerade die Leiter heruntersteigen, als er unten Geräusche hörte. Erschrocken kauerte er sich zusammen. Auch unten wurde es still.

»Jan?«, hörte er eine leise Stimme, »Jan, bist du's?«

Vorsichtig schob Jan den Kopf über die Cockpitkante. An die Hallenwand gepresst stand eine Gestalt im Dunkeln. Sie trug einen Blaumann und sah sich unruhig um.

»Wer bist du?«

»Gernot!«, kam es aus dem Dunkel.

Jan kletterte die Leiter herunter.

»Musst du mich so erschrecken?«, zischte er Gernot an.

»Ich wusste nicht, ob du's warst oder einer von der Werft.«

»Ich bin's, Scheiße bin ich froh, dass du's bist – was willst du?«

»Tim war hier, ich war zufällig in der Halle, als er mit einem anderen Mann zusammentraf. Hier oben auf der Yacht. Keine Ahnung, wer das war, beide sind dann vorne durch das Tor und in die Montagehalle gerannt. Ich bin etwas später hinterher, aber da waren sie schon weg. Keine Ahnung, wo sie jetzt hin sind. Nur das habe ich gefunden, es lag an einer der Kisten an den Bändern.«

Gernot gab Jan Tims zerschrammte Digitalkamera, die dieser immer bei seinen Reportagen dabeihatte. Jan klappte den Bildschirm aus und sah sich die letzten Aufnahmen an. Die erste zeigte den Hinterkopf eines Mannes, der eine Plastiktüte mit weißem Inhalt aufschneidet, die zweite den Mann beim Umdrehen und auf dem letzten Foto sah Schmudlach mit weit aufgerissenen Augen in das Objektiv wie Christoph Daum, der beim Koksen erwischt wurde. Jan musste lächeln: gutes Foto, Tim.

»Weißt du, wer das ist?«, fragte er Gernot.

»Keinen blassen Schimmer, nie gesehen«, gab er zurück.

An dem Hallentor, durch das Jan hereingekommen war, tauchten Männer auf. Sie besprachen sich kurz, bevor sie sich verteilten und die Halle abschritten.

»Hau ab hier«, flüsterte Gernot, »mich kennen die, da gibt's keine Probleme.«

Jan klopfte ihm auf die Schulter, steckte die Kamera ein, nahm Tims Schuhe und lief die Wand entlang zu der Produktionshalle, in die auch Tim verschwunden war.

29

Die Werft summte wie ein geparktes Raumschiff. Viele der Fertigungsmaschinen liefen auf Stand-by und versetzten selbst hier den Boden in ganz leichte Schwingungen. Tim sah aus dem Fenster, das Goloris Büro mit der Produktionshalle verband: Sie lag bis auf die Nachtbeleuchtung im Dunkeln, und doch spendete sie dem Raum, in dem Tim sich befand, einen Rest Licht. Irgendwo klingelte ein Telefon in den angrenzenden Büros. Tim zählte mit, nach fünfzehnmal war Schluss. Golori und Junior waren schon vor langer Zeit verschwunden, gleich nachdem sie ihn hier reingeschleppt und mit einer Schot an die große lederne Couch gefesselt hatten. Heute Nacht musste noch laminiert werden, das wusste er, Golori musste sich darum kümmern, egal, ob er hier auf der Couch saß oder nicht.

Tim hatte kein Zeitgefühl, die mächtige hölzerne Uhr auf Goloris Schreibtisch kehrte ihm den Rücken zu, nur ihr lautes Ticken störte sein Denken. Anfangs hatte er versucht die getickten Sekunden zu zählen, aber irgendwo bei 400 hatte er aufgehört: Um die sieben Minuten, die er dem Wahnsinn näher gekommen war. Er versuchte sich von der Schot zu befreien, aber von Seglern gefesselt zu werden bedeutet, dass die Fesseln auch wirklich fest und die Knoten tatsächlich sicher waren. Er war froh, dass er Jan nicht mit in diesen Schlamassel hineingezogen hatte. Vielleicht hätte er ihm helfen können, aber wahrscheinlicher wäre, dass sie jetzt hier zu zweit säßen – und letztlich war es seine, Tims, Idee gewesen, noch einmal herzukommen. Vielleicht wäre die Polizei doch der bessere Ansprechpartner gewesen, vielleicht hätte man sie überzeugen können, sie hatten es ja nicht einmal versucht. Vielleicht, vielleicht … so kam er nicht weiter. Er verdrängte die Gedanken, das Ticken kam wieder, er begann erneut zu zählen.

Der Schlüssel der Bürotür drehte sich. Mit unregelmäßigem *Plinkplinkplink* sprangen die Leuchtstoffröhren an der Decke an. Tim kniff die Augen zusammen und stellte sich schlafend. Golori ging direkt hinter seinen Schreibtisch und nahm den Hörer ab, ein Tastendruck, offensichtlich eine eingespeicherte Nummer.

»Thompson? It's me, Peter Golori.«

Golori hörte eine Weile zu. Thompson hieß der Schwarze, den er neulich mit auf der PASSAT gesehen hatte, jetzt konnte sich Tim wieder erinnern.

»Ich weiß, dass du Verträge hast, ich kann das hier nicht ändern. Aber wir sind bei dem letzten Schwung Schiffe, die gehen sofort wieder zurück. Was? Ah! The last twenty.«

Wieder hörte Golori zu. Tim öffnete ein Auge, Junior stand mit dem Rücken zu ihm vor dem Schreibtisch und lauschte seinem Vater.

»Okay Thompson! Die Geschichte ist gut gelaufen, ich versprech dir, dass du deine Schiffe alle wieder rechtzeitig drüben hast – no problem. Bye.« Er legte auf.

»So, Journalist, kannst die Augen jetzt aufmachen!«, sagte er zu Tim, blieb aber hinter seinem Schreibtisch sitzen und machte sich Notizen.

Junior hingegen ließ es sich nicht nehmen, zu ihm herüberzukommen und gegen sein Bein zu treten. Tim öffnete seine Augen und sah Junior an, dessen linke Gesichtshälfte von Tims Schlag noch immer geschwollen war: Das Veilchen steht dir gut, Arschloch, dachte er. Junior stellte sich breitbeinig vor ihn und verpasste Tim eine Ohrfeige.

»Du hast noch was gut«, sagte er und holte erneut aus.

»Lass ihn in Ruhe, Trottel«, knurrte Golori von hinten, ohne von seinem Schreibtisch aufzusehen. Junior war verwirrt, trollte sich aber wie ein Hund sofort an den Besprechungstisch, der in der anderen Zimmerecke stand.

»Ich hoffe, Sie haben etwas Ruhe gefunden«, sagte Golori und stand auf, »was haben Sie sich eigentlich dabei gedacht, hier in der Werft rumzuschnüffeln? Hat sich das noch nicht zu Ihnen herumgesprochen, dass es gefährlich ist, Peter Golori zu nahe zu kommen?«

»Mit der Geschichte kommen Sie nie durch«, bluffte Tim, »ich weiß genau, was Sie hier treiben. Ich weiß von den Verstecken in den Yachten.«

»Wenn ich dich wieder gehen lasse, sind die Yachten schon lange wieder auf der Reise in die Karibik. Was willst du der Polizei denn erzählen? Dass wir hier Schiffe reparieren? Ist wohl nichts Ungewöhnliches für eine Werft.«

Golori nahm sich eine Zigarre aus einer mit Muscheln und einem Fischkutter verzierten Holzkiste, die auf seinem mächtigen Schreibtisch wie ein Schrein in der Mitte parkte. Während Tim weitersprach, machte er sich umständlich daran, ihre Spitze intensiv anzulecken und sie anschließend zu amputieren.

»Aber Rauschgiftschmuggel ist ungewöhnlich«, sagte Tim, »und das wird auch die Polizei interessieren.«

»Die Schmuggelnummer ist für die deutschen Behörden völlig uninteressant. Das ist eine rein karibische Geschichte und war ein Superdeal. Die Charterkunden waren unsere absolut unauffälligen Kuriere. Einmal das Schiff anheben, Ruder raus, Päckchen in den Rumpf und schon ging die Ladung auf die Reise. Einfach genial! Kein Pfennig von der Kohle ist je in Deutschland angekommen, nie hatten wir das Rauschgift in der Hand, alles schön unauffällig.«

»Bis auf die Ruderbrüche«, sann Tim.

Golori war endlich mit der Vorbereitung der Zigarre fertig und zündete sie mit einem Streichholz an. Kleine Flämmchen kamen aus ihrer Spitze.

»Das war allerdings dumm«, nickte er, »das hat fast die Behörden auf den Plan gerufen. Leider musstet ihr die Geschichte ja auch so breit treten.«

»Bei den Unfällen sind Menschen zu Schaden gekommen.

Deutsche Chartergäste, die nur Urlaub machen wollten und von Ihnen für Ihre dreckigen Geschäfte missbraucht wurden.« Echte Empörung stieg in Tim auf.

Golori blies eine gewaltige Rauchwolke unter die Decke und lachte.

»Wenn die nicht mit den Schiffen überall gegenfahren würden, wäre gar nichts passiert! Die Dimensionierung des Hohlraumes war gerade ausreichend berechnet, um nicht aufzufallen. Fast wäre durch die Chartertrottel alles aufgeflogen, bloß weil die nicht mal die Seekarte richtig lesen können. Deswegen haben wir ja die Yachten auch hierher gebracht und ein bisschen zurückgerüstet. Auf dem Papier ist das eine ganz normale Wartung für die Flotte gewesen. Nichts Ungewöhnliches.«

Golori war sichtlich zufrieden. Er nahm einen tiefen Zug, blies langsam den Rauch aus und betrachtete genießerisch die Zigarre.

»Heute Nacht werden die letzten Hohlräume herausgeschnitten und die neuen Ruderlager eingeklebt. Keine große Geschichte für unsere Leute. Morgen früh kommt noch ein bisschen Farbe drüber, und dann ist nichts mehr zu sehen. Und Ihnen wird kein Mensch glauben.«

»Aber das Rauschgift bei Imperial wird man mir glauben!«, trumpfte Tim, »ich weiß, dass Sie auch Rauschgift nach Deutschland geschmuggelt haben.«

Golori lächelte ihn durch den Rauch an.

»Nach Deutschland ist nie Rauschgift gekommen, ich will mich doch nicht selber in den Knast bringen.«

»Ach ja?« Jetzt war es an Tim, zu grinsen. »Da sind Sie aber scheinbar kurz davor! Ich habe gesehen, wie einer Ihrer Leute es aus den Tanks geholt hat. Und ich habe einige hübsche Beweise, die die Behörden bestimmt interessieren werden.«

»Soso, Beweise. Was denn zum Beispiel?«, spottete Golori.

»Wissen Sie etwa nicht, was in Ihrer Werft vor sich geht? Ich habe Fotos, als das Paket aus dem Schiff geholt wurde. Sehen Sie sich doch auf FAIRPLAY einmal um. Der Tank ist noch offen und Reste von dem Zeug, ob Heroin oder Kokain weiß ich nicht, sind im ganzen Salon verstreut.«

»Du lügst!«, Goloris Adern am Hals traten hervor, »was erzählst du hier für Märchen, wo sind die Fotos?«

»An einem sicheren Ort. Ihnen die jetzt hier unter die Nase zu halten, wäre wohl nicht so clever«, antwortete Tim seinerseits zufrieden und versuchte sich trotz seiner Fesseln so bequem wie möglich zurückzusetzen, was ihm leider nur im Ansatz gelang.

»Junior!«, brüllte Golori aufgebracht.

»Ja, Vater?«

Fast augenblicklich stand Junior neben ihm. Aus seiner devoten Haltung ließ sich schließen, dass er in der jetzigen Stimmung seines Vaters Einiges von ihm gewöhnt war.

»Sieh zu, dass du auf den verdammten Dampfer kommst, und guck nach, was an der Geschichte dran ist!«

»Das können wir uns doch wohl sparen. Du wirst doch diesem Schmierfink die Geschichte nicht glauben?« Junior grinste Tim anzüglich an.

»Das wirst du wohl mir überlassen!«, knurrte Golori, »und jetzt sieh zu, dass du wegkommst.«

Junior warf Tim einen hasserfüllten Blick zu, während jetzt Tim ihm sein breitestes Grinsen schenkte.

»Kannst gleich meine Schuhe mitbringen, die stehen da noch«, rief er und wackelte mit seinen Zehen.

Jan hörte Golori in seinem Büro brüllen, als er den Flur zwischen den Zimmern der anderen Verwaltungsangestellten entlangging. Unter der Tür am Ende des Ganges schimmerte Licht auf den grau gefliesten Boden hindurch. Er war gerade auf halber Strecke angekommen, als die Tür geöffnet wurde. Jan schob sich langsam in das Dunkel der offen stehenden Toilettentür. Die Schritte kamen näher und verharrten. Jan hielt den Atem an, tastete sich mit seiner freien Hand an der Wand entlang und verschwand langsam in dem zweiten Raum der Toilette. Mit seinen Waden stieß er an das WC-Becken. Unregelmäßig starteten die Energiesparlampen an der Decke, die Schritte kamen herein.

Zum Berühren nah stand Junior mit dem Rücken zu ihm am Pinkelbecken. Er öffnete seinen Reißverschluss, machte sich breitbeinig etwas Luft in der Hose und drückte das Becken nach vorne. Jan hörte den Urin in regelmäßig unterbrochenen Abständen in das Becken zischen. »Prostata«, dachte er, »in deinem Alter.«

Junior fluchte vor sich hin: »Immer bin ich hier der Lakai. Wäre nett, wenn du mich mal beim Namen nennen würdest! Junior! Da kannst du gleich Trottel sagen, wenn du es meinst! Scheiße, irgendwann übernehm ich hier den Laden, und dann gehst du sofort in Rente.«

Er lachte, beugte sich zurück und pinkelte mit dem gleichmäßiger gewordenen Strahl auf die Spülarmatur. Jan sah Junior sichtlich zufrieden die letzten Tropfen abschütteln und die Hose schließen. Beim Hinausgehen lief kurz der Wasserhahn, Papier wurde in den Mülleimer geworfen, schließlich schloss sich die Tür zum Gang und es wurde dunkel.

Erstaunlich, was man alles so macht, wenn man sich unbeobachtet fühlt, dachte Jan und tastete sich langsam nach draußen. Als er die Toilettentür öffnete, war von Junior bereits nichts mehr zu sehen. Links am Ende des Ganges brannte die Notbeleuchtung im Foyer, rechts schimmerte das Licht aus Goloris Büro unter dem Türspalt hindurch. Jan schob Tims Schuhe erst mal in den Korb für die nassen Papierhandtücher neben der Tür und schlich Richtung Büro. Er musste herausfinden, wo Tim abgeblieben war. Er hatte sich mittlerweile in der ganzen Werft umgesehen und außer seinen Schuhen keine Spur gefunden. Wahrscheinlich hatte Golori ihn entdeckt, sonst würde er sich nie von seiner Kamera trennen.

Hinter der Tür war es ruhig, Jan konnte den stärker werdenden Zigarrenrauch wahrnehmen, der nach draußen in den Flur drang. Vorsichtig beugte er seinen Kopf zum Schlüsselloch hinunter. Goloris Büro sah leer aus. Hinten links stand der große Besprechungstisch, rechts die schwarze

Couchgarnitur und hinter dem Sessel sah er Tim sitzen. Sein Herz schlug schneller. Tim saß auf dem Ledersofa und versuchte ein möglichst unbeteiligtes Gesicht zu machen. Links sah Jan einen Rücken, vor dem Qualmwolken aufstiegen, wahrscheinlich Golori, sie unterhielten sich nicht.

Jan trat zurück und betrachtete die Tür von außen, auf der Suche nach einer Idee. Was wollte Tim dort drinnen? Hatte er Golori zur Rede gestellt? Und wo war Junior? Er wusste nicht, ob er anklopfen oder einfach hineinspazieren sollte. Aber was sollte er dann sagen?

»Abend. Hi Tim, bist du fertig? Dann können wir ja gehen!«

Wohl kaum. Plötzlich hörte er harsche Kommandos aus dem Foyer, schnell verschwand er hinter der nächsten Bürotür. Der Raum war ebenfalls dunkel. Jan schob die Tür vor sich zu, bis nur noch ein Spalt zum Durchschauen offen blieb. Die Schritte und ein Stöhnen kamen näher. Vor der Tür blieben sie stehen.

Schmudlach schob den vor Schmerz ächzenden Junior unsanft nach vorne. Er hatte ihm einen Arm auf den Rücken gedreht. In seiner freien Hand hielt der Polizist einen Revolver.

»Los, aufmachen!«, zischte er Junior an.

Golori blieb am Schreibtisch sitzen, als die Tür geöffnet wurde. »Und, hat der Schreiberling Recht?«, fragte er nach vorn gebeugt und ohne sich umzudrehen.

»Vater, wir haben ein Problem«, winselte Junior.

Schmudlach zog seinen Arm weiter nach oben, Junior stöhnte vor Schmerzen. Golori drehte sich mit seinem Schreibtischstuhl zur Tür.

»Wer sind Sie denn?«, fragte er erstaunt.

»Ein Freund!«, antwortete Schmudlach und schob Junior zu dem Sofa, auf dem Tim saß. Schmudlach drehte Junior um und stieß ihn in die Polster, Juniors Luft entwich hörbar aus der Lunge.

»Arme nach hinten!«, befahl Schmudlach.

Junior gehorchte, Schmudlach steckte Juniors linke Hand unter der verchromten Stahllehne des Sofas hindurch, die andere legte er oben drüber und verband beide sirrend mit einem Kabelbinder. Mit erhobener Waffe stieg er über Juniors Füße und zog zwei weitere Kabelbinder aus der Jacke. Mit zwei kurzen Bewegungen fesselte er Goloris Arme an die Lehnen des Schreibtischstuhles. Golori wehrte sich nicht, er war davon überzeugt, dass Schmudlach von seiner Waffe Gebrauch machen würde.

»Was wollen Sie von uns? Wer sind Sie?«, wiederholte Golori leise, er war blass.

»Eigentlich tut das jetzt nichts mehr zur Sache«, sagte Schmudlach gedehnt und ließ sich auf der gegenüberliegenden Seite des Schreibtisches nieder.

Er nahm die rauchende Zigarre aus dem Aschenbecher und erstickte sie in Goloris halbvoller Teetasse.

»Hab mir das Rauchen gerade abgewöhnt«, bemerkte er, »zu ungesund.«

Dann lehnte er sich zurück.

»Tja die Herren, da haben Sie mir ja mit ihren Betätigungen in den letzten Monaten einen riesigen Dienst erwiesen. Durch Sie bin ich zu einem reichen Mann geworden und bin dabei nahezu kein Risiko eingegangen.«

»Wer sind Sie?«, fragte Golori zum dritten Mal. Tim und Junior saßen stumm auf dem Sofa.

»Ich bin Ihr Mann im Hintergrund. Ich stehe auf Ihrer Gehaltsliste und sorge dafür, dass Sie bei Ihren Machenschaften in Ruhe gelassen werden. In meiner Eigenschaft als Polizist stellt bei Ihren Treffen keiner unbequeme Fragen. Und natürlich sorge ich dafür, dass Ihre Schiffe aus der Karibik ohne große Fragen durch den Zoll kommen. Unsere gemeinsame Freundin Rita hat seinerzeit ein gutes Wort bei Ihnen eingelegt.«

Golori stöhnte auf.

»Rita!«, stieß er hervor.

»Ganz genau, Rita Schmidt, die Witwe Ihres Skippers.« Er blickte zu Tim.

»Was hat Rita mit der ganzen Geschichte zu tun?«, fragte er.

»Die kleine Freundin Ihres Mitkämpfers Larssen hat mir diesen wundervollen Job bei Imperial besorgt. Wissen Sie, als Beamter bekommt man nicht so viel Geld, wie man eigentlich verdient. Da ist man für jedes kleine Zubrot dankbar. Danke übrigens auch für das Vertrauen«, er wandte sich an Golori, »wir haben uns ja nie persönlich kennen gelernt. Schön, dass so was geht – unter Freunden.«

Er drehte den Revolver in seiner Hand und betrachtete ihn interessiert, während er sprach.

»Hatte Rita …?«, fing Golori leise an.

»Bitte?«, hakte Schmudlach höflich nach.

»Ich meine, hatte Rita etwas mit der Sache zu tun?«

Schmudlach lachte höhnisch.

»Rita Schmidt? Oh nein! Die Dame würde doch nichts Unrechtmäßiges tun! Dafür ist sie nicht clever genug. Sie muss immer auf der Seite der Guten stehen, deswegen bringt sie es ja auch zu nichts!«

Wieder lachte er kurz und spöttisch auf.

»Aber sie haben Recht: Ein kleines bisschen Mitschuld trägt sie an der Misere, in der Sie sich gerade befinden. Als ich von Ihren Machenschaften mit dem Drogenhandel erfuhr, hat sie sich schließlich dafür verwendet, dass wir zwei zusammenarbeiten können.«

Er sah Golori in die Augen.

»Wir kannten uns gut, Rita, Peer und ich. Ich habe nämlich in dem Fall ihrer kleinen Schwester ermittelt. Da steht man sich nahe, sehr nahe.«

Wieder grinste er und sprach eiskalt weiter.

»Und diesem süßen Hintern hätte ich gerne noch näher gestanden. Aber das Mädchen ist nicht zu knacken gewesen. Bedauerlich, dass uns jetzt die Zeit davonläuft.«

Golori stand der Schweiß auf der Stirn, er hatte in den letzten Minuten weiter an Farbe verloren, sein Gesicht wurde fahl und bekam rote Flecken.

»Was wollen Sie dann von uns, haben Sie nicht genug Geld bekommen? Brauchen Sie noch mehr? Ich kann es Ihnen geben! Machen Sie mich los, und Sie bekommen, was Sie wollen! Wir haben genug Geld hier!«

Schmudlach drehte sich zu Golori und stützte einen Ellenbogen auf die Schreibtischplatte.

»Wie ich bereits sagte: Geld habe ich jetzt genug. Natürlich kann man auch von dem Geld, was mir ein Herr Golori gezahlt hat, nicht wirklich reich werden. Deshalb habe ich ja das Geschäft etwas optimiert und mit Herrn Thompson in der Karibik direkt zusammengearbeitet.«

»Sie hatten etwas mit Thompson zu tun?«, krächzte Golori mit zitternder Stimme.

»Mehr als das«, erwiderte Schmudlach, »wir haben Ihre kleinen Schiffstransporte nach Deutschland dazu genutzt, Heroin direkt hierher zu bringen. Der Gewinn landete dann selbstverständlich ebenfalls direkt bei mir.«

»Das hätte Thompson nie getan!«, stieß Golori mit einem Hauch Hoffnung in der Stimme hervor.

»Ihm blieb eigentlich gar nichts anderes übrig, als zu kooperieren. Meine Kollegen in Amerika hätten sich bestimmt über einen kleinen Tipp von mir gefreut. Das musste auch ein Mann wie Thompson einsehen. Daher hat er mir das Rauschgift in bestimmten Yachten einfach mitgeschickt. Ich musste es hier nur noch aus den Tanks holen und verkaufen. Glauben Sie mir, die richtigen Kontakte hat man in meinem Beruf.«

Er lächelte Golori an.

»Das Risiko ist viel zu groß, um Rauschgift direkt nach Deutschland zu bringen«, sagte Golori entsetzt mit bebender Stimme.

»Für Sie vielleicht, für mich nicht! Wenn die Geschichte aufgeflogen wäre, hätte man das Heroin immer bei Ihnen in der Werft gefunden. Und den Transport von hier hat freundlicherweise Reiner Schmidt übernommen. Der hatte ja bekanntermaßen nichts mehr zu verlieren.«

Schmudlach grinste süffisant, während Golori auf seinem Stuhl zusammensackte.

»Verdammtes Schwein!«, stieß er hervor.

»Nana!«, lächelte Schmudlach. »Gelagert wurde der Stoff übrigens direkt vor Ihren Augen. In einem der Laderäume der PASSAT. Sie haben bei Ihren Treffen quasi drauf gesessen. Und wenn's schief gegangen wäre, hätten Sie wohl auch die Konsequenzen tragen müssen.«

»Woher wussten Sie eigentlich von dem Drogenhandel in der Karibik?«, fragte Tim aus dem Hintergrund.

Schmudlach dreht sich um und kniff die Augen zusammen.

»Endlich mal 'ne gute Frage. Und eigentlich müsste ich sie nicht beantworten, aber ich will Ihnen den Gefallen tun, Schreiberling. Informationen sind ja schließlich Ihr Job.«

Er sah kurz an die Decke, bevor er sich erneut Tim zuwandte.

»Manchmal kommt einem der Zufall zur Hilfe. Bei mir während der Ermittlungen zum Tod von Ritas kleiner Schwester. Da haben wir uns sehr intensiv mit den Wegen des Rauschgifts beschäftigt. Und diese Wege führten immer wieder in die Karibik. Ich habe damals auf eigene Rechnung mal einige Nachforschungen vor Ort angestellt, sozusagen privat. Und da habe ich dann Herrn Thompson kennen gelernt. Ein Schwarzer auf einer Karibik-Insel, der schon zusammenzuckte, als ich ihm nur meinen deutschen Polizei-Ausweis vorlegte! Ich hatte ihm versprochen zu schweigen, wenn er so weitermachte wie bisher. Ich würde dann beizeiten einen kleinen Gefallen bei ihm einfordern. Das fand er in Ordnung und ich hatte Zeit, hier in Ruhe alles vorzubereiten.«

»Deswegen wollte er weitermachen!«, brauste Golori wütend auf.

»Genau. Deswegen!« Schmudlach lächelte ihn an. »Er hatte mir natürlich erzählt, dass Sie aus der Sache raus wollten. Aber ich konnte ihn überzeugen, noch einmal mit Ihnen zu reden. Oder glauben Sie im Ernst, es war Thompsons Idee, Ihnen die ganzen Schiffe hier mit einem Frachter herüberzuschicken? Nein, Herr Golori, das war alles Bernd Schmudlachs kleiner Plan.«

Stolz lächelte er und tippte sich mit dem Zeigefinger an die Schläfe.

»Alles hier oben in dem Polizeihirn entstanden und perfekt bis ins letzte Detail. Damit auch ja niemand etwas merkt.«

»Ich verdammter Idiot!«, stöhnte Golori und sackte wieder zusammen, »ich gottverdammter Idiot!«

»Haben Sie auch Andi erschossen?«, fragte Tim leise nach einer Pause.

»Andreas Jensen? Ich wusste, dass Sie mir in meinem Büro neulich einiges verschwiegen hatten. Natürlich kannten Sie ihn.«

»Natürlich!«, erwiderte Tim.

Schmudlach war aufgestanden und ging auf Tim zu.

»Er war ein Trottel! Genau wie Sie. Hat sich in Angelegenheiten eingemischt, die ihn nichts angingen. Das Rauschgift lagerte perfekt auf der PASSAT, ich hatte mit einem seiner Kollegen ein kleines Abkommen, meine Pakete sicher zu verwahren. Leider musste er der Geschichte ja hinterherschnüffeln und seinen Kollegen unbequeme Fragen stellen. Da war er Ihnen sehr ähnlich. Und dann musste er Ihnen auch noch unbedingt zur Freiheit verhelfen, dadurch sind Sie mir das erste Mal entwischt. Tja …«, bedauernd zuckte er mit den Schultern, »schade, dass meine Leute in Niendorf dann den Falschen erledigt haben, sonst hätte ich jetzt keine Probleme mit Ihnen.«

»Sie wollten mich umbringen?«, fragte Tim sichtlich geschockt.

»Selbstverständlich«, gab Schmudlach zurück, »leider haben meine Leute den Bruder von Peer Schmidt umgelegt.

Ich hatte eigentlich Sie in Niendorf erwartet, aber Schwamm drüber. Jetzt können wir die Geschichte auch genauso gut hier erledigen. Freundlicherweise sind Sie ja hergekommen. So eine Werft kann ja ein verflucht gefährlicher Ort sein …«

Schmudlach drehte sich um und ging zur Tür. Mit einem Lächeln sah er den dreien nacheinander in die Augen und sagte:

»Gute Nachtruhe. Ich muss mich noch um die Freundin von Herrn Larssen kümmern.«

Dann machte er das Licht aus und schloss die Tür.

»Bleiben Sie hier!«, rief Golori, »wo wollen Sie denn hin! Wir können doch über alles reden! Bleiben Sie hier, verdammt noch mal!«

Aber die Tür blieb geschlossen.

30

Jan war sich nicht sicher, was nun zu tun sei. Eben war Schmudlach eilig den Flur entlanggekommen und Richtung Foyer verschwunden. So wie er Junior dort hineingestoßen hatte, war er wahrscheinlich nicht gerade der beste Freund der Golori-Sippe. Irgendetwas musste in dem Büro passiert sein. Jan trat auf den Gang, er war unschlüssig. Er sah wieder durch das Schlüsselloch – alles dunkel. Sie waren doch nicht weggegangen! Entweder ist das Licht aus oder das Schlüsselloch ist zugeklebt. Jan legte vorsichtig die Hand auf die Klinke und schob die Tür auf.

»Tim?«, flüsterte er.

»Ich bin hier«, antwortete Tim, »ich bin gefesselt. Mach mich los.«

Jan tastete nach dem Lichtschalter, blinkend erschienen ihm die gefesselten Gestalten von Tim, Junior und Golori. Hinter sich hörte er Geräusche und löschte das Licht wieder.

»Das ist wahrscheinlich Schmudlach, ich bin gleich zurück«, wisperte er und verschwand rückwärts durch die Tür.

»Jan! Scheiße, komm wieder her!«, hörte er Tim fluchen.

Doch Jan schob sich wieder zurück in das angrenzende Büro und wartete. Die Schritte auf dem Gang kamen näher, etwas Schweres wurde polternd abgestellt. Jan hörte die Geräusche eines Plastik-Schraubverschlusses, wieder ein schlagendes Geräusch und dann überfiel ihn der durchdringende Geruch von Nitro-Verdünnung. Verflucht noch mal, der will uns abfackeln!, dachte Jan. Ehe er reagieren konnte, stand der Flur mit einem entschiedenen *Flufff!* bis zur Decke in Flammen. Er schloss die Tür, öffnete das Fenster und sprang in die Dornenbüsche an der Hauswand. Wenigstens diesmal nicht ins Wasser, schoss es ihm durch den Kopf, als er auf den Rasen vor dem Bürohaus lief. Das Gebäude schloss direkt an die Fertigungshalle an, in den Büros und im Foyer brannte es lichterloh. Er hatte die drei durch das Fenster von außen retten wollen, aber da war kein Fenster! Golori hatte sich mit seinem Büro völlig eingeigelt, von hier gab es keinen Weg nach drinnen. Jan wurde panisch.

Er lief über den Parkplatz auf die gläserne Eingangshalle zu und warf sich gegen die Tür. Sie war offen. Die Schiffsmodelle und Teile der Schiffseinrichtungen standen bereits in Flammen. Er lief zur Glastür, die das Foyer mit der Produktionshalle verband, auch hier brannte es bereits. Schmudlach leistete ganze Arbeit, er wollte nicht die geringste Spur hinterlassen. Jan lief nach rechts an den Fertigungsbändern entlang. Ganz hinten hatte er vorhin Licht gesehen, vermutlich hatte Goloris Büro ein Fenster zur Produktionshalle. Unter der Decke bildete sich bereits eine graue Rauchschicht, die das Licht verdunkelte. Es sah aus, als würde jemand mit einem Dimmer die Beleuchtung immer weiter runterdrehen. An den hinteren drei Bändern brannten die teilausgebauten Schiffe mit meterhohen Flammen, Holz, Klebstoffe und Reinigungsmittel gaben dem Feuer die nötige Nahrung. Jan sah auf die Uhr, die über einer Stahltür hing, »Pausenraum« stand darauf. Es war kurz nach Mitternacht.

Das riesige Fenster zu Goloris Büro ließ keinen Blick nach drinnen zu. Durch das Glas sah der Qualm aus, als hätte jemand mit einem Messer eine Nebelwand aufgeschnitten und eine senkrechte, undurchdringliche Wand hinterlassen. In schlechten Filmen taumelten jetzt Wissenschaftler aus dem Nichts gegen das Glas und riefen tonlos um Hilfe. Hier passierte nichts. Er riss den roten Stahl-Feuerlöscher von der Wand und schlug ihn so fest er konnte gegen die Scheibe. Sie schwang in ihrem Rahmen, gab aber nicht nach.

»Tim! Tim! Scheiße, du darfst nicht sterben!«, schrie er.

Wieder und wieder schlug er gegen die Scheibe, endlich zerbrach sie unter der Belastung. In großen Teilen fiel sie aus dem Rahmen und zerplatzte auf dem Hallenboden. Jan sprang zurück, der Qualm aus dem Büro waberte aus der Öffnung in die Halle wie bei einem Kamin, bei dem der Schornstein verschlossen ist.

Über das Bollern der Flammen hörte er jemanden husten. Gott sei Dank! Doch noch rechtzeitig. Er trat mit seinen Wanderstiefeln die letzten Glassplitter aus dem Rahmen und ging nach drinnen. Neben der Tür fand er den Lichtschalter, die Tür war heiß, beißender Rauch zog unter ihr hindurch und quer durchs Büro in die Halle.

»Seid ihr alle bei Bewusstsein?«, fragte Jan und schob den Teppich gegen den Türspalt, woraufhin der Qualm versiegte. Dreimal »Ja« hörte er hinter sich. Er ging zu Tim und zog an den Kabelbindern. Die Panik kam wieder – wie sollte er diese Dinger aufbekommen?

»Haben Sie ein Messer?«, fragte er Golori.

Peter Golori schüttelte müde mit dem Kopf. Jan sah sich auf dem Schreibtisch um, nichts. Er tastete seine Jacke von außen ab: Schmudlachs Schlüssel! Er öffnete das kleine Messer und zerschnitt die Kabelbinder. Golori begann am linken Handgelenk zu bluten. Langsam stand er auf und kam hinter dem Schreibtisch hervor. Jan befreite Junior und Tim, gemeinsam gingen sie durch die zunehmende Dunkelheit Richtung Halle.

»Ich bin barfuß«, sagte Tim, »ich kann hier nicht durch.« Wortlos öffnete Junior seinen Schreibtisch und reichte ihm zwei dunkle Schuhe.

»Hausschuhe, ich fass es nicht!«, sagte Tim und zog sie an, »wenigstens von Giesswein. Danke, Junior.«

Sie liefen über die Scherben in die Halle, der Brand hatte sich weiter ausgebreitet, der Weg zum Foyer war bereits abgeschnitten. Sie rannten die Wand entlang nach rechts, das Hallentor war hier verschlossen, ebenso die stählerne Tür des Notausgangs. Langsam drückte der Qualm beängstigend nach unten. Gebückt liefen sie zum nächsten Tor, doch auch das war verschlossen – alle Fluchtwege waren abgeschnitten.

»Ins Testbecken!«, drängte Junior, »hinter uns ist das Testbecken!«

Junior machte einige Schritte nach hinten. Nur wenige Meter vor dem verschlossenen Hallentor war ein Wasserbecken in den Boden eingelassen, in dem die Yachten auf Wasserdichtigkeit geprüft wurden, bevor sie für die Auslieferung fertig waren. Auch jetzt lag hier ein Schiff. Junior schaltete die Sprinkleranlage ein, die auf das Deck und die Luken prüfenden Regen niedergehen ließ. Sie sprangen ins Nass und hielten sich am Beckenrand fest. Golori stand noch oben und sah zu ihnen herab, sein Blick war traurig und leer.

»Ich geh Hilfe holen«, sagte Golori ohne Betonung, drehte sich um und verschwand im Rauch.

»Vater, komm zurück!«

Junior versuchte aus dem Becken zu klettern und ihm hinterherzulaufen. Gemeinsam hielten Jan und Tim ihn zurück.

»Vater! Lass mich nicht alleine! Vater!«

Er kämpfte und schrie noch eine Weile, ehe er weinend am Beckenrand zusammenbrach.

Jan und Tim sahen sich an. Der Qualm war bereits bis auf die Höhe des Bodens nach unten gekommen, aber in dem tiefer liegenden Becken war die Luft überraschend gut. Junior hatte Recht gehabt. Hitze und verbrannte Luft des Feuers stiegen nach oben, unten durch die Hallentore saugte sich das Feuer frische Luft an, Sauerstoff, um weiterzubrennen. Sie konnten den kühlen Luftzug im Gesicht spüren, wenn sie Richtung Tor blickten. Das Feuer erzeugte ihnen eine eigene, kleine Klimaanlage. Solange das Schiff im Becken nicht brannte, würden sie es hier aushalten können. Die Beregnungsanlage war immer noch in Betrieb. Irgendwann musste ja Hilfe eintreffen. Bestimmt war die Feuerwehr unterdessen auf dem Weg hierher, schließlich waren auch noch Arbeiter in der Werft gewesen, und die Besatzung des Frachters im Hafen hatte das Feuer sicher auch schon gesehen.

Jan und Tim hingen nebeneinander am Beckenrand. Hinter ihnen schluchzte Junior.

»Wann glaubst du, wird die Feuerwehr hier sein?«, fragte Jan.

»Gute Frage. Eigentlich müsste man sie doch schon hören.«

Er schwieg einen Moment.

»Das Problem ist, dass uns hier niemand vermutet.«

Jan sah ihn an.

»Wenn sie fragen, werden die Arbeiter sagen, dass in den Büros noch gearbeitet wurde. Die Fertigung ruht ja nachts.«

»Also werden die auch erst mal versuchen die Büros zu löschen«, folgerte Jan. Tim nickte.

Jan begann zu frösteln, sie waren schon einige Zeit hier im Wasser, das nach seiner Schätzung nicht wärmer als 16, 17 Grad sein konnte. Sollten sie also nicht verbrennen oder ersticken, würden sie erfrieren oder ertrinken. Wieder ertrinken! Sie hatten die Flucht aus Goloris Hafen überstanden, den Sprung von der PASSAT überlebt und jetzt würden sie ganz profan in einem 10 mal 15 Meter großen Testbecken ersaufen. Was man wohl in einem solchen Fall in der Todesanzeige schreibt?, grübelte Jan. Unfall? War es nicht, Feuer auch nicht, vielleicht auf der Flucht oder bei der Aufklärung eines Verbrechens?

Ehe er den Gedanken zu Ende bringen konnte, begann der Rauch sich plötzlich zu heben. Über ihren Köpfen wurde es schlagartig heller, zwei Scheinwerfer von Handlampen stießen kreisend ihre Finger in den Raum.

»Hierher, hier sind wir!«, rief Tim.

Zwei Männer kamen gebeugt auf sie zu. Sie nickten kurz, zogen sie nacheinander aus dem Wasser und brachten sie nach draußen.

Das Gelände war voller Feuerwehrleute, die versuchten die Brände in allen drei Hallen unter Kontrolle zu bringen, blaue Blitze zuckten durch das Dunkel, in den Gerätewagen mit den hell erleuchteten Schalttafeln brummten die Aggregate und Pumpen.

»Danke, ihr zwei«, sagte Jan, »euch schickt der Himmel.«

»Gernot hat uns angerufen, sagte, ihr könntet vielleicht Hilfe brauchen.«

Der andere nickte nur. Vor ihnen standen die beiden hünenhaften Zwillingsbrüder von Rita, Sigmund und William.

Tim fasste sich als Erster wieder.

»Wisst ihr wo Rita ist?«, fragte er.

»Klar«, antwortete Sigmund, »auf Gran Canaria, zum ARC.«

William nickte neben ihm.

»Rita hat mit Schmudlach gemeinsame Sache gemacht«, erzählte Tim, »er sagte, er wolle sich jetzt um sie kümmern. Weiß der Himmel, was das bedeutet.«

Jan spürte, wie ihm das Blut aus dem Kopf wich, seine Beine verloren spürbar an Stabilität.

»Auf jeden Fall bedeutet das nichts Gutes«, versuchte er mit fester Stimme zu sagen. Er sah Tim an.

»Ich hatte eine Mitteilung von Rita auf meinem Anrufbeantworter. Sie wollte uns vor Golori und Schmudlach warnen. Deswegen bin ich dir hinterhergekommen.«

»Ein Glück auch!«, feixte Tim, »schätze, deine Freundin braucht uns jetzt. Lust auf einen Ausflug in die Sonne?«

»Bleibt uns wohl nichts anderes übrig«, sagte Jan und grinste gequält, »aber verschon mich mit deinen Witzen.«

31

Als sie ihre Aussagen zu Protokoll gaben, ließen sie die Geschichte mit Schmudlach vorläufig weg. Das war noch zu unsicher, hätte viele Nachfragen bedeutet – und sie hatten keine Zeit. Der Flughafen öffnete um funf Uhr Morgens, die ersten Maschinen verließen Hamburg gegen sechs. Vielleicht hatte Schmudlach noch eine Maschine am Abend bekommen, dann hatte er eine Nacht Vorsprung. William und Sigmund hatten das Häufchen Elend Junior in ihre Mitte genommen und versprachen, sich um ihn zu kümmern. Zwischen den beiden riesigen Rücken sah der schlurfende Junior noch erbärmlicher aus.

In einem der Schuppen am Hafen hatten Jan und Tim trockene Kleidung von den Arbeitern gefunden und machten sich jetzt mit Schmudlachs Passat auf den Weg zum Flughafen. Als sie das Tor von Imperial passierten, sahen sie, was William mit »nur reinkommen war schwierig« gemeint hatte: Der lädierte Ford Granada der Zwillinge stand mit einer riesigen Pfütze aus Öl und Wasser unter dem Motor neben dem Pförtnerhäuschen, das massive Stahltor war völlig verbogen und unter den Attacken des Autos schließlich mitsamt seinen Pfosten umgestürzt.

Direkt vor Terminal eins parkten sie Schmudlachs Auto im Halteverbot. Sie warfen den Schlüssel in den nächsten Mülleimer und lachten sich an.

»Gimme five«, sagte Tim und hob die Hand.

Jan nahm ebenfalls die rechte und ließ die Handfläche gegen die von Tim prallen.

Die Halle füllte sich gerade mit den Urlaubern der Charterflieger, es bildeten sich lange Reihen vor den Abfertigungsschaltern. Zu dicke Frauen in zu engen rosa, hellgelben oder weißen Hosen mit goldenen und silbernen Sandalen neben Männern mit Seidenblousons und Zigaretten im Mund. Die Last-Minute-Schalter entlang der Wand waren unterdessen besetzt, für knapp 400 Euro erstanden Sie zwei Flüge mit Air Berlin um 6.15 Uhr. Die Enddreißigerin hinter dem Tresen sah sie skeptisch an, als sie mit ihren farbbeschmierten Overalls und ohne Gepäck vor ihr standen. Tim trug noch die Giesswein-Hausschuhe, passende Fußbekleidung hatten sie nicht für ihn gefunden. Mit den Tickets in der Tasche setzten sie sich in das Bistro und tranken wortlos einen Kaffee. Das erste Mal in dieser Nacht kamen sie zur Ruhe. Jan fühlte, wie ihn die Müdigkeit übermannte.

Er wachte unter dem Applaus einer Menschenmenge wieder auf. Eben befand er sich noch mit Rita in der Küche in Travemünde, sie lag auf der Arbeitsplatte und er küsste sie wild, hatte ihr T-Shirt hoch geschoben und fühlte ihre strammen Brüste unter seinen Fingern … – der Applaus wollte nicht dazu passen. Unsanft schlug etwas Hartes an seinen Hinterkopf, er machte die Augen auf: Die Maschine war auf Gran Canaria gelandet und rollte noch zum Terminal. Trotzdem rissen die Urlauber bereits ihre Unmengen von Schminkköfferchen und Videotaschen aus den Gepäckfächern und drängten sich im Gang. Jan sah Tim an, auch er hatte die Augen gerade erst aufgeschlagen und blickte unbeteiligt durch das kleine Fenster auf das in der Sonne liegende Rollfeld. Es war kurz nach zwölf.

Sie traten in die gemäßigte kanarische Hitze, die den Herbst auf den Inseln so erträglich macht. Mit ihren luftigen Arbeitsoveralls waren sie gerade richtig bekleidet. Bis auf einige fragende Blicke waren sie zwischen den Urlaubermassen nicht aufgefallen, selbst Tim nicht mit seinen Hausschuhen. Auf dem Parkplatz dröhnten die im Stand laufenden Dieselmotoren und Klimaanlagen der Shuttlebusse zu den Hotelressorts. Der Asphalt flirrte unter der Einstrahlung der Sonne. Sie setzten sich in ein altes, silbernes Mercedes-Taxi.

»Puerto de la Cruz, Las Palmas«, sagte Tim, »schnell.«

Der Fahrer nickte.

»Hoffentlich kommen wir noch rechtzeitig«, seufzte Tim.

»Wir müssen«, erwiderte Jan.

Die Hauptstadt der Insel liegt gerade einmal 22 Kilometer vom Flughafen entfernt und eine gut ausgebaute Küstenstraße brachte sie in kurzer Zeit zum Hafen. Die über die Toppen geflaggten Yachten im Wasser, die Fahnen der Sponsoren und das vollständig überfüllte Hafenbecken ließen keinen Zweifel daran, dass die meisten Crews und Schiffe für das ARC schon hier waren. Die Regatta war neben der sportlichen Leistung vor allem ein riesiges Event, für viele Segler die Erfüllung eines Traums und für viele Firmen ein lukratives Geschäft.

Der Yachthafen von Las Palmas ist eigentlich hässlich, eine kleine Unterabteilung in dem riesigen Industrieport, der von Frachtschiffen und Kreuzfahrern aller Größen genutzt wird. Der Sportboothafen liegt direkt hinter der Uferstraße an der Promenade, von der offenen See durch eine im 40-Grad-Winkel von Land abstehende Mole getrennt. An seiner offenen Querseite ist er von einem langen, davor gebauten Wellenbrecher vor dem vorherrschenden Nordost-Passatwind geschützt. Ringsherum wurden vor kurzer Zeit Palmen gepflanzt, die dem Hafen eine leicht tropische Atmosphäre verleihen. Eine halbe Meile vor der Ausfahrt liegt auf einer künstlichen Halbinsel das Containerterminal, noch eine weitere halbe Meile davor umschließt eine gewaltige Außenmole den riesigen Vorhafen gegen den heranrollenden Atlantik.

In dem kleinen Dreieck, das als Zentrum des Regattaveranstalters mit weißen Zelten und einer Bar eingerichtet war, entdeckten sie das Wettfahrtbüro.

»Wir suchen die SILVER GOOSE«, sagte Jan.

»Die von Imperial?«, fragte das junge Mädchen hinter dem Counter.

»Imperial?«, staunte Tim. Fragend blickten sich die Freunde an.

»Die Werft ist zumindest als Eigner eingetragen«, antwortete das Mädchen.

»Kein Wunder, dass Rita so verschlossen war!«, murmelte Jan leise.

Die Yacht sollte an der Außenmole in der Mitte liegen. Hier war der Treffpunkt der großen Schiffe, die mit dem Heck zum Ufer und mit der Bugleine an einer Muringtonne festgemacht waren. Jan und Tim schritten langsam die Mole ab und untersuchten die Hecks der Schiffe nach dem richtigen Namen. Auf nahezu jedem Schiff herrschte grenzenlose Aktivität, vor den Gangways stapelten sich riesige Mengen an Getränkedosen, Zwiebelsäcken und Taschen. Die Party ARC war in vollem Gange.

»Über die Mitte sind wir langsam rüber«, sagte Tim, »bis jetzt ist nichts zu sehen.«

»Kann ja nicht weg sein«, gab Jan kurz angebunden zurück.

Auch er fühlte, dass sich das nahe geglaubte Ziel wieder zu entfernen schien.

»Die liegen hier nicht«, stellte Tim fest, »wir fragen mal einen der Yachties.«

Vor ihnen lag ein über zwanzig Meter langer schwarzer Holzschoner mit gepflegten Teakdecks und sauber lackierten Mahagoniaufbauten. Auf dem Heck prangte der goldene Schriftzug DUTCH EAGLE, die Crew war unter einem weißen Sonnendach mit dem Zerlegen einer Winsch beschäftigt.

»Hey, DUTCH EAGLE!« rief Tim, »wisst ihr zufällig, ob die SILVER GOOSE hier irgendwo liegt?«

»Die lagen hier ein Stück weiter, sind aber ausgelaufen«, antwortete einer der holländischen Deckshände.

»Ausgelaufen? Das kann doch nicht sein! Wann?«, fragte

Jan aufgeregt und blickte suchend zum offenen Meer, als ob er erwarten würde, das Schiff dort zu sehen.

»Irgendwann gestern Nacht. Heute Morgen waren sie auf jeden Fall weg. Schönes Schiff.«

»Danke, Mann«, sagte Tim, der Segler hob den Arm zum Gruß.

»Ausgelaufen? Das kann doch nicht sein! Wohin?«, fragte Jan erregt und blickte erneut suchend umher.

»Keine Ahnung«, sagte Tim, »endgültig Sackgasse, würde ich sagen.«

Irgendetwas musste passiert sein. Kein Mensch verlässt mit seinem Schiff nachts und kurz vor einer Regatta den Hafen, wenn das nächste Ziel Tausende Meilen entfernt ist. Sie gingen die Pier wieder zurück und blieben vor einem leeren Liegeplatz stehen. Sie hatten es eilig mit dem Auslaufen gehabt: Die Festmacher waren noch an Land belegt und einfach ins Wasser geworfen worden, der 230-Volt-Landanschluss steckte noch in seiner blauen Dose in dem grauen Beton-Verteilerkasten. Das Kabel lag in einem großen Bogen auf der Pier.

»Verdammter Dreck!«, schimpfte Tim, »was denkst du?«

»Nicht mehr viel«, sagte Jan mit belegter Stimme, »keine Idee.«

Rita war fort.

»Lass es uns noch einmal im Regattabüro versuchen, vielleicht wissen die etwas«, unternahm Tim einen Anlauf.

Jan lächelte resigniert. »Lass uns lieber was trinken gehen!«

Langsam gingen sie zurück zum Zentrum des Regattaveranstalters, begleitet vom gleichmäßigen Bollern der wassergekühlten Schiffsdiesel, die zum Batterie laden liefen und rhythmisch das Kühlwasser ausstießen. Jan sah bekannte Gesichter auf einem der Schiffe an der Pier, hatte aber keine Lust zum Grüßen, er sagte nicht einmal Tim etwas davon. Was war hier nur wieder passiert? Wo war Schmudlach? Ging es Rita noch gut?

An der Bar sahen sie als erstes in acht fragende, enttäuschte

Gesichter, eine ganze Crew, die mit großen Bierkrügen vor sich unter einem der Sonnenschirme saß. Es war die Besatzung der SILVER GOOSE.

»Was macht ihr denn hier?« Perplex blieb Tim stehen, sodass Jan gedankenverloren in ihn hineinrannte.

»Das könnte ich euch wohl genauso fragen!«, gab Alexandra schnippisch zurück, »jedenfalls war unser Leben einigermaßen in Ordnung, bevor ihr aufgekreuzt seid. Seit Rita mit euch rumhängt, gibt es immer nur Probleme!«

Die anderen Mädchen in ihren grauen Crewshirts nickten. Offensichtlich war das hier gerade das Thema gewesen, als sie kamen.

»Wo ist sie denn?«, schaltete Jan sich ein.

»Das wüssten wir auch gerne, mein Lieber!«

Alexandra hatte offensichtlich schon einiges getrunken und war dementsprechend aggressiv.

»Ich dachte eigentlich, du wüsstest das immer ganz genau. Wir haben keine Ahnung.«

Sie wandte sich wieder ihrem Bier zu.

Ein anderes Mädchen, das Jan vom Sehen kannte, antwortete ruhiger: »Gestern waren wir noch alle im Hotel und wollten heute an Bord umziehen, um das Schiff zum Auslaufen fertig zu machen. Rita war nicht beim Frühstück, also sind wir in den Hafen gegangen, weil wir dachten, dass sie schon da sei. Als wir hier ankamen, war das Schiff weg und alle unsere Sachen lagen auf der Pier.«

Sie zeigte auf den Taschenhaufen, der sich hinter ihnen auftürmte.

Tim drehte sich kurz um: »Hat sie irgendetwas gesagt, war jemand bei euch und hat nach ihr gefragt?«

»Heute Morgen war einer hier, sagte, er wär Polizist, hatte auch einen Ausweis. Der hat ungefähr dasselbe gefragt.«

»Und?«, fragte Jan ungeduldig, »was hast du ihm erzählt?«

»Dass uns nichts aufgefallen ist. Das Einzige war, dass sie gestern Abend noch mit einem ihrer Brüder telefonierte. Danach war sie richtig merkwürdig drauf, hat kaum noch mit uns gesprochen. Hat das damit etwas zu tun?«, fragte das Mädchen.

»Kann sein«, sagte Tim, »wie sah denn der Kerl aus, der heute Morgen hier war?«

Die Frage war eigentlich überflüssig. Sie wussten auch so, dass es Schmudlach war.

»Eigentlich ganz seriös, so um die Fünfzig, eher konservativ. Auf jeden Fall kein Segler.«

»Was hatte er an?«, bohrte Jan weiter.

»Was solche Leute halt tragen: Graue Hose, Hemd und 'nen beigefarbenen Anorak überm Arm.«

32

Sie waren zurück zum Hafenbecken gegangen. An der Pier lag nun eine blaue 60-Fuß-Yacht mit weißen Längsstreifen, nach der teuren Ausrüstung zu urteilen, hatte die Besatzung große Ambitionen zu gewinnen. Auf dem Bug prangte der Aufkleber des ARC, darunter einer mit dem Schriftzug CANARIAS. Auf den umliegenden Schiffen hörte man die Fallen im Wind schlagen, die Sponsorflaggen knatterten an den Vorstagen. Das Hafenbecken lag ruhig vor ihnen und in der öligen Oberfläche spiegelten sich der blaue Himmel und die Masten der Schiffe.

»Schmudlach weiß also schon, dass sie ausgerückt ist«, sagte Tim.

»Und hat einige Stunden Vorsprung«, ergänzte Jan düster.

»Hilft ihm aber nix!«, feixte Tim.

»Wieso nicht?«, fragte Jan ihn sauer. Das Spielchen ging ihm gehörig auf die Nerven. Wie es weiterging, wusste er schon, Tim machte das immer und konnte einen damit zur Raserei treiben. Als ob sie nicht schon genug Probleme hätten.

»Weißt du wo sie ist?«, fragte Tim.

Jan stöhnte: »Natürlich nicht!«

»Schmudlach auch nicht.« Tim sah ihn an. »Womit würdest du sie suchen?«

»Keine Ahnung!«

»Schmudlach auch nicht«, Tim grinste.

Wenn er Jan so ansah, hatte er schon wieder etwas im Hinterkopf.

»Überleg doch mal, wo sollte sie denn hin? Gegen den Wind nach Europa ist Quatsch. Also wahrscheinlich über den

Teich und sich irgendwo verstecken. Das Schiff ist komplett ausgerüstet, Rita ein guter Segler und mächtig verzweifelt.«

Tim sah auf die Uhr.

»Wenn sie gegen zwei Uhr weg ist, ist sie jetzt 12 Stunden unterwegs, also so 60, 70 Meilen. Muss ja alles alleine machen. Also brauchen wir ein schnelles Boot, ein richtig schnelles.«

Er nickte mit dem Kopf Richtung Steg. An der Spitze lag ein weißes, offenes Speedboat, »Racecommittee ARC« prangte auf der Seite.

»Gerade festgemacht!« Tim grinste, »kommt direkt da hinten von der Tankstelle.«

»Oh Mann! Du machst mich fertig!«, stöhnte Jan und sprang auf.

Im Laufschritt waren sie am Ende des Steges angekommen. Tim sah sich kurz um, sprang in das offene Cockpit und kniete sich vor einen Plexiglasdeckel im Boden, unter dem die Tankuhr verborgen war.

»Randvoll«, sagte er, »hier gehen bestimmt 600 Liter rein, das langt.«

Jan zögerte.

»Komm schon!«, drängte Tim und sah ihn schon gar nicht mehr an.

Mit zwei Schritten war er um einen der beiden weißen Pilotensitze herumgegangen und machte sich bereits mit den Instrumenten des frei stehenden Steuerstandes vertraut. Der Schlüssel lag in einem der kleinen Holzfächer an der Seite. Er zog den Schalthebel in Leerlauf, gab ein wenig Gas und startete die Maschine. Aus dem hochgeklappten Z-Antrieb brüllte der Auspuff des V-8 übers Hafenbecken. Tim legte einen kleinen Hebel um, und die Antriebseinheit verschwand hydraulisch samt Auspuff und Propeller zufrieden vor sich hinbrubbelnd im Wasser. Die Abgase bildeten grau gefüllte Bläschen, die an der Oberfläche zerplatzten und rauchten.

»Worauf wartest du? Leinen los!«

Tim sah Jan an. Jan löste die Vor- und Heckleinen und

sprang ebenfalls ins Boot, Tim legte den Gashebel etwas nach vorn, kuppelte ein und das Schiff machte einen Satz nach vorn, mit dem Heck prallte es unsanft an den Steg.

»Übung hilft«, grinste Tim, drehte das kleine Niro-Ruderrad in die andere Richtung und gab etwas mehr Gas, die Geradeausfahrt wurde einfacher. Keiner blickte ihnen nach, die Segler auf den anderen Schiffen hatten genug mit ihren eigenen Dingen zu tun, geschäftig kreuzten kleine Schlauchboote ihren Kurs, ohne sie auch nur zu beachten.

An der Hafenausfahrt legte Tim den Gashebel nach vorn, der Bug richtete sich kurz auf und der mächtige Boston Whaler kam ins Gleiten. Kurze Zeit später hatten sie auch die Abdeckung der großen Außenmole hinter sich gelassen, die Wellenhöhe nahm augenblicklich zu und der Bug setzte hart und tief in die Seen ein. Tim trimmte den Antrieb einige Grad nach oben, der Bug wurde dadurch etwas aus dem Wasser gedrückt und die Bewegungen des Bootes wurden weich und fließend. Der Gashebel zeigte fast auf Vollgas, Jan und Tim standen gemeinsam hinter der Steuersäule und federten die Wellen in den Knien ab. Der Geschwindigkeitsmesser wies auf knapp 30 Knoten hin, bei dem Speed müssten sie die SILVER GOOSE zu Gesicht bekommen, wenn sie die Südseite der Insel erreicht hatten. Bis dorthin waren es um die 45 Meilen, wie Jan aus der Seekarte entnahm, die seitlich in einem der Fächer steckte. Gut eineinhalb Stunden …

Jan hatte Tim eine Dose Cola und ein paar Kekse gegeben, die er in einem der kleinen Schränke hinter sich gefunden hatte, offensichtlich war das der Proviant, den die Motorbootbesatzung für sich selber an Bord geschafft hatte. Sie unterhielten sich über die Mädchen und die Landschaft, während Gran Canaria wie eine dunkelbraune Wand rechts an ihnen vorbeirauschte. Wie von einem Riesen in die Landschaft gepresst, klebten die Hotelanlagen an der Insel, die jetzt nach den Ferien in Deutschland erst einmal wieder bis Weihnachten relativ leer waren. Nach zwei Stunden passierten sie die mächtige Hotelstadt von Playa del Ingles und die riesigen Sanddünen von Maspalomas an der Südspitze der Insel, wo sich in der Hochsaison täglich bis zu 100 000 Menschen drängten.

Der V-8 im Heck dröhnte beruhigend vor sich hin, mit dem rhythmischen Einsetzen des Rumpfes kam das stärker und schwächer werdende Zischen der Bugwelle dazu. Nach dem kleinen Kugelkompass lag Kurs Südwest an. Zwar hatten sie bis jetzt einige Yachten gesichtet, doch die SILVER GOOSE war nicht darunter gewesen, sie müsste einige Meilen vor ihnen sein. Der Sprit würde noch für 10 Stunden reichen, aber sie durften nicht in die Dunkelheit geraten, dann war das Unterfangen aussichtslos.

Hauptsache, sie waren irgendwie vor Schmudlach dort und konnten Rita warnen. Jan setzte immer wieder das Fernglas an die Augen und suchte den leeren Horizont ab. Er drehte sich um. Die Insel hinter ihnen begann bereits mit dem Wasser zu verschmelzen. Schräg dahinter sahen sie Teneriffa im Dunst liegen, den über 3000 Meter hohen Vulkan in eine Wolkenbank gehüllt, die wie eine weiße Wollmütze auf seiner Bergspitze saß.

Endlich entdeckten sie die Yacht am Horizont. Sie legten den Hebel auf Vollgas, gewaltig hämmernd und rumpelnd flog das schwere Speedboat über die Seen, der V-8 im Heck dröhnte mit Höchstleistung. Die Bugwelle war weit hinter dem Steuerstand zurückgeblieben, nur wenn sie über einen Wellenkamm hinwegjagten und den Rücken der nächsten in Angriff nahmen, tauchte das Boot tiefer ein. Dann stob die Bugwelle vor ihnen auseinander und wurde von der ausladenden Rumpfform zischend ins Meer zurückgeworfen, bevor es auf dem Kamm der Welle erneut weit austauchte. Von den 250 PS angetrieben, schoss es dann darüber hinaus, bis nur noch der Propeller im Wasser war und prallte mit einem kräftigen *Rabadabumm*! wieder auf die Oberfläche.

Der silberne Rumpf von Ritas Yacht war bereits deutlich

zu sehen, das volle gelbbraune Kevlar-Großsegel stand an Backbord, auf Steuerbord zog der dunkelgrüne Spinnaker die Rennyacht friedlich Richtung Westen. Der gelbe Schriftzug des Sponsors prangte darin: »Imperial – the No. 1 on the oceans«. Ausgerechnet Imperial, dachte Jan, kein Wunder, dass du mir in Travemünde nicht erzählen wolltest, wer es ist. Sie waren auf eine knappe Meile herangekommen, als sie in niedriger Höhe von einem kleinen Privatflugzeug überholt wurden. Tim nahm geistesgegenwärtig das Gas zurück, Jan prallte gegen den Steuerstand. Aus dem Flugzeug hörten sie das Hämmern einer Maschinenpistole, die Kugeln schlugen einige Meter vor ihnen in den Atlantik, ohne Schaden anzurichten. Schmudlach. Entsetzt blickten sie sich an. Dann richteten sie ihre volle Aufmerksamkeit auf die SILVER GOOSE.

Sie sahen Rita am Achterstag stehen, sie trug kurze beige Shorts und einen Segelblouson. Ehe sie reagieren konnten, hatte das kleine weißrote Ultraleichtflugzeug die Yacht erreicht, die Maschinenpistole hämmerte erneut und Rita sackte zusammen.

»Nein! Nein!«, schrie Jan, »er darf Rita nicht umbringen. Tim, tu was! Tu doch was!«

Seine Worte verhallten in dem Dröhnen der Maschine, die wieder Drehzahl aufnahm, und dem Rauschen der Wellen, die das Motorboot in den Ozean riss. Von Ferne erklang das helle Brummen des Flugzeuges, das sich in einem erneuten Anflug auf sie befand. Auf Gegenkurs war die Begegnungsgeschwindigkeit zu groß, der Pilot versuchte erst gar nicht sie zu treffen. Die Maschine legte sich in einen weiten Bogen, sodass sie die oben auf der Tragfläche angebrachte Kennung sehen konnten.

Eine halbe Meile hinter ihnen nahm das Flugzeug erneut Kurs auf sie und raste im Tiefflug nur wenige Meter über der Wasseroberfläche heran.

»Komm doch, du Schwein!«, brüllte Tim gegen den Lärm, »komm, wenn du kannst!«

Er streckte drohend die Faust nach oben. Mit voller Fahrt rauschte er auf die SILVER GOOSE zu, schoss an ihr entlang und drehte dicht vor ihrem Bug auf Gegenkurs. Um nicht mit dem Mast zu kollidieren, drehte das Flugzeug ab und legte sich vor ihnen wieder in die Kurve. SILVER GOOSE zog in einigen Metern Abstand majestätisch an ihnen vorbei, Jan blickte auf das Achterdeck, auf dem Rita in ihrem Blut lag. Sie rührte sich nicht. Der Anblick schnürte ihm die Kehle zu.

Der Pilot wartete diesmal nicht, bis sie sich in Position gebracht hatten, sondern feuerte aus dem kleinen Plexiglas-Schiebefenster, sobald er sie wieder in Reichweite hatte. Tim versuchte noch, das Boot unter das Flugzeug zu drehen, aber die Kugeln schlugen in den Boston Whaler ein. Die mit Holz belegte Rumpfkante splitterte, zwei Instrumente in dem Steuerstand zersprangen mit leisem Klirren und die Zeiger fielen auf Null. Aus dem Steuerstand rauchte es.

Jan war alles egal. Rita lebte nicht mehr, er hatte keine Kraft mehr.

»Komm schon, Jan! Wir müssen was tun!«, schrie Tim gegen den Lärm der Maschine an, »wir müssen ihn auf jeden Fall schnell erledigen. Irgendwann geht das hier schief, dann trifft er uns, und wir fliegen mit dem ganzen Ding in die Luft. Wir stehen hier auf einem riesigen Tank!«

Jan sah auf den Boden: Das kleine Plexiglasfenster gab nicht nur die Benzinuhr frei, darunter konnte er die gewaltigen Niro-Tanks ahnen, die immer noch über die Hälfte mit Super-Benzin gefüllt waren. Fast hoffte er auf ein schnelles Ende.

»Mensch Jan, wach auf! Wir haben jetzt keine Zeit für Sentimentalitäten. Wir müssen das Schwein kriegen.«

Jan sah ihn an. Seine lähmenden Gedanken wichen der Wut auf Schmudlach. Er hatte Rita ermordet. Entschlossen nickte er Tim zu.

»Wir versuchen ihn zu täuschen«, rief Tim, »wenn ich es dir sage, machst du den Motorraum auf und tust so, als hätte die Maschine Probleme. Und dann halt dich gut fest.«

Das Ultraleichtflugzeug flog von hinten wieder auf sie zu. In letzter Sekunde schwenkte Tim auf die andere Seite der SILVER GOOSE. Der Pilot zog die Maschine nach rechts und vollführte einen großen Bogen vor ihnen. Mit Vollgas rasten sie direkt vor die Segelyacht. 200 Meter vor ihr nahm Tim das Gas zurück.

»Jetzt!«, schrie er.

Jan öffnete den Motorraum, in dem der kochendheiße rote Volvo-Penta im Leerlauf vor sich hinbrubbelte, Der Vergaser sog durch den kleinen Luftfilter zischend nach Luft. Jan hielt sich krampfhaft an der Motorklappe fest, der Geruch von heißem Öl und Benzin stieg in seine Nase. Auf so eine Situation schien ihr Gegner gewartet zu haben und donnerte im Tiefflug auf sie zu. Schon konnten sie die MP aus der kleinen Luke in der Plexiglaskuppel schauen sehen. Jetzt war er nur noch 30 Meter entfernt und Jan meinte bereits das Gesicht des Schützen zu erkennen, als Tim plötzlich Vollgas gab. Der Boston Whaler schoss augenblicklich davon, der Pilot sah ihnen hinterher und versuchte zu feuern.

Als er wieder nach vorne blickte, war es bereits zu spät. Im nächsten Augenblick krachte der Flügel des kleinen Flugzeuges in den Mast und das Großsegel der SILVER GOOSE. Kurz hinter dem schrägen Träger, der die linke Tragfläche am Rumpf stabilisierte, brach sie ab. Das Flugzeug wurde langsamer, vollzog eine dreiviertel Umdrehung um die eigene Achse und schlug in einer Gischtwolke hart auf das Wasser auf.

Tim jubelte: »Ha! Ich hab ihn, ich hab ihn! Verdammtes Schwein, jetzt siehst du, was du davon hast! Haha!«

Ausgelassen hüpfte er hinter dem Steuer auf und ab, während das Motorboot auf die Unglücksstelle zu schoss. Der Flugzeugrumpf schaute als sie ankamen noch schräg aus dem Wasser, der unversehrte Flügel ragte schwankend in die Luft, als würde er ihnen zuwinken. Aus den Lüftungsschlitzen der Motorabdeckung rauchte es. Die Plexiglashaube, die den Piloten wie bei einem Segelflugzeug schützten sollte, war durch den Aufprall fortgerissen worden, das hintere Leitwerk war abgebrochen und der Rest der Maschine als diffuser, grünlicher Schatten unter Wasser zu sehen. Schmudlach hing ohnmächtig auf dem schmalen, rot gepolsterten Kunststoffpilotensitz, der Gurt war noch befestigt. Sein linker Arm, der die MP gehalten hatte, stand oberhalb des Ellenbogens in einem grotesken Winkel nach hinten ab.

Tim manövrierte das Boot unter den Flügel des sinkenden Flugzeuges und hielt es mit einer Hand fest. Jan sprang mit einer langen Leine über Bord, legte Schmudlach eine Schlinge um die Brust und verknotete sie mit einem Palstek. Gerade als er den zentralen Verschluss des Gurtes in Schmudlachs Schoß geöffnet hatte, verlor die Maschine ihren restlichen Auftrieb und sackte zischend unter ihm weg. Tim hatte Schmudlach an der Schlinge zum Boot gezogen und brachte ihn nach hinten an die kleine Badeplattform. Jan sah das Flugzeug im Wasser unter sich versinken und verfolgte es mit Grausen auf seinem Weg in die Tiefe. Je undeutlicher es wurde, desto bedrohlicher wurde es in seiner Phantasie. Mit schnellen, abgehackten Bewegungen schwamm er zum Boot. Gerade als er einen Arm auf die Badeplattform legte und sich aus dem Wasser drücken wollte, berührte etwas seine Füße und zog sich zusammen. Panisch schrie Jan auf und sah hektisch unter sich: Es war Schmudlachs beigefarbener Anorak.

33

Der Weg zur ›Silver goose‹ war wie der zu einer Beerdigung. Die Yacht dümpelte mit dem über der zweiten Saling abgeknickten Mast wie ein Totenschiff in der Dünung. Der große Spinnaker war vor der Yacht ins Wasser gesunken und hatte sich vermutlich am Kiel verfangen. Der Masttopp mit dem Rest des Großsegels schlug wie der gebrochene Flügel eines großen Vogels hin und her. Hart krachten die von achtern einlaufenden Wellen unter das flache Heck des fast bewegungslosen Rumpfes. Vom Achterdeck lief ein kleines rotes Rinnsal an die Fußreling und von dort ins Wasser. Rita lag mit weit von sich gestreckten Armen auf dem Bauch, das Gesicht nach vorn, sodass Jan es nicht sehen konnte.

Sie gingen längsseits und Jan stieg vorsichtig an Bord. Er kletterte über die lose umherhängenden Wanten, die Backstagen baumelten arbeitslos vom Mast und strafften sich mit jedem Pendeln des abgeknickten Topps. Die Baumnock lag auf der anderen Seite des Schiffes im Wasser und machte kleine Fahrt voraus. Der Autopilot arbeitete leise surrend unsichtbar unter dem Cockpitboden und bewegte das Ruderrad mit kurzen Bewegungen wie von Geisterhand hin und her, der Bug zeigte weiterhin nach Südwest. Durch das Cockpit ging er langsam am Ruder vorbei auf Rita zu, setzte sich auf die Rudergängerbank und streichelte leicht über ihr braunes Haar. Wie hübsch sie aussah, ganz friedlich lag sie vor ihm, die Gesichtszüge entspannt. Jan liefen die Tränen übers Gesicht. Er beugte sich zu ihr herunter und gab ihr einen Kuss auf die Stirn, als sie ihre Augen leicht öffnete.

»Habt ihr das Schwein?«, fragte sie kraftlos.

Jan war so perplex, dass er kaum antworten konnte. Er

weinte heftiger, küsste ihre Wange und flüsterte: »Ja, wir haben ihn, jetzt ist es vorbei!«

Die Sonne rutschte bereits mit dem unteren Rand hinter den Horizont, als sie schließlich von der SILVER GOOSE ablegten. Sie hatten Rita auf ein Bodenbrett geschnürt, ihre Schussverletzungen an den Beinen bandagiert und sie so vorsichtig wie möglich auf das Motorboot verfrachtet. Schmudlach war noch ohnmächtig und lag gefesselt auf dem Boden im Vorschiff. Jan hielt Ritas Kopf in den Armen, während Tim langsam Fahrt aufnahm, um sie nach Gran Canaria zurückzubringen. Der Himmel über der Insel wurde jetzt schnell dunkel und in den ersten Hotels gingen die Lichter an. Das Leuchtfeuer von Maspalomas schickte seine beruhigende Kennung auf das Meer.

Während der Boston Whaler mit erhobenem Bug in langsamer Verdrängerfahrt gegen die Wellen anfuhr, unterhielt Jan sich leise mit Rita.

»Warum bist du geflohen? Wir hätten dir helfen können«, sagte er.

»Ich kam mir so falsch vor«, sagte sie leise, »ich wollte nur noch weg. Ihr hattet euch die ganze Zeit bemüht, die Geschichte aufzuklären, und ich wusste bereits das Meiste. Schmudlach hatte mich in der Hand, ich hatte ihm eine Sache gestanden, die ich stark bereute, und hatte ihm von dem Verdacht erzählt, den ihr gegenüber Golori hattet. Aber er meinte, er könnte mich aus allem heraushalten, wenn ich ihm zu einem kleinen Geschäft mit Imperial verhälfe. Ich habe das alles nicht gewollt. Aber ich hatte Angst und machte mit, er versprach mir, dass die Sache dann für mich erledigt sei.«

Jan streichelte über ihre Wange und sah in das brodelnde Kielwasser des Motorbootes. Ein Hauch der Abgase und feiner Salznebel, verursacht von der Bugwelle und dem schäumenden Kielwasser, zog leicht über sie hinweg. Der Abendhimmel im Westen war in Blutorange getaucht, kleine

Passatwölkchen standen tiefschwarz im Gegenlicht über dem Horizont. Der Himmel darüber war noch blau, über ihnen war er bereits schwarz, und Orion wurde als erstes Sternbild dieser Nacht sichtbar. SILVER GOOSE war bereits verschwunden.

Er sah Rita wieder an, die auch den Himmel beobachtete.

»Was hattest du ihm gestanden?«, fragte Jan.

Rita zögerte.

»Ich habe die Ruderseile auf der NOMAD angeschnitten«, sie schluckte, »schon einige Wochen bevor ihr losfuhrt. Ich wollte Peer eins auswischen, ihn an seinem empfindlichsten Punkt treffen: seinem Schiff.«

Ihr liefen Tränen über die Wangen.

»Er hatte mich so mies behandelt, ich glaube, ich wollte auch einmal Macht haben. Ein einziges Mal. Dass euch allen zusammen etwas passiert, habe ich nicht gewollt«, wieder schluckte sie, »er sollte auf der Elbe unterwegs sein oder allein auf der Ostsee. Als nie etwas passierte, dachte ich, er hätte etwas gemerkt und sie repariert. Dass daraus so eine Katastrophe wird, habe ich nicht gewollt.« Noch einmal schluckte sie, bevor sie tief Luft holte: »Kannst du mir verzeihen?«

»Ich liebe dich«, antwortete Jan und Rita schloss die Augen.

»Ich dich auch«, sagte sie leise.

Sie schlief einfach so ein, trotz der durchbluteten Verbände. Die starken Schmerzmittel taten ihren Dienst.

Jan steckte ein Polster unter Ritas Kopf, stand auf und setzte sich auf den zweiten Sitz neben Tim. Schweigend sahen sie sich an. Tim hatte die Hausschuhe ausgezogen und als Dosenhalter auf den Boden gestellt. Jan lächelte. Die Beleuchtung der Instrumente erhellte leicht ihre Gesichter, die Kompassanzeige pendelte um 30 Grad, Kurs Nordnordost. Die Zahlen waren zwar gut abzulesen, aber selbst auf einem Motorboot nicht ideal. Die Dinger sind tatsächlich nur etwas für Ozeanriesen. Beruhigend, dachte Jan.

Epilog

Es war eine Woche vor Weihnachten, und der Winter ließ in Norddeutschland wieder einmal auf sich warten. Es wehte ein frischer Südwest, dunkle Wolken rasten über den Himmel und verliehen dem leeren Strand auf der Priwallseite von Travemünde sein typisches beigegraues Gesicht. Neben der kleinen Mole der Hafeneinfahrt türmten sich die braunen, stinkenden Seegrashügel und verfaulenden Miesmuscheln, die der Nordsturm wenige Tage vorher an den Strand gespült hatte. Ganze Kolonien von Möwen, Wasserhühnern und Enten hatten sich in dem seichten Wasser versammelt, um hier den Winter mit so wenig Energieverlust wie möglich zu überstehen.

Jan und Tim wanderten stumm nebeneinander her, die Kragen der Ölzeugjacken bis über die Ohren hochgeklappt und die Hände tief in den Taschen. Die Muschelschalen knirschten unter ihren Füßen, kleine Wellen plätscherten seicht ans Ufer. Die letzten Wochen waren für beide turbulent gewesen, während sie versuchten, irgendwie in ihr normales Leben zurückzufinden.

Noch in der Nacht waren sie zusammen mit Rita in einem zweistrahligen Rettungsflugzeug von Gran Canaria nach Deutschland zurückgebracht worden, Schmudlach wurde von der Polizei in Empfang genommen und nach wenigen Tagen im Krankenhaus von Las Palmas den deutschen Behörden überstellt.

Ihre Aussagen bei der spanischen und deutschen Polizei waren schnell gemacht, jedoch ließen sie die Medien und Freunde kaum zur Ruhe kommen. Immer wieder riefen Tageszeitungen, regionale Radiosender oder zahllose Talkshows bei ihnen an, um alle Einzelheiten erzählt zu bekommen. Vor allem aber Tims Arbeitgeber, das ›Lübecker Tageblatt‹ konnte von der Geschichte nicht genug kriegen. Nach ihrer Rückkehr war eine mehrteilige Serie erschienen, die sie in Norddeutschland so bekannt gemacht hatte, dass sie unangenehm oft auf der Straße erkannt und gegrüßt wurden.

»Hast du eigentlich die Geschichte von dem kleinen Golori gehört?«, hob Tim an.

»Welche?«, fragte Jan.

»Die letzte«, antwortete Tim und grinste.

»Witzbold! Los jetzt«, drängte Jan.

»Er will Imperial wieder aufbauen, obwohl noch nicht geklärt ist, ob die Versicherung bezahlt. Wenn sie ihm Mitwisserschaft beweisen können, wird's schwer. Noch schwerer.«

»Wieso schwerer?«, fragte Jan.

»Der alte Golori hat ihm eine mächtige Hypothek hinterlassen, die Imperial gerade zum Lacher in der Branche macht. Um den Absatz zu steigern, hatte er bei der letzten Wahl zur ›Segelyacht des Jahres‹ ein bisschen nachgeholfen, die die Zeitschrift ›Segelyachten‹ jährlich veranstaltet. Über die Hälfte der Karten für die Abstimmung hatte Golori selbst geschrieben. Leider ist das herausgekommen: Es war immer dieselbe Handschrift.«

Jan musste unwillkürlich lachen. Er schüttelte den Kopf.

»Das ist wirklich ein dolles Vermächtnis vom Alten, damit wird Junior in Zukunft noch gut zu kämpfen haben. Ganz zu schweigen von seinem Vornamen: Waldemar, nach dem Großvater«, Jan grinste, »und kein zweiter Name!«

Tim lachte laut: »Waldemar, da ist ja Junior noch besser! Der hat's wirklich schwer.«

Lachend gingen sie nebeneinander her. Unterdessen hatten sie die Hälfte des Strandes hinter sich gelassen, die Masten der PASSAT und das Maritim-Hotel grüßten hinter ihnen aus der Ferne. Immer wieder wiederholten sie »Waldemar«, oder »Junior, komm her!« und konnten kaum aufhören zu lachen. Vor ihnen lag der Strand der ehemaligen DDR, rechts die kleine Wochenendhaus-Siedlung hinter den Dünen, die ebenso wie die Campingplätze in der kalten Jahreszeit unbewohnt war. Wie jeder Küstenort starb auch der Priwall im Winter nahezu aus. Der Strand gehörte dann den Vögeln und selbst am Wochenende verirrten sich nur wenige Fußgänger hierher.

Die einzigen lebendigen Orte, wenn man so wollte, waren hier zu dieser Jahreszeit das Altenheim an der Fähre und das städtische Krankenhaus, in dem Rita immer noch lag. Die Verletzungen, die Schmudlach ihr mit der Maschinenpistole beigebracht hatte, waren schwerer als angenommen, aber in wenigen Wochen würde sie entlassen werden. Die Ärzte waren zuversichtlich, dass sie wieder ganz gesund würde.

Rechts neben ihnen lag oben am Strand der für den Winter mit Holz verschalte Betonturm der Wasserwacht. Jan blieb stehen.

»Sag mal Tim, wo segeln wir denn eigentlich nächste Saison? Hast du dir darüber schon Gedanken gemacht? NOMAD hat sich ja wohl erledigt.«

»Das seh ich genauso«, Tim blickte Jan in die Augen, »ich denke aber, ich werde gar nicht segeln. Ich werde für einige Zeit aus Deutschland weggehen.«

Jans Magen wurde flau. Zwar waren sie vor der ganzen Geschichte nicht unbedingt Freunde gewesen, aber in den letzten Monaten hatten sie so viel zusammen erlebt, dass sie sich fast wie Brüder fühlten.

Tim registrierte Jans fassungsloses Gesicht.

»Ich weiß, was du denkst«, sagte er, »aber für mich wird der Druck hier im Moment zu groß. Mein Chefredakteur setzt Riesenstücke in mich, ich bin jetzt der neue Enthüllungsreporter. Ich habe Angst, dass ich dem nicht standhalte. Ich muss mich erst mal ein bisschen sammeln, und dann schau'n wir mal.«

Sie gingen langsam weiter. Sicher, Jan konnte Tim verstehen, aber er wollte nicht; Tim war so eine Art Ersatzfamilie geworden.

»Und wo willst du hin?«, fragte er.

»Nach Amerika, USA«, Tims Augen funkelten, »da wollte ich schon immer mal längere Zeit hin. Irgendwo in die Weiten des Binnenlandes, weit weg vom Wasser – erst mal.«

»Wird dann ja ein bisschen einsam hier«, seufzte Jan.

»Weißt du, das wird eher für mich einsam, wenn ich hier bleibe«, sagte Tim, »du und Rita, ihr werdet sicher auch viel Zeit miteinander verbringen wollen, sobald sie wieder aus dem Krankenhaus kommt. Und die letzten Monate sollten wir nicht versuchen wieder herbeizuzaubern. Das will ich nicht, auch wenn es eine aufregende Zeit war.«

Er sah, wie Jan widersprechen wollte und es dann doch sein ließ.

Nach einer Weile sagte Jan: »Wahrscheinlich hast du Recht. Ich muss mich auch mal darum kümmern, was ich mit meiner Zukunft so anfangen möchte. Da gibt es ein wenig Nachholbedarf. Weißt du schon, wann du fliegen willst?«

»Nächste Woche, Dienstag. Schon gebucht und bezahlt«, antwortete Tim.

Sie standen sich gegenüber und sahen sich an. Am Wasser kamen zwei Reiter auf Pferden aus den Ställen hinter den Dünen und blickten kurz zu ihnen herüber.

»Ich glaub, ich sollte Rita mal einen Besuch abstatten, ich war heute noch gar nicht da«, sagte Jan schließlich.

»Grüß sie schön von mir! Ihr zwei passt gut zusammen.«

»Danke, mach ich. Mach's gut, Bruder«, sagte Jan mit brechender Stimme. Bewegt nahmen sich sich in den Arm.

»Mach's selbst gut, Bruder. Ich meld mich bei euch«, versprach Tim und drehte sich um.

Allein ging er am Strand zurück Richtung Travemünde. Jan sah ihm nach, als er sich noch einmal umdrehte und winkte. Jan winkte zurück. Dann stapfte er den Holzweg entlang, der über die Düne zu den Wochenendhäusern führte. Oben sah er aufs Meer. Das war der Blick, den er genoss, hier fühlte er sich zu Hause. Irgendwie sah die See bedrohlich aus nach den Erlebnissen der letzten Zeit. Ihr Ansehen hatte in seinen Augen gelitten. Doch er war sich sicher, dass sich das auch wieder ändern würde, und momentan war er ja an Land, redete er sich gut zu, das half. Er dachte an Rita, auch das half. Schließlich ging er los. Wahrscheinlich wartete sie schon auf ihn.